# DO BARRO AO SANTO

Catalogação na Fonte
Elaborado por: Josefina A. S. Guedes
Bibliotecária CRB 9/870

B117d  Bacelar, Hélio
2019     Do barro ao santo / Hélio Bacelar.
         1. ed. - Curitiba: Appris, 2019.
         343 p. ; 23 cm

         Inclui bibliografias
         ISBN 978-85-473-2878-8

         1. Ficção brasileira. I. Título.

                                              CDD - 869.3

Editora e Livraria Appris Ltda.
Av. Manoel Ribas, 2265 - Mercês
Curitiba/PR - CEP: 80810-002
Tel: (41) 3156 - 4731
www.editoraappris.com.br

**Appris**
editora

Printed in Brazil
Impresso no Brasil

Hélio Bacelar

# DO BARRO AO SANTO

Appris editora

Editora Appris Ltda.
1.ª Edição - Copyright© 2019 dos autores
Direitos de Edição Reservados à Editora Appris Ltda.

Nenhuma parte desta obra poderá ser utilizada indevidamente, sem estar de acordo com a Lei nº 9.610/98. Se incorreções forem encontradas, serão de exclusiva responsabilidade de seus organizadores. Foi realizado o Depósito Legal na Fundação Biblioteca Nacional, de acordo com as Leis nos 10.994, de 14/12/2004, e 12.192, de 14/01/2010.

## FICHA TÉCNICA

| | |
|---:|:---|
| EDITORIAL | Augusto V. de A. Coelho |
| | Marli Caetano |
| | Sara C. de Andrade Coelho |
| COMITÊ EDITORIAL | Andréa Barbosa Gouveia (UFPR) |
| | Jacques de Lima Ferreira (UP) |
| | Marilda Aparecida Behrens (PUCPR) |
| | Ana El Achkar (UNIVERSO/RJ) |
| | Conrado Moreira Mendes (PUC-MG) |
| | Eliete Correia dos Santos (UEPB) |
| | Fabiano Santos (UERJ/IESP) |
| | Francinete Fernandes de Sousa (UEPB) |
| | Francisco Carlos Duarte (PUCPR) |
| | Francisco de Assis (Fiam-Faam, SP, Brasil) |
| | Juliana Reichert Assunção Tonelli (UEL) |
| | Maria Aparecida Barbosa (USP) |
| | Maria Helena Zamora (PUC-Rio) |
| | Maria Margarida de Andrade (Umack) |
| | Roque Ismael da Costa Güllich (UFFS) |
| | Toni Reis (UFPR) |
| | Valdomiro de Oliveira (UFPR) |
| | Valério Brusamolin (IFPR) |
| ASSESSORIA EDITORIAL | Bruna Fernanda Martins |
| REVISÃO | André Luiz Cavanha |
| PRODUÇÃO EDITORIAL | Bruno Ferreira Nascimento |
| ASSISTÊNCIA DE EDIÇÃO | Suzana vd Tempel |
| DIAGRAMAÇÃO | Suzana vd Tempel |
| CAPA | Fernando Nishijima |
| COMUNICAÇÃO | Carlos Eduardo Pereira |
| | Débora Nazário |
| | Karla Pipolo Olegário |
| LIVRARIAS E EVENTOS | Estevão Misael |
| GERÊNCIA DE FINANÇAS | Selma Maria Fernandes do Valle |

*À Dr.ª Talita Alves Bacelar,
minha filha, que realiza um
dos seus grandes sonhos:
ser médica!*

– APRESENTAÇÃO –

*Por Geraldo Moreira Prado[1]*

Sr. (a)s Leitore(a)s, fiquem atentos para o título deste livro, que certamente em breve vocês estarão lendo: *do Barro ao Santo* de Hélio Bacelar. É um livro magnífico! Tem uma excelente estrutura narrativa, personagens muito bem construídas, cenário bem elaborado no que se refere aos locais onde se desenvolve a história, e uma boa percepção sobre o tempo histórico e cultural ou tempo do romance, que é a primeira metade do século XIX: *o movimento da Independência da Bahia, 1832.*

Somente o título do livro já desperta curiosidade às pessoas que folhearem nas prateleiras das livrarias. Porém não é somente o título que vai atrair o leitor, mas a narrativa, estilo literário, enredo, personagens, linguagem e demais elementos que compõem o conteúdo do livro. No decorrer da leitura o leitor vai compreender, decodificar, interpretar além da complexa estrutura da prosa literária do Hélio, também os sentimentos e valores passados transmitidos pelo livro.

---

[1] Historiador, mestre e PhD em Ciências Sociais Aplicadas e professor aposentado do Programa de Pós-Graduação (mestrado e doutorado) convênio IBICT/UFRJ.

Embora esta apresentação não seja um ensaio relativo à teoria literária, mas sobre a apresentação de uma obra literária, cabe-me aqui fazer um alerta dizendo que é comum àqueles que vão analisar uma obra esbarrar no desconhecimento dos principais elementos que compõe a sua estrutura, conforme vão aparecer a seguir. E também escrever sobre uma obra não pode ser considerado uma análise literária por mais correto ou relevante que o comentário seja. Mesmo assim, vou fazer nesta apresentação uma breve análise de cada um dos elementos apresentados pelo autor, para que possa ofertar ao leitor uma síntese da obra que certamente irá ler.

## Tempo e espaço

O tempo e o espaço são bem definidos, pois estão diretamente citados pelo narrador e também pelas ações feitas pelos personagens relacionando-as, como já foi dito anteriormente, com o movimento da Independência da Bahia, e ambientadas no espaço sociocultural bem definido que vai de Inhambupe, no hoje chamado de semiárido, mas na época se dizia interior, passando pelo recôncavo baiano (vilas de Santo Amaro, Cachoeira, Itaparica e outras mais), chegando a Salvador exatamente auge das lutas históricas da Bahia que já foram muito bem estudadas e exaltadas por importantes personagens baianos, cuja obra máxima é o poema "Dois de Julho" do imortal Castro Alves, data homônima ainda hoje festejadas pelas ruas de Salvador: a festa de "Dois de Julho".

O livro do Hélio é riquíssimo em vários aspectos de uma boa obra literária. Eu, na qualidade de leitor, acho que este livro vai proporcionar uma grande contribuição à nova literatura baiana, pela forma como ele trata a criação das personagens, do cenário, do enredo, e por que não, da própria teoria do novo romance regional? Basta observar o valor e ênfase aos personagens, tanto as do gênero feminino com as do gênero masculino, de uma região muito pouco valorizada pela literatura regional do próprio estado da Bahia.

## Os Personagens

Os personagens deste livro são partes fictícias criadas pelo autor e parte reais. Essas últimas são inclusive laureadas com placas e monumentos indicando nomes de ruas, avenidas, praças etc. Esses personagens reais ficaram na história, na lenda, na memória social, nos sonhos, na literatura e no verbalismo retórico de alguns políticos atuais exaltando e se identificando com o heroísmo, às vezes falsos, desses "heróis" do passado.

O personagem-narrador criado pelo autor e a que mais se destaca no livro, o Zezão, embora haja outros, mas pela sua condição sociocultural de ser homem do campo, trabalhador da roça, vaqueiro, possivelmente analfabeto, termina dominando o cenário da narrativa. Cabe fazer aqui uma ressalva que os personagens de um livro, tanto os principais como os coadjuvantes, ficam impregnados na imaginação, no pensamento, no sonho do leitor. Eles podem habitar no cenário da vida real, quer sejam os Inácio, Albuquerque, Labatut, Padre José Maria do Sacramento Brayner, Encourados de Pedrão que foram personagens reais e atuantes na Independência da Bahia, episódio histórico esse que marcou o início da oficialização da identidade cultural baiana, quer seja o Zezão ou outros personagens quaisquer criados pelo romancista.

É importante ressaltar que o livro do Hélio não é um livro de história, porque a história, como afirmou o historiador alemão, Jörn Rüsen, (2001, p. 97)[2]

> [...] é a memória científica do passado. Isso quer dizer que o fazer histórico deverá garantir sua validade por meio de fundamentações criteriosas que buscam a verdade dos fatos históricos que é a forma peculiar de garantir a validade que as histórias, em geral, pretendem ter.

E, por isso, tem aquele lado rígido do historiador querer confirmar tudo para caracterizar essa hipotética verdade dos fatos, colocando notas de rodapé e demais fontes de informação. Mas essa não é a intenção deste livro que estou apresentando. Ao contrário, ele é uma

---

[2] Razão histórica. **Teoria da história**: Os fundamentos da ciência histórica. (trad. Estevão de Rezende Martins). Brasília: Ed. UnB.

narrativa literária da qual se pode extrai elementos da memória social e/ou política de um momento muito importante para a formação e consolidação de identidade cultura baiana. Um momento que é, sem dúvida, um marco dos fenômenos mais importantes que aconteceu no Processo Civilizatório brasileiro, e que se mantém presente como se fosse um "tempo vivo da memória", usando aqui o título de um livro clássico da Professora Ecléa Bosi.

## A questão do regionalismo nordestino nesta obra de Hélio Bacelar

Ressalto ainda que estou há algum tempo saboreando a leitura de um livro fantástico. Continuando a análise do livro do Hélio, digo que ele vai mostrar ao leitor, que é o agente mais importante na cadeia das relações sociais que tem o livro como objeto fim, que está produzindo um gênero literário rico, consistente, herdeiro de uma rica tradição literária: a literatura nordestina, regional e sertaneja. E sobre a importância dessa literatura no âmbito da Literatura Nacional, permita-me o autor e seus leitores que vou fazer aqui um pouco de digressão, para buscar em algumas obras de Teoria Literária, especialmente a daquele que ainda hoje é considerado o maior crítico literário brasileiro de todos os tempos, o professor Antônio Cândido de Mello e Souza[3], alguns exemplos para mostrar quão importante é o livro em apreciação para a narrativa regionalista nos dias atuais.

E baseado nessas leituras reflito aqui que o estilo literário conhecido por regionalismo tem a sua origem, assim podemos dizer, como *regionalismo pré-pitoresco* lá na época do Romantismo. Os estudiosos do tema já discutiram que esse regionalismo tem fortes traços e tendências nacionalistas impressas a partir dos movimentos pela independência política do país. Nesse contexto, o elemento mais característico numa tentativa de definir a etnia brasileira como representante máximo do ser nacional, era o índio, e numa etapa ulterior, diz Antônio Candido, além do índio foi mitifica o homem sertanejo, essencialmente o do Nordeste e do Centro Oeste. Já no final do século XIX e início do século XX, vem à fase que Cândido caracteriza de *regionalismo pitoresco*.

---

[3] **Educação pela Noite & Outros Ensaios.** Editora Ática. SP., 1989.

Essa fase que eu insiro no contexto dos movimentos classificados de pré-modernista e modernista. Esse último, no Nordeste, expressa-se com maior presença no cenário cultural no início de 1930.

O modernismo no Nordeste foi um tipo de movimento no qual a marca principal parece ter sido a segregação entre o campo e a cidade, e os seus personagens, segundo o autor anteriormente citado, são absorvidas pela paisagem e pelos costumes. Esse modernismo também vai ceder lugar ao chamado romance nordestino, que foi classificado de *regionalismo crítico*. Por que isso? Porque o que antes – personagem e espaço – era apresentado com objetivo de servir de espetáculo para o homem da cidade, agora aparece com uma complexidade até então inexistente na narrativa regionalista. Os autores de narrativas críticas do passado e do presente pressupõem leitores também críticos, conscientes dos problemas sociais.

Nesse sentido, inaugura-se o movimento do romance crítico na literatura nordestina brasileira na primeira metade do século XX, cujo marco principal é o livro Bagaceira do escritor paraibano José Américo de Almeida. Outros vieram, como José Lins do Rego, que criou o ciclo do açúcar e dos que ressaltavam os conflitos sertanejos como Raquel de Queirós, Manuel de Oliveira Paiva, e também a literatura super-realista na pessoa do escritor Graciliano Ramos. Essa tradição foi seguida pelas novas gerações, embora com uma estrutura narrativa das suas obras reforçando e modernizando as dos seus antecessores. Esse é um fenômeno natural na arte da criação literária, pois cada geração ressalta e enriquece a rica vida e costumes, às vezes novos e/ou modernizantes, da literatura retratando a cultura do sertão nordestino. O Hélio é um herdeiro dessas ricas gerações, não rompe com essa tradição literária, ao contrário, na minha opinião reforça, o que é uma coisa muito positiva, muito rica para o público formado especialmente por jovens leitores e escritores da sua geração e de gerações futuras.

## Linguagem

A linguagem do livro revela um aspecto muito importante, ou seja, apesar de a narrativa ser sobre um acontecimento do século passado, o autor tomou um cuidado muito especial de usar uma linguagem específica de alguns dos seus personagens usada naquela época, mas que continua ainda muito viva nos dias atuais entre as pessoas que vivem no meio rural. Esse é um aspecto importante porque a nova literatura regional praticamente não utiliza mais essa sintaxe.

A linguagem dos personagens do livro tem um forte vínculo com o perfil psicológico, sociológico, históricos, hábitos e costumes, e valentia mesclada com o lado erótico e picante da realidade do sertanejo morador no meio rural, como era o Zezão. O vocabulário que é muito rico, usa as palavras da linguagem cotidiana desses viventes do sertão até os dias de hoje. E sem preocupação de purismo, pois as coisas são ditas naturalmente, quando, por exemplo, um personagem tem que falar vagina ele usa a expressão popular: "passa a mão na buceta de Isaltina e pergunta se é virgem e coisa e tal, ela responde que não, mas também não vai dar pra ele antes de se casar". A grande parte das pessoas do campo, naquela época e ainda nos dias atuais, não conheciam os sofisticados termos vagina, pênis, ânus etc., as suas linguagens eram diretas. Ainda hoje se encontra muita gente no meio rural ou nas periferias das grandes cidades que usa essa linguagem, diria natural.

**Erotismo**

O erotismo de forma bem criativa e excitante, e que é próprio da linguagem dos personagens do livro, perpassa todo o romance com cenas fortes como esta:

> Tal como prometido Pedro Bala ejacula fora da vagina de Isaltina que escorre entre as pernas bambas, que tenta conter o próprio grito e mais conter o urro triunfal do parceiro, com um grande beijo na boca, quase arrancando a língua do pobre, esmorece o corpo e se esvai em seivas!" – Tá perguntano pru quê? – Diz, um tanto acanhada, frisando bem a indagação. – Pruque sim! É só pra sabê. – Retruca Pedro Bala. Isaltina nada responde. Volta a beijar Pedro, cobrindo-lhe os lábios com os seus próprios, como querendo esconder seu acanhamento. Pedro interrompe o beijo e volta a perguntar: – Vai dizê não? – É acanhamento! – Con-

trapõe Isaltina. – Ôxe! ... Tá acanhada pru quê? Um tanto emburrada, evidenciando constrangimento, Isaltina responde em tom inaudível: – Sô não! – Hem? ..., não ouvi! É, ou, não é? – Rebate Pedro Bala, em completo avexamento. – Sô não! Pronto. Mas quero só, adepois de casá. Isaltina rebate, com firmeza na voz e mostra-se com o mais de emburramento que consegue imprimir, na fala e nos gestos. Pedro nada diz, de imediato. Isaltina, após breve silêncio volta a falar: – Se não fô do meu jeito, quero mais chamego não! – Posso nem pegá? – Diz Pedro depois de se recobrar. – Pega..., aí não vô me aguentá..., a vaca vai pro brejo! – E tem o quê? Nóis vai casá mermo! – É! Mas não tô de querê pegá barriga. – Nóis faz com jeitinho. Num vô deixá nada dentro de vosmicê.

A narrativa do livro de Hélio tem dessas coisas fantásticas, apesar de que sabemos que ainda temos leitores conservadores que poderão censurá-lo achando que isso é imoral, pornografia, que pega mal, que a igreja vai condenar etc. e tal. Mas não há nada de imoral, é a pura realidade transmutada para e pela criação literária.

Biblioteca do Paiaiá, outono de 2018

## SUMÁRIO

- *17* Tocaia
- *35* Os encourados em combate
- *53* O coronel
- *71* O sítio da família Quinto
- *89* Trabalheira da peste, esse arrumar todo!
- *105* Uma pedra, para meditar
- *125* *Culhudeiro* maior: fogoió
- *141* O fogo de Isaltina
- *159* A morte de Chico Morato
- *173* Zezão, de mais padecer
- *193* Batizado dos *Antônios*
- *213* Os quefazeres de Zezão
- *227* Vida de vaqueiro: Peleja e Ledice
- *249* A pega de boi no Jeremoabo
- *265* Mimoseio sertanejo
- *283* As afligências de Zezão
- *297* Almoço na casa de Anacleto
- *311* Aprontes para o Martírio
- *325* O que se segue ao pós-apocalíptico-corisco
- *338* Observações
- *339* Glossário

– TOCAIA –

Encourado, montando um baio castanho acaju, tão paramentado de couros quanto ele, Zezão, que no batismal é José Antônio Quinto de Jesus, está de espreita.

Meado da tarde de um dia quente que dá uma leseira da peste, e deixa o suor pegajento, e a tarde suarenta.

Imóveis: montaria e montado.

Avejão tonalizado pelo tanino ferruginoso das vestes: cavalo e cavaleiro em único estatual, estáticos, na beirada de uma pequena clareira de uma mata cerrada, tocaiando.

Nomeado como Zezão, na roda de amigos, e Quinto, como pilheria dos colegas milicianos, com relação a imperiosidade fidedigna do nome: José Antônio Quinto. Que bem pode ser: é rei das caatingas no seu torrão. Laçador de primeira; vaqueiro afamado; pelejando na carreira com boi é o mais ágil e astucioso que se tem notícia nas bandas de Inhambupe.

Homem trigueiro que abeira os trinta e conserva-se solteiro, apenas compromissado com uma cabrocha, mas nem sabe se vai continuar o namoro, que além da peleja com bois toca clarineta nas funções da igreja e nas farras muitas. É estroino. Boêmio de primeira ordem, em contradito à Irmandade de Nossa Senhora do Rosário de Inhambupe, da qual é membro, e a *catolicice* da família. Mãe e pai falecidos, que Deus os tenha, um irmão mais velho que ele, pedreiro; mestre de obras; diácono da basílica da Vila de Inhambupe; presidente da Irmandade de Nossa Senhora do Rosário. Duas irmãs mulher: uma mais velha que ele, mora com um lavrador para os lados de Jeremoabo; a que é mais nova, caçula de todos, é puta no povoamento de Alagoinhas.

Zezão impingiu-se a essa guerra por necessidade: não por amor à pátria. Estava sem ganho, na arte de pelejar nas caatingas, com gado, em sua cidade de morada, foi-se ter na comarca de Pedrão, buscando pouso e trabalho, conseguiu só emprego como *soldado encourado*. É temporário, a vida está em risco maior, mas, não tem outra coisa a fazer! ... Melhor que passar fome ou roubar.

Zezão chegou a essas batalhas com os "Voluntários de Pedrão" no início de novembro de 1822, decretados para a zona de maior confrontação nos brejos de Pirajá.

Os Encourados nem era chegado a quarenta: uns homens montados, outros caminhantes, desconhecedores dos meandros da guerra e sem treino algum em função de milico.

De jeito conjeturado, uns defendiam a "pátria mãe", outros, tal qual Zezão, recebiam uns trocados como pagamento e promessa de emprego no acabo da guerra.

Seriam treinados nas pertenças de guerrilha, mas não houve jeito: foram atirados à luta ao zelo de Deus.

As roupas que lhes foram ofertadas eram arremedo de farda; quanto às armas, espingardas, que para os montados era de pouca valia, e umas facas, por sinal já muito gastas.

À face do habituado nas caatingas, os "Voluntários de Pedrão", resolvem, como fardagens, manterem os couros. Indumentos de estranheza para os que já combatiam, em especial os treinados nas funções militares.

Estranho, também, em batalhas, o uso de montaria habilitada em caatingas correndo com bois: cavalos paramentados com fatiotas de couro taninado tal qual os montadores.

Os Encourados abichavam grande estragos nas linhas inimigas e, acobertados pela vegetação das matas, tornaram-se temíveis no guerrilhar.

O facão curto, instrumento de que o vaqueiro se vale no corte de macambira, e unha de gato, e as outras muitas ameaças ao seu pelejar nas caatingas, torna-se uma arma mortal. Faz-se uma nova amolação no dorso, em parecença com uma espada de dois gumes, e o curto faz dessa arma – de pouco alcance comparando-se a uma espingarda – é mais propícia em duelos, quando encarrapitados na sela de montaria, face a mobilidade do empunhar.

Esses vaqueiros foram destinados, inicialmente, para um agrupamento sediado no Cabrito, abaixo de Plataforma, depois alocados no Pirajá, onde arrostaram ferrenha ação, poucos dias após a chegada em solo de combate: oitavo dia do mês de novembro de 1822.

Passado o perrengue da grande escaramuça, Zezão e a sobrevida dos Encouradas são desconjuntados para outros pontos: – *Sempre onde carece de afoiteza e desatino.* Arenga de Zezão em conversa com os conluiados.

No momento estão de viagem por umas matas, a caminho da Vila de Cachoeira, onde vão encontrar o grosso das tropas nacionalistas estacionadas para pouso, no aguardo de ordens de deslocamento.

### Peleja de Zezão com três soldados inimigos

A espera de Zezão, tocaiando nestes matos, não se demora. A poucos metros aparecem três soldados do império, cavoucando os matos feito uns atoleimados: parecem procurar nada!

Cavaleiro e cavalo esculpidos em quietação.

Nem o bafo de respirar se ouve, de um e de outro.

Estatuados, em mortífera paciência, passam desapercebidos dos meganhas: são camaleônicos nestes matos de tantas nuances e matizes que graduam entre o verde-floresta e o marrom de folhas mortas, passando por tonalidades escurecidas que semelha o breu da noite:

– Será, aqui, a *porta dos inferno?*, ou é só uma janelinha acanhada? – Ajuíza Zezão, em sua espreitada no denso da mata.

Com a temperança que lhe faz jus, em momento que convém, Zezão, unicamente dá leve tangida nas rédeas, e o cavalo, como quem apenas espera esse momento, parte em ardente e célere galope: desestagna com tal presteza que parece partilhar os pensamentos do cavaleiro. Entende bem a cátedra e a estima da sua presteza: são três reses, à sua frente; são animais a serem tangidos e pegados, tal como nas caatingas; somente são bichos de peleja.

O terrífico dos três soldados foi por igual; o assustoso do instante estorva qualquer reagir e, pela enormidade dos mosquetões de baionetas por ajustar, não há presteza no defensivo: os tiros extraviados, nada acertam; baionetas perdidas na tentativa de assentarem em posição de ataque; a prontidão da investida do cavalo, atiçado por Zezão, obsta rebate a qualquer dos meganhas acuados.

O soldado que está em plano primeiro, recebe a peitada da montaria, recoberta pela couraça do guarda-peito, e não tem tempo de defender-se dos cascos. É atingido no rosto e na *caixa dos peitos*.

O que está mais adiante é acertado pela lamina do facão de Zezão, que lhe cortou a base do pescoço e não tem escapatória. Fica no chão se estrebuchando enquanto o terceiro foge.

Não há folga: após atingir o segundo homem, Zezão parte para cima do que resta.

O cavalo, com parecença de sintonia intelectiva com o cavaleiro, nem carece de ser mandado, nem com fala nem com rédeas: investe na ofensiva.

Golpe certeiro com a lâmina do facão e, em seguida, com volteio do ferro, Zezão enterra no peito do soldado, sem misericórdia alguma, imprimindo o peso do próprio corpo no aço, e este afunde rompendo carne e dilacerando ossos.

O grito do meganha é de tal terror que ressoa pela mata e antecede silêncio sepulcral.

Zezão estanca a montaria, no alcance de mais ou menos duas braças, que permanece impávida: expecta, de *orelha avivada*; *pode de ter* outros soldados.

Zezão, não gosta de tais mortes, mas, sabe que não sendo seus oponentes a tombar, será, por certo, ele próprio a ser vitimado.

Ajuíza como reses abatidas; como injúrias que carecem de serem fenecidas; antagonistas a serem justados; oponentes que são, para seu ponderar desse instante, unicamente, contrários sem significância alguma.

A ruidada que tem nas matas cessou por inteiro: nem passarinhos, nem bicho qualquer, nem mesmo o farfalhar do vento nas folhas. O ar, empestado de macabreado torpor, encaixilha calma tumulária.

A pouca luminescência que assoma a copa das grandes árvores são miasmas de luz; o mear da tarde mostra-se acometido de pesar pela mortandade da contenda; o tempo, que parece de lento fluir, testemunha, assim como os *pé de pau* da densa mata, tal desfecho macabro.

Esses poucos, aqui vitimados, serão acrescidos às contas dos outros muitos que morreram nessas lutas, e os tantos outros que, por certo, vão fenecer pelo chumbo e pelo aço desses embates sangrentos. Nas contas suas, como matador de meganhas, Zezão apenas acresce de mais três.

Zezão apeia, depois de muito auscultar o calado da mata, caminha até os corpos e, após pôr-se de joelho, apoiado na perna direita, faz uma abreviada rezação: orações que tem como escopo a aquietação da odiosa angústia de se fazer necessário tirar vidas de quem pouco, ou nada, conhece. Homens que, tal como ele, estão a soldo de uma empreitada; homens que aqui perdem a vida na defesa do que muito pouco sabem, ou nada sabem, em verdade: mercenarismo, mais justamente.

Seu viés religioso o faz receoso das muitas iniquidades que comete a troco de umas moedas ao final da jornada. Mortandade que se avizinha, e não tem aviso, e não tem presteza de que não seja a sua vida, também, a ser ceifada, num momento qualquer.

Sobeja, tão-somente, rezar pelas almas dos que se vão e pedir proteção à sua santa de devoção: Nossa Senhora do Rosário.

A tarde meada, o ajuizar embotado, ao tempo que a perspectiva de piedade se esvai em um pensar de mais afluência, Zezão cata as coisas dos mortos que a ele e aos conluiados será de serventia: munição e outros pertences, que não terão utilidade alguma no pós-morte, mas, é de valia aos que, vivos, persistirão na peleja dessa guerra insana.

Quando em confronto, os Encourados apenas pegam pólvora, chumbo e pistolas, dos inimigos abatidos. Bacamarte e espingardas são de pouco préstimo quando se luta no lombo de um cavalo, em matas fechadas, ou mesmo em campo aberto: é um tiro só, é tormentoso levar de um lugar para outro e é dificultosa a recarga; é se abancar como alvo certo para o inimigo.

Aos olhos dos Encourados, os soldados portugueses *são tudo papagaiado*. As roupas de muitas cores não são conformadas com peleja nas matas. Chamam para si, a atenção do inimigo, por demais.

Para os Encourados o facão é mortífero, mais que a espada; as carabinas são espalhafatas: mais alongadas, quando arranjadas com baioneta, não dá presteza nas ações deles nem em campo aberto.

### Os conluiados e o viandar

Os compartes de Zezão estão acampados em um capão de mato, que abeirar-se a uma capoeira, circundado por mata cerrada, acercando uma vereda, de largueza boa, que vai para vila de Santo Amaro da Purificação.

Os Encourados, em número de catorze, viajam para a Vila de Cachoeira.

Não há chefia. É cada um por si, Deus por todos e uma missão em comum: combater soldados inimigos com tudo que podem dispor: armas poucas e firmeza de ânimo ante o perigo, sob o julgo da Junta Governativa, acatando ordens dos militares, repassadas pelo Capitão Frei Brayner.

Zezão se aproxima do grupo. Traz por sobre o ombro esquerdo os alforjes e a montaria puxada pelas rédeas, com a mão direita. Está abatido tanto quanto os outros. É desalentador essa labuta com a vida, em terras estranhas, sem nem saberem, com certeza, o sentido dessa luta.

Sempre que ajuíza essas conflitações, Zezão clama pela justeza divina no intento de aquietar seus afliges.

Seis horas da tarde, quase, conforme a posição do sol por sobre o dorso da mata. É chegada as Ave Marias; Zezão quer fazer umas orações e, se possível, fazer a encomendação das almas dos três soldados por ele trucidados. Um, por certo, foi o cavalo, mas, pode bem fazer a encomendação por ele. É o mais inocente de todos.

Antes, um gole de café, que mais parece água suja adoçada. Acocora-se na beirado do fogo pouco da fogueira que insiste em manter leves labaredas contraditando o braseiro coberto de cinzas.

Zeferino, que está arredado da fogueirinha ajustando um bridão, se aproxima de Zezão e pergunta, um tanto sem indiscrição. Mais troça, em verdade:

– Foram quantos?

– Três!

– Assim, não vai sobrá nada pra nóis! Vosmicê só, pega os soldado tudo.

– Né bem assim, Zeferino. Tem um montão de *calango* pur'aí espraiado. Carece só, sair pra pegá.

A falação de Zezão tem o mesmo debochado senso de humor sombrio que Zeferino:

– Sei não! Do jeito que vosmicê e esse cavalo seu, caça *calango*, não vai sobrá nadinha pra nóis nessa guerra.

Um sorriso matreiro, um leve escárnio, um chiste a mais..., Zezão se alevanta e vai direto para a boca da mata rezar as Ave Maria:

– Vô arredá, fazê u'as prece..., adepois nóis cunvésa.

Joelhos ao chão, mãos postas, facão a dois palmos da mão direita..., *seguro morreu de velho;* faz o sinal da cruz e principia o debulhar de um rosário de contas vãs.

### Mais um dia, mais labuta...

Já bem cedinho, nem bem o sol nasceu, estão os Encourados prontos para seguirem viagem. Refeição matutina feita no lombo das montarias: carne seca esturricada no braseiro da noite anterior, farinha e rapadura.

Onofre, o mais ranzinza, resmunga enquanto mordisca um naco de carne:

– Nem bem dá pra tê descanso!

Não tem resposta de nenhum dos companheiros. Estão, todos os outros, concentrados na partida e nos admissíveis contratempos que terão pela frente. Preferem viajar pelos matos. As estradas têm mais conforto, mas muito risco, também.

O sol vai saindo, morninho ainda, um vento leve faz cosquinhas nos cabelos das barbas, por fazer; chapéu de couro, preso por barbelas, arriado nas costas; vestes de couro dando aparência sombria..., lá se vai a meia-tropa dos "Voluntários de Pedrão", tocando a vida, sem poder nem aboiar: faltam os bois e estas falsas caatingas não inspiram tais garganteios.

João de Deus, não dando muita estima aos rezingues de Onofre, se aproxima de Zezão e comenta:

– Tava lá perto, quando vosmicê tava de rezação.

– E viu o quê? – Retruca Zezão.

– U'a criatura cheinha de dissabô. – Questiona João de Deus.

– E vosmicê?, não tá não? – Contrapõe Zezão.

– Tô meio avexado, tamém. Vô isperá o Frei chegá, pra confessá e orá pelo perdão dos pecado que arrumei nessa guerra.

João de Deus denota contrição. Fala, ao tempo que toca de leve as esporas na barriga do cavalo. As rosetas estão presas, para não tilintarem, e protegidas por couro intentando não arranhar a montaria.

– Sei não! ... O Frei é tão pecante que nem nóis!

Discorre, em tom achegado ao solene, Zezão, tendo o mesmo impulso no tocar as esporas – protegidas e emudecidas tal qual as outras todas dos vaqueiros que os acompanham –, no bandulho do cavalo, e adiantar o passo para se igualar aos outros, tal como João de Deus: estiveram um pouco atrás em proseado.

Frei José Maria do Sacramento Brayner, conhecido só como Frei Brayner, voluntariamente se uniu aos trinta e nove indivíduos, por ele arregimentados, que foram alcunhados de "Voluntários de Pedrão": era o Capitão, confessor, estimulador, confortador..., aos olhos de Zezão, tão pecaminoso quanto todos os que matam a serviço de uma pátria que não deve de ser, por certo, carecida de mudanças a troco dessa mortandade; pátria que está longe dele e dos que lutam e se acabam nas frentes de batalhas: são eles de serventia para morrer ou matar; as ordens chegam, Deus sabe de onde, eles vão à luta..., *e seja o que Deus quiser.*

Por conta dos muitos perrengues advindos, para ele e para toda gente que conhece, por conta da falta de emprego, das estiagens que a tudo esturrica, das moléstias todas que se não mata, aleija..., ou coisa pior!

Como podem saber se essas mudanças políticas serão para melhorias, ou piorias?

Em sendo assim, qual o conforto espiritual que poderá oferecer, a ele e aos outros, o Frei, visto ser ordenador de mortes?

E mais ainda: o Frei afiança o que talvez não seja real, nem muito menos seja o melhor..., nem tampouco seja coisa que precise de ter tantas mortes! ...

João de Deus exclama, interrompendo o ajuizamento de Zezão, quando emparelha com ele:

– Mas o Frei é Santo! Pode perdoá nóis.

– Quem perdoa, é Deus! Nóis vai só anotando, na cadernetinha, os *vacilo*.

Objeta Zezão, afastando-se para o lado da estradinha e firmando as vistas no lado contrário do sol: tem bom olho, tem bom faro, tem bom atilamento..., quase sempre, é ele que primeiro percebe sinais de perigo.

### A tropa esmolambada do Tenente Malaquias

O alvorecer é um belo espetáculo, sempre! Independe da condição na qual se encontre o Recôncavo ou outro qualquer lugar; independe da condição humana, de estar bem ou conflitado com suas adversidades.

Aqui, neste pedaço de chão, apinhado de elevados e baixios; de planícies banhadas por um enorme rio; de encostas que se debruçam-se em estonteante vastidão de verdes e de águas mornadas; de entretons em distintas nuances que sobejam as matas, que adornam a copa dos arvoredos, que se derrama pelo céu de horizonte a horizonte..., que enobrece a concepção de vida e morte, e das coisas todas que a criação divina abarca.

    O sol abrolha sem pedir licença e se espraia, soberbo, por sobre as réstias do breu noturno.

    Já não se conta tantos os nasceres de sol que foram apreciados nestes chãos de feições estrangeiras, por estes homens de aparente rudeza, mas, de corações briosos e de tal pureza d'alma que o próprio sol semelha ter deleites em ser espectador desse viajar: corusca mais e mais esplêndido a cada antemanhã.

    Zezão é um poeta. Um artista, antes mesmo de ser vaqueiro, antes mesmo de ser soldado, antes mesmo de ser matador de meganhas imperiais, antes mesmo de tropegamente entregar-se a essa doideira de luta *pra defesa de Deus sabe o quê!* Ajuíza, enquanto aprecia o sol a grelar: que vontade doida, de tocar um pouquinho de clarineta. Coisinha pouca! Uma *musiquinha*, que seja!

    Seu sonhar é interrompido pelo grito, quase não gritado, de Onofre:

– Soldado lá na frente!

Foi um sussurro, quase.

    Tinha a força de um grito pelo espasmo de pânico do pobre homem.

    Todos se assustaram, mais ainda Zezão, que vinha apreciando o nascer do dia e divagando com os próprios botões sobre o silêncio da sua música.

    Mais alarde que perigo, propriamente. Eram soldados da força nacional, que saindo de uma refrega, estavam em frangalhos. Abatidos de ânimo, e aparentado fome de dias, e alquebrados por inteiro. Onofre que é meio leso. Não sabe diferenciar os uniformes, ainda.

O encontro é salutar a todos: Encourados e soldados estão acabrunhados, tanto quanto; precisados de descanso, tanto quanto, e vão para o mesmo lugar: a Vila de Cachoeira.

Em rápida conversa, o comando da tropa – um Tenente de *patente e farda* –, explicita a circunstância e as carências mais imediatas: alimento com sustança, visto que há dias não se alimentam de outras coisas que não sejam frutas e raízes comestíveis que não carecem de cozinhado.

Tarefa nova para os Encourados: buscar comida para aliviar o moral da pequena e esmolambada tropa.

No transcorrer do caminho, pelo qual passaram – os Encourados –, foram avistados uns bois pastando em um descampado que não está a mais que uma légua. Mitiga a fome dos companheiros de luta. Carece tão somente de buscar essas reses, trazê-las com as próprias pernas para serem abatidas no acampamento. Podem ter oposição do dono, é verdade. Mas, se é por uma boa causa..., até o furto é de validade e Deus deve de perdoar. Senão..., será mais uma iniquidade, entre tantas outras muitas que já estão nas contas, que será juntada.

– Nóis espera um pouco acima, indo para o poente..., u'a légua e pouco!

Sugere o Tenente, de nome Malaquias, que nascido na Vila de Santo Amaro da Purificação e conhecedor destas brenhas, que toma a dianteira e se arvora a capitanear, também, os Encourados.

– Q'é que tem mais pra cima? – Pergunta Zezão.

São, ele e os seus compartes, desconhecedores destas brenhas. Carecem de mais orientação pois viajam, há dias, desnorteados. Até se perderam quando perto de um engenho, que por sorte era de um *apoiador da causa*. Foram acoitados e orientados pelo proprietário que cedeu um negro escravizado para levá-los até perto de uma estrada de boiadas.

– A Cachoeira do Urubu. Tem água de montão..., a gente se lava, lava as carne e dá um repouso até amanhã. – Completa o Tenente Malaquias.

– Bom! Nóis dá um descanso p'ros animais, tamém. Tão de muito, a viajar!

Zezão, que mais parece ser o chefe do grupo dos Encourados, que passou a partilhar o acaudilho com Malaquias, ajusta o passo e arrebanha os Encourados, em sentido contrário, para buscar as reses, enquanto a pequena e estropiada tropa, conduzida pelo Tenente, vai caçar pouso, mais adiante.

Vão-se por cerca de três ou mais horas – o grupo de Encorados de Pedrão –, e retornam vaqueirando o apalavrado: um bando de reses, não muito engordadas, mas com carne bastante para acalmar a fome da soldadesca, com sobra para ser levado na viagem, as quais serão abatidas durante o *estradar:* não tem transporte para as carnes, melhor que as carnes viagem com as próprias pernas.

### O magote da Vila de Cachoeira

Zezão, os parceiros Encourados e os soldados do Tenente Malaquias chegam ao abarracado do grosso da tropa das forças nacionalistas, alojada nos arredores da Vila de Nossa Senhora do Rosário do Porto de Cachoeira, onde se instalou a sede da Junta Governativa, assumindo assim, o papel de capital da Bahia enquanto Salvador estava ocupada pelos portugueses, ainda.

A vila margeia o rio Paraguaçu e agora é nomeada, unicamente, por Cachoeira.

Meados da tarde, os Encourados desvestidos dos couros, comboiam a soldadesca, farta de tanta carne de boi, pisando em passos de tropa, mas em total desalinho. Pareciam voltar de um grande combate com fragorosa derrota, tal era os escárnios entre os pares. O tenente não tinha pulso. Também, acossados pela fome por tantos dias, careciam de ter divertimento mais que ordens.

– Que diabo faz aquele peste, tocando essa trombeta?!

Rezinga João de Deus, apeado da montaria, puxando pelas rédeas do cavalo com silha afrouxada e os couros repousados na garoupeira, como todos ou outros Encourados de Pedrão: alcunha que já era do conhecer de todos, quando se referiam aos vaqueiros.

– Só Deus pra sabê! – Replica Donizete.

– Deve de tá chamano os querubim. – Rebate Onofre.

– Que não deve de tê nihum! Não tô veno nada de anjo pur'aqui. – Alterca Donizete.

– Deve de tê fugido tudo, quando viu cara feia de vosmicê! – Diz Onofre, pilheriando com Donizete.

– Só eu, é que tem cara feia? Vosmicê tem pior que a minha. – Rebate, com vigor dramático, Donizete.

– E vosmicê pensa que é bunito? – Continua, chistoso, Onofre.

– Bunito pode de não sê! ..., mas, bem-apanhado. – Revida Donizete.

– Bem-apanhado pelo diabo. Deve de sê! – Replica Onofre, depois de uma estrugida gaitada.

– É toque de clarim, seus abestalhado. É pra dá ordem pras tropa. Pronuncia-se Zezão, bem instrutivo.

– Vosmicê que é sabidão, diz que ordem é essa? – Rezinga Onofre.

– Toca pr'acordá, toca pra drumír, toca pra avança no combate, pra vortá pra trás quando a coisa tá fêa! ...

– Tem toque pra cagá?! Tem? – Chista Donizete sem esperar que Zezão complete a fala.

– Deve de tê toque pra abestalhado calá o bico, quem sabe?!

Zezão retruca, ao tempo que se afasta do grupo. Vai em direção a um bebedouro de animais, em frente ao refeitório improvisado em um barracão. Vai dar água para sua montaria.

– Vosmicêis viram isso não?, na luta do Pirajá, que nóis tudo quase que morre? – Pergunta Pitombo, entrando na conversa dos pares.

– Nada o quê! Ali, era matá ou morrê... Tava lá eu de'scutá corneta nihua! ...

Alterca João de Deus que até o momento só ouvia o bate-boca surgido da sua pergunta que principiou o bate-boca dos compartes encourados.

– Eu é que não careço de tê corneta dizeno o que é pra eu fazê! – Donizete fecha o *conversê*.

Zeferino, que vinha mais atrás, é um dos últimos que apeia. Fica de parte nessas prosas porque não vê nada que mereça consideração em conversa besta. Os outros encourados do grupo, estão de parte, só de escuta. Não são de pouco falar, mas, alquebrados pela dureza da viagem e as tensões todas os deixam emudecidos para esse *conversê sem pé nem cabeça: o mote não é de tanta estima pra gastá cuspe à toa!*

Atendem ao chamado e sinal do Tenente – que os acompanhou na viagem –, que orienta onde se arrancharem: um galpão mal-ajambrado onde podem dormir e guardar os pertences.

Acomodam os animais de montaria, vão se lavar e depois dirigem-se ao refeitório.

São merecedores de uns goles de pinga, uns tragos de cigarro de bom fumo e um proseado onde podem contar vantagens e aumentarem as contas dos feitos *que é uma mentirada* de fazer inveja ao mais primoroso *culhudeiro*.

### Os encourados e a caserna

Zezão e os homens vindo de Pedrão, mal tinham tempo para descanso. A profissão de vaqueiros, por vezes, carece de ser desperta para pelejar com bois para sustento das tropas de nacionalistas: cuidadores de bois, ao tempo que magarefes, ao tempo que requeridos para salgamento do charqueado, ao tempo que *soldados encourados*, com pé na guerrilha.

Pouca ocasião havia para que esses homens, rudes no trato do viés miliciano, recebessem ordens e as cumprirem, sem atinarem para as intrigas palacianas. Pouco sabiam e pouco se envolviam nos ardis áulicos: a boataria dava conta que as patentes mais altas, do pretenso e mal-amanhado *exército libertador*, estavam conflitadas.

A caserna, aqui, era malformada. Uma misturada da gota serena: trânsfugas da legião portuguesa; negros trocando luta por alforria; índios arrebanhados de distintos pontos..., civil de *todo jeito e maneira...*, e os Encourados, mais desiguais de todos.

Nada de muito da guerra é passado para os *não soldados*.

Em raríssimas situações, os encourados ficam sabedores do alvoroço da guerra por comentos das chefias.

Os outros todos, civis de toda ordem, são plenamente alheios à verdadeira face dessa guerra, em especial a disputa de autoridade entre membros da Junta Governamental.

A boataria dá conta de que os milicos estão em desacordo, nas patentes mais graduadas: General Labatut em choque com as tropas e os Senhores de Engenho da Província, que provoca mal-estar do Conselho de Governo Interino, socado em Cachoeira, que confronta o general francês, porque este parece se achar a maior autoridade da Bahia.

Mas, conselho de *puta velha* diz que se deve de ter cuidado com briga de *cachorro grande!*

No rastro boateiro, chegam de outros Estados. Relatos discordantes de tropas lutando contra a soldadesca do Império Português, tal qual aqui na Bahia. Pernambuco, Sergipe, Alagoas..., uns homens que marchavam do Piauí para se juntarem às tropas da Vila de Cachoeira, emboscados às margens do rio Jenipapo, foram chacinados. Uns falam de 200 outros falam de 400 mortos..., mas, como as histórias viajam a cavalo e são trazidas por muitos, que no mais das vezes são passadas por muitas bocas e muitos ouvidos, nunca se tem uma fidúcia completada: fica a saber se é acontecido ou inventiva. Assim, o número de baixas dos civis do Piauí, trucidados às margens do rio Jenipapo, fica sem ajuste nas contas, tal como, fica a saber até onde tem verdade nas lutas pela Independência em outros Estados: podem de ter, já se acabado ou haver acordo entre as partes..., impossível firmar certeza.

Mais, ainda, que essas boatarias são das távolas do boteco da caserna e tem mais *culhuda* que veracidade.

Zezão não é de muito gostar da *canjibrina*, ainda mais quando de banzo, e seus afliges, no momento, estão *na ativa;* os companheiros, de *sela e couro*, ao contrário dele, afundam na água-que-passarinho-não-bebe e buscam por *mulher da vida* e é um viver desregrado: se não tem labuta, tem cachaça muita.

As mulas de puxar canhão é que são as putas do batalhão. Mulher que por aqui aparece, uma raridade, é disputada nos réis e nos vinténs: quem mais tem, paga pela primazia.

Por vezes, os mais afoitos dão escapulas, em incursões não autorizadas, nos arredores da Vila de Cachoeira, ou outros povoamentos próximos. Dia seguinte aparecem com as caras de contentados. Se descobertos, pegam cadeia, na volta; mas, não só apreciam a prisão como gabam-se dos feitos quando libertos.

Os encourados não são descritos como soldados. São tidos como batedores e *membros de guerrilha*, mas regidos pelas leis militares. Não podem transgredir: saldam as penas tal como os outros todos da corporação.

O confinamento, mesmo por dias poucos, enerva os soldados mais atiçados. Vez por outra, há uns dois se estapeando. As vezes os encourados, entre si, ou com outros elementos da tropa, sempre por coisa muito pouca: às vezes uma ofensa; às vezes na disputa da ordem de visitas às mulas-putas; às vezes coisa nenhuma! Apenas a vontade de espantar o tédio.

E assim, passam-se os dias e, os encourados, quando não partícipes da normalidade da tropa, estão nos cuidados dos couros e dos animais de montaria – mais carinho que se fosse em mulher –, ou na esbornia, na disputa das mulas-putas, nas mesas do *boteco de improviso*..., tal como os soldados e os civis engajados no Exército dito Pacificador.

Apenas Zezão, que no mais das vezes se mostra arredio, fica horas e horas no costumeiro entretido com os próprios botões, sempre após o pelejar do dia. Pensa no ruim da vida, ajuizando um vindouro incerto e um duvidoso bem maior de incerteza, quanto ao seu emprego, vez que o soldo é uma merreca, que mal dá para pagar a comida e a pinga..., que mal dá pra dizer que isso é vida..., e nessas horas sempre bate um pesar maior que o céu, que dá um aperto no peito a cada lembrança do que deixou para trás..., ansiando por melhores dias e por melhoria de vida!

Por conta do desatino, está aqui amargando essa *vivenciazinha besta:* é uma vontade doida de voltar para a Vila de Inhambupe!

E assoberba, Zezão, no ajuizar com os próprios botões:

– A vida nem tá chegada ao meio, mas semelha de tá no fim!

## – OS ENCOURADOS EM COMBATE –

Zezão, em meio a uma grande batalha, arremete contra os soldados inimigos, tal como os companheiros de sela e couros, em luta investida na região do Cabula, no apoio ao intento das tropas de Labatut de tomar a cidade do Salvador.

Foram acossados em uns borocotós e estão em retirada estratégica.

Buscam um capão de mato que abeira um vale: campo aberto as desvantagens são maiores. Nem mesmo sabem contra quantos lutam. Calculam serem muitos: números acimas dos que foram afixados pelos comandos da Força Nacionalista.

Terceiro dia do mês de maio do ano de 1823.

Estavam as tropas acampadas na Bacia do Cobre, perto de Camaçari, aguardando ordens, foram chamados sem muita explicitação; aos encourados mal foi dado tempo de se aprestarem nas vestes: couros da cabeça aos pés, estendido às montarias.

Aturdidos, inicialmente, pelo estrupo da batalha, os combatentes estão, agora, mais corrigidos. Nas primeiras investidas foram vencedores, mas, no momento amargam baixas nos clarões das florestas.

Melhor buscar terreno que os encubram das investidas diretas dos soldados do império que manuseiam suas grandes carabinas com muita dificuldade em mato fechado.

A luta se desenrola por todo dia. Às vezes, avançam, por vezes retrocedem..., ganham terreno e logo em seguida perdem posições estratégicas..., sabem, os encourados, que a proposição é invadir a cidade, que está sitiada e os soldados inimigos estão, já, quase sem víveres. A fome semelha que mais ânimo dá a esses pestes, ou estão em desespero tão grande que lutam e não fazem ajuizamento algum: só atacam.

Lá pelas quatro da tarde, os encourados topam com um grupo de contrários, armados mais que eles e tem uma refrega que causa baixas. Foram acudidos por um grupo de homens que puderam vir em socorro, e a luta se espalha por uma baixada, e escaramuças se estende pelos matos mais fechados, e as balas avoam a cada pipoco de espingarda, de carabina, de fuzil, de pistola..., umas poucas *lambidas* dos facões dos encourados; baionetas; espadas; mais tiros; briga corpo a corpo vencida pelos homens vindos de Pernambuco, que quando não tinham mais balas apelavam para as peixeiras e as espadas que tomavam dos inimigos mortos! ...

Indo pela direita, Zezão – depois de uns muito que matou e perdeu-se na conta –, topa com um soldado do Império que mais parece não ter saído da puberdade. O meganha mais medrado que ele; fardamento sujo de sangue e alarmado tanto que tremia de estricção.

Zezão estanca, vacila no tiro de garrucha, não sabe por que; o inimigo à sua frente de tal forma alarmado mal consegue segurar o fuzil; o cavalo baio inquietado pelo fragor da luta, pelo fogo da batalha, pelos tiros todos que pipocam, pelo estrondo de canhões que parecem nada buscar..., nesse relampejo de indecisão, o soldado, à sua frente – aparvalhado tanto que fica a saber se foi propositado ou contingente –, dispara o mosquetão de uma bala só.

Por conta do rápido hesito, Zezão perde o tino, o imberbe meganha dispara, o tiro certeiro vai direto a sua caixa de peito e tudo se apaga.

O opositor morre em seguida transpassado por lança curta que semelha *guiada de vaqueiro:* uma das armas que os encourados se valiam – lança de pouco menos que metro, com ponta afiada e embebida em veneno, por vezes.

Zezão é socorrido por João de Deus, mas é contado como morto e jogado na sela do próprio cavalo e trazido para a retaguarda, por conta da retirada das tropas Nacionalistas por ensejo de estratégia.

Só depois de acomodado, entre os não viventes, é que se percebe leves movimentos das mãos e se dão conta da situação. Após lhe arrancarem os couros em busca do buraco da bala, dão conta do acontecido: Zezão é salvo pela *milagrenta* medalhinha de Nossa Senhora do Rosário que traz no peito prendida em correia de couro.

### Zezão fora das pelejas

Zezão, junto com muitos outros feridos, é levado para o Pirajá, onde tropas Nacionalistas reforçam o bloqueio à cidade de Salvador. Fica aos cuidados de Lucas: negro retinto que toma parte na guerra com promessa de alforria e capenga da perna direita – uma bala, encravada no alto da coxa, não pode ser extraída em campo de batalha.

Além de Zezão, Lucas cuida de mais uns quinze soldados: uns sem braços, outros alvejado nas pernas, alguns que nem se levantam dos catres..., entre todos, Zezão é o menos pior. Apenas tem um grande hematoma no peitoral, com fortes dores, mas que não o impede de percorrer os arredores do seu novo acampamento.

Estão perto de um Engenho de Cana que tem uma cachacinha *boa da peste* e, por recomendação do "médico-enfermeiro-pajem", pode tomar umas lapadas: *desagoniar o juízo* e atenuar as dores quando respira forte; comida ruim que só a gota serena. Só, de quando em vez, aparece carne de boi e dá para fazer a salga, esturricar no braseiro, fazer uma *farofa d'água e matar o pesar d'um bom repasto.*

Lugarzinho arrebatador. Um vale cercado de florestas, que no meio corre um rio e a margem esquerda está coalhada de pequenas cachoeiras – umas menorzinhas outras *mais maior* –, que tem uma aragem que vem da *baia do mar* e uma estradinha, rio abaixo, que se chega ao Cabrito e a Plataforma: paragens das escaramuças iniciais dos Encourados.

Zezão, vez por outra, faz umas *visitinhas* nas partes baixas e vai apreciar a Bahia de Todos os Santos.

No momento, estendido em um catre, com um montão de cataplasmas na *caixa dos peito*, recupera, lentamente, as forças dos braços. O peito ainda dói a cada respiração com mais vigor.

Dia desse, em *caminhação pelas abeiradas* das águas do mar, numa prainha de areia bem branquinha, teve a benção de apreciar uma tempestade que veio do Norte-Nordeste, e se ia indo para o Recôncavo, e aqui teve só chuvisco pouco. Raios e coriscos em relampejares de diferentes tipos, de distintos tamanhos, vindos de direções muitas, rasgaram o céu por um *bando de tempo...* um trovejar que parecia que o mundo estava a se acabar..., um espetáculo sem igual!

Momentos iguais a esse dá muita saudade do Inhambupe; momentos iguais a esse o faz pensar na vida: não custa intentar perdas por conta da própria *amargação* que tem no ajuizar, mas, está impedido de voltar às batalhas, também, não pode se apartar da peleja e voltar para sua Vila. Assim, remói sua claudicação: os companheiros estão na luta, ele aqui amargando cataplasmas e as gaitadas de Lucas nas histórias fantasiosas da sua vida: – *Gosto do peste. Não fosse ele, podia de tá, ainda mais troncho.* Ajuíza Zezão, rindo-se intimamente.

Nos habituais rezingues, quanto à ardência das folhas que Lucas lhe aplicou no machucado, Zezão está de pachorra, eis que chega, esbaforido, Fogoió.

O baio de Zezão que foi emprestado a Fogoió para ir se ter com o comando das tropas, a Oeste da Bacia do Cobre, vem, fungando, em galope desenfreado.

Fogoió é um sujeito bonachão que Zezão conheceu em Santiago do Iguape, perto de Cachoeira. Cabo do exército, branquelo, com meio fogo, meio loiro nos cabelos, que de cara lhe deu alcunha de Fogoió. O peste, nascido em São Cosme do Vale – Portugal –, veio com as naus dos portugueses, mas comprou a briga dos Nacionalistas. Mudou de lado, quando percebeu que no Brasil tinha mais para se ajeitar. Na sua terra era tão somente *um merdinha de um cabo do Exército Imperial, ganhando dinheiro pouco e obrigações por demais!* Isso, segundo as próprias palavras de Fogoió.

Muito diferente de Zezão, que amorenado com tom de pele puxado para o *pardo* – semelhado a mãe que descendia de índio com negro –, que tem os cabelos *mel com terra,* encaracolados feito os cabelos do pai que era um negro retinto, alforriado – descendendo diretamente de angolanos.

Tipologia não muito desigual do grosso do bando dos "Voluntários de Pedrão". Eram todos, senão com tez parda tal qual Zezão, curibocas da melhor estirpe.

*Esbaforado*, de fungadeira mais que a montaria, Fogoió traz novas da frente de batalha: os soldados portugueses começam a se retirarem de Salvador açoitados pelas tropas dos Nacionais e, por força da soberba, tomam os navios e principiam a escapula: acossados e famintos, não tem outro caminho que não seja o mar

Melhor isso que rendição: – É muita desonra, perder nas batalhas e depor as armas. – Dizer atribuído ao Oficial Comandante das Tropas de Portugal, Madeira de Melo, que corre à boca miúda, sem selo de veracidade.

### A marcha do triunfo

Garbosos e estrompados, os Encourados e os muitos militares que compõem a tropa Nacionalista, estradam pelos caminhos de boiadas e se vão para a cidade de Salvador: dois de julho de 1823.

À frente das tropas, em entrada triunfal, General Lima e Silva.

Esperava-se que fosse o General Labatut, mas, o boato alastrado, dava conta que estava em cárcere e respondia a processos. Era acusado de ignorar e desrespeitar as hierarquias sociais e raciais da sociedade escravista: deposto e apresado por cometer violências contra senhores de engenho, apropriar-se do tesouro em prata do Engenho Passagem, pertencente a portugueses, e fuzilar quilombolas nos arredores de Salvador.

Em outras instâncias, as más línguas dão conta de intrigas palacianas: o Marechal de Campo do Exército Brasileiro, Pedro Labatut, manda prender o Coronel Felisberto Gomes Caldeira que segundo comentários de caserna planeja assassiná-lo – manda-o chamar ao quartel e dá-lhe voz de prisão; os oficiais de Felisberto sublevam-se, prendem Labatut em 21 de maio de 1823 no Quartel General do Engenho Canguruju; o *Conselho Interino do Governo*, acoitado na cidade de Cachoeira, considera o General Labatut persona non grata; General Lima e Silva assume o comando das tropas, em lugar de Labatut, e a grande vitória das Forças Nacionalistas.

Aos que apenas lutaram e veem a guerra finda, pouco importa quem seja o comandante desde que os combates sejam encerrados.

Assim, Zezão faz questão de paramentar o cavalo, de forma bem caprichosa, para entrar em Salvador com as primeiras tropas. Foi de encontro aos companheiros Encourados, estacionados no Pirajá, junta-se a eles e se vão pela estrada de boiada.

Tropa que não tem feição de tropa, que parece não ir batalhar, pois em verdade não haveria mais luta. Está mais tendente a ser uma procissão de desvalidos, comboiados pela caterva da desarrimada, e estropiada, e esfomeada população, achacada pela guerra, que perambulava pelas cercanias da cidade de Salvador, que retornavam aos lares abandonados no grande êxodo de maio: foram compelidos a saírem da cidade para que restassem mais mantimentos para os soldados portugueses. Penaram, essas pobres almas, nas beiradas de Salvador, esfomeados e a mercê dos conflitos: mulheres, crianças, idosos..., expostos ao fogo dos dois exércitos.

Os *disgramados* dos portugueses estavam em situação pior: – *Fome maior e bem pior. É capaz dos mais forte comerem os mais fracos pra não morrerem de inanição.*

Isso corria à boca miúda, com forte entonação de praguejamento.

Por volta de meio dia a caterva depauperada, comandada por Lima e Silva, chega às portas da Soledade: descalços, maltrapilhos, com vestes quase a expor a nudez e fome muita, mas, triunfantes. São recebidos com flores, louros e foguetes..., são abertas as clausuras e as freiras saem das suas Ordens em preitos aos combalidos combatentes – o cortejo saiu do Pirajá, do bloqueio às estradas de boiadas desde a deflagração da guerra, seguiram para São Caetano e, na região da Soledade, juntam-se ao grupo de José Joaquim de Lima e Silva, comandando o Batalhão do Imperador e o Coronel Antero José Ferreira de Brito com os homens que tomaram as trincheiras da Lapinha e Soledade.

Simultaneamente outros grupos tomaram posse de posições outras na cidade: Felisberto Gomes Caldeira saiu de Armação e Rio Vermelho rumo ao Tororó, Barra, Graça e Corredor da Vitória, ocupando os quartéis do Campo da Pólvora, Palma, Gamboa e Forte de São Pedro, e ainda a Casa da Pólvora, nos Aflitos; Major José Leite Pacheco, saindo de Armação e da Pituba, segue pela área conquistada pelo Major Silva Castro em Cruz de Cosme e vai para o Carmo. Ocupam o Convento do Carmo, e postos em São Bento, Piedade, Jerusalém (ou Hospício), Noviciado (atual São Joaquim) e Santa Tereza.

Ao todo, ajuntam-se em Salvador, no 2 de julho de 1823, um total próximo de 8.686 oficiais e soldados, e civis incorporados ao exército Libertador, acrescido de mais de mil mulheres que acompanhavam as tropas no apoio: cozinha e socorro.

### As comemorações da vitória

Ao final da desfilada, tal como boa parte do cortejo, civil e militar, os Encourados *vão se ter* na parte baixa da cidade, de onde podem apreciar o mar, no final de tarde e, desconjurar os inimigos que se escafederam oceano adentro.

À noite, os festejos são muitos. Cachaça, putas de *todo jeito e qualidade,* tiros de bacamartes e pistolas, *relampeio* de facas e facões *relados* nas pedras..., areias das praias coalhadas de civis e militares..., e o mais que tinha para laurear o grande triunfo...

..., e a cachaça desata as línguas, e as línguas desprecatas, desfraldam-se em falas, e as falas vão pela tortuosidade dos falares que não perspectivam coisa com coisa, e se estendem em tal pélago de baboseiras que Zezão, mais sóbrio que os outros todos, se arreda do grupo.

Enquanto se afasta, bem de mansinho, ouve Chico Sebo, aparentado com João de Deus, que é o mais falante dos Encourados de Pedrão, em uma das suas arengas:

– Deus deve de tá guardano um lugarzinho não muito ruim, para nóis dos couro, num infernozinho mais fraquejado, com u'a janelinha *abrida* pr'o céu..., porquê nóis não sêmo assim tão ruim!

O peste entornou uma dorna, quase, de cachaça *boa que só.*

Zezão chegou a experimentar da branquinha, mas, sem vontade muita de encarar uma carraspana, apropriou-se da desculpa de estar em recobro das feridas.

– Teve combinado c'um ele? – Rebate João de Deus, à fala de Chico Sebo.

– Tê! ..., não teve, ainda. Por'isso, nas minha reza peço com tanto fervô, que ele já deve de tê escutado... – Chico Sebo retruca e é interrompido.

– Mas deve de tá tão desentoado das suas arenga, que até fechô os ouvido. Vai tê de mandá nóis mesmo, é pro quinto dos inferno!

Alterca Quirino, tão bêbado quanto os outros e encasquetado com a falação de Chico Sebo: interrompe a fala de Chico Sebo no intento de fazer calar a *matraca* do companheiro.

Chico Sebo, em rebate, apenas diz:

– Tu vai c'um eu?!

Pândego, com a galhofa dos companheiros, Zezão não se contém, volta da sua escapula e arremata:

– Deus há de recebê no céu, ou o diabo *nos quinto*, vosmicêis dois encangado.

– Vai querê separá um do outro, pra quê? Parece inté que tão amancebado!

Arremata Zeferino, largando os beiços da boca de uma garrafa de cachaça, fungado pela talagada que sorveu, que quase lhe faltou o fôlego e mal esperou pelo resfolgar para entrar no chiste.

João de Deus completa, indo depois buscar mais cachaça:

– Um é *capenga;* o outro, *capanga*!

E a cachaçada se estende por toda a noite, embrenhando-se madrugada adentro..., até quando for aguentada, porque a aguardente está difícil de ter findo.

O teor alcoólico se sobrepõe à razão e ao razoável, visto que razoabilidade e cachaça não se coadunam; a mentirada se espraia de maneira desavergonhada; as homilias têm desagrego vivido da temperança.

De tal maneira, as alocuções estão diruptivas de atilamento que abisma Zezão: – *Eram assim, os companheiros, ou é a carência de pinga no sangue que o faz mais temperante?!* Ajuíza enquanto se arreda *pr'um* canto, caçando sossego.

### Acabo da guerra; peleja com a vida

Findo os conflitos, após as celebrações e as *homenageações* todas..., após as honras recebidas e a alijada dispensa da caserna, Zezão e seus companheiros voltam às suas vidas, ao pelejar nas roças e nas caatingas de Pedrão.

Não mais são os mesmos homens que vestiram o *fardão da milícia* e foram a combate; não mais tem trejeitos de vaqueiros saídos de Pedrão e decretados às lutas: são heróis de guerra, ao tempo que são anomalias em meio a um grupo de pessoas que parecem muito estranhas; são inúmeros e distintos os opressivos devaneios que acossam cada um deles. Voltam à vida da qual se apartaram por um tempo, sem nem saberem qual vida será: uns mantiveram-se empregados, outros se foram para outras bandas, com os réis e os vinténs auferidos de soldo.

Zezão fica de vaqueiro em Pedrão, tal como prometido, na fazenda de conhecidos do Frei Brayner. Sente-se uma trempe de dissabores, acalorada pelo desgastante convívio com pessoas que o olha de soslaio, com descaro algumas vezes, os que apenas o olha como um estranho..., mas não sabe se é apenas seu *juízo mole*, que bem pode ser, apenas ele sentindo-se alheio e peregrino nesse *solitário de mundo*.

Macambuzio, passa o tempo, quando não em labuta com bois, a refletir. Não há como não ser abusado da indulgência consigo mesmo. A luta foi dura – por quase um ano perdurou refregas sanguinolentas – e as muitas vidas que ceifou, agora, cobram a dívida: um pouco de remorso e orações muitas para confortar a carência de auto piedade..., e, o mais gritante é a ligação extremosa com os que aqui ficaram, longe da guerra: vez por outra tem uns entreveros com os companheiros de sela, que por vezes acaba em tapas, que por vezes lhe rende fortes reprimendas, do patrão.

É estranhado pelos que o conheciam de antes: sempre foi alegre e cordato, não era briguento, como agora, e muito menos entristecido; é estranhado por si mesmo, quando em diferenças com os parceiros de caatingas e, no furor da contenda, tem vontade de matar. É sabedor de que tirar mais uma vida, depois dos muitos que matou, não é, de todo, impreciso: será mais uma, tão-somente, depois das muitas encomendações que decretou para os infernos.

Depois de muito refletir, ajuizando a inquietação quanto ao ficar estacionado em um lugar que lhe parece estranho, quanto a perdurar-se explorado pelo patrão que impõe coronelato no seu burgo, quanto a persistir fingindo ser *isso que não gosta de ser*, quanto prosseguir no debulhe desse rosário de culpas e aflições, quanto perder o tino no enfiar de penas em um *cordãozinho*, tal como *corda de licurí!* ... Zezão, enfim, esturra o quengo e busca decidir-se a voltar para Inhambupe.

Às vezes, nos cismares mais acerbos, pensa que nunca devia de ter saído de lá.

Incontáveis vezes, Zezão viu chegada a sua própria morte; matou por ser a única coisa a fazer. Não houve prazer algum; era como matar um boi: necessidade. Se assim não fosse, seria ele o defunto.

Agora, que esfriou o fogo das contendas, o ajuizar é outro: por que entrou na guerra?

Como pode ter tanta frieza na luta pela vida?

Virou bicho? Perdeu a fé? Tornou-se um assassino?

Está desafeiçoado. Nem mesmo ele sabe quem é, ou do que é capaz. Quando matou, em batalhas, não teve remorso imediato; agora isso pesa nos momentos de rezação. Perdeu a feição e, ainda mais, o mando de si mesmo: em momentos de raiva tem vontade de matar e sabe que pode fazer sem nem pesar – em momentos de raiva cegada, esteve a ponto de enfiar o facão, goela abaixo em desafetos seus.

Haverá perdão quando no juízo final se pôr frente ao Criador?

Remói suas angústias em agonia surda: não tem com quem conversar. Nenhum dos convivas seus há de ter tal faculdade de compreender. Nem mesmo o Frei Brayner, que o levou à luta e com quem conviveu por muito tempo..., não há de confiar em um homem que o dizem santificado e pega em armas para ceifar uma vida humana.

Perdeu-se daqueles com quem dividiu afliges nos confrontos: os companheiros de *couros e guerra*.

Mas há de estar melhor assim. Carece de estar só com essa sua dor, que se mostra como faca amolada, mas é sua; é menos sopesa, que a partilha dessa suas *aflitivas* com os afliges dos antigos conluiados de *couros e guerra*, que hão de estar, em conflitos, também.

Não consegue atinar o que fazer, mas pensa em fazer algo para não tanto se contristar. Quem sabe voltar, mais que logo, para Inhambupe?!

### Chamegagem de Isaltina e Pedro Bala

Isaltina está *incúida*. Cansada de satisfazer seus desejos com os próprios dedos, na beirado da lagoa, próxima ao casebre que mora com mãe e duas irmãs mais novas, cedeu aos impulsos e ao assédio de Pedro Bala.

De namorico nos fundos da casa, pouco arredados do quintal, beirando a roça de milho e feijão, embaixo de uma cajazeira frondosa e de copa arriada para o poente, deixou que Pedro Bala lhe acariciasse a barriga e os seios enquanto deliciavam-se em beijos lascivos.

É difícil segurar, mas, não quer parecer moça fácil.

– Desce a mão pra'i não, Pedro!

Isaltina reclama, com um sussurrar quase inaudível. Pensa exatamente o oposto à sua fala.

– Qu'é que tem? – Retruca Pedro.

– Tem sim! Aí, só adepois que casá. – Rebate Isaltina.

– Vosmicê é moça?

Pedro faz a pergunta e se afasta ligeiramente.

Isaltina cora e não responde, de imediato. Esconde o rosto no peito de Pedro Bala.

– Tá perguntano pru quê? – Diz, um tanto acanhada, frisando bem a indagação.

– Pruque sim! É só pra sabê. – Retruca Pedro Bala.

Isaltina nada responde. Volta a beijar Pedro, cobrindo-lhe os lábios com os seus próprios, como querendo esconder seu acanhamento.

Pedro interrompe o beijo e volta a perguntar:

– Vai dizê não?

– É acanhamento! – Contrapõe Isaltina.

– Ôxe! ... Tá acanhada pru quê?

Um tanto *emburrada*, evidenciando constrangimento, Isaltina responde em tom inaudível:

– Sô não!

– Hem? ..., não ouvi! É, ou, não é? – Rebate Pedro Bala, em completo *avexamento*.

– Sô não! Pronto. Mas quero só, adepois de casá.

Isaltina rebate, com firmeza na voz e mostra-se com o mais de emburramento que consegue imprimir, na fala e nos gestos.

Pedro nada diz, de imediato.

Isaltina, após breve silêncio volta a falar:

– Se não fô do meu jeito, quero mais chamego não!

– Posso nem pegá? – Diz Pedro depois de se recobrar.

– Pega..., aí não vô me aguentá..., *a vaca vai pro brejo!*

– E tem o quê? Nóis vai casá mermo!

– É! Mas não tô de querê pegá barriga.

– Nóis faz com jeitinho. Num vô deixá nada dentro de vosmicê.

Pedro Bala, fala e não contendo o avexamento desce a mão, célere, e mesmo sobre a chita do vestido apalpa as virilhas de Isaltina, com direito a passada de mão no xibiu.

O passar da mão de Pedro, o fogo que já denota alvoroço nas partes íntimas, a concupiscência dos beijos, o morno da noite, o viço, a volição! ..., não dá mais para segurar: Pedro desliza o membro intumescido por entre as coxas de Isaltina, que as abre com a lascívia de fêmea no cio e se deixa penetrar.

Os gemidos são incontidos; o tempo de copula é atinente aos desejos refreados; os gozos não se demoram!

Tal como prometido Pedro Bala ejacula fora da vagina de Isaltina que escorre entre as pernas bambas, que tenta conter o próprio grito e mais conter o urro triunfal do parceiro, com um grande beijo na boca, quase arrancando a língua do pobre, esmorece o corpo e se esvai em seivas!

Não tem como ficarem de pé, escorados no tronco da cajazeira. Estiram-se no chão forrado de capim ralo e folhas seca.

– Quem foi o premêro?

Pergunta Pedro Bala, depois de recobrar o fôlego.

– Quer sabê, pru quê? – Rebate Isaltina.

– Pruque se é quem tô de pensá, nóis vai tê entrevero. – Replica Pedro Bala.

– Vosmicê tá falano, de quem?

Isaltina se levanta, buscando a barra do vestido de chita para se limpar do gozo que escorre entre as pernas e inquire, um tanto intrigada.

Pedro Bala retruca, buscando amparo para levantar-se do chão:

– Zezão, que tão de dizê que tá pra vortá.

– Tenho nada com Zezão! Teve nada de prometido, e ele se foi. – Rebate Isaltina.

– Sei não! ... Tão dizeno que tá abilolado, depois do acabo da guerra. – Diz Pedro Bala.

– Sei disso não! Tá lá em Pedrão. Já deve de tê se arranjado com outra. – Contesta Isaltina.

– Não é o que dizeno! Tá sozinho e meio amalucado. É o que tão *boatano*. – Insiste Pedro Bala.

– Ôxe! ..., e vosmicê é assim frôxo? Tá cu'medo de Zezão? Se não qué casá, arruma outra discúpa.

Isaltina contesta, fazendo-se de sonsa-lesa. Quer casar, Pedro Bala é bom partido. Se deixar está oportunidade passar, acaba na boca das jabiracas, mal falada mais do que já está.

– Vosmicê tá variano? Eu..., frôxo? Se fosse frôxo não tava aqui, de esfregação com vosmicê.

Pedro Bala aparelha-se para contestar o amor próprio ferido.

– Isso qualquer um faz..., frôxo ou não frôxo. – Isaltina, mais provoca.

– Vosmicê vai com qualquer um?

Pedro Bala, mais ofendido, retruca com veemência, um tanto afrontoso à *honra da moçoila*.

– Me *arrespeite*! Foi uma *vezinha* só. Agora, só depois do casório. – Defende-se Isaltina.

– E vosmicê aguenta isperá? Amanhã tô de querê de novo. E pode sê aqui mermo. – Insinua Pedro Bala.

– Só se fô! Euzinha..., aqui, amanhã..., nem marrada.

Isaltina fala, mostrando pouca estima para com Pedro Bala, no intento de mais provocar o gostado.

– E precisa marrá? É jumenta, é? – Escarnece Pedro Bala.

Os dois, rindo-se desbragadamente, tomam rumos distintos. Isaltina para o casebre que mora, no meio de uma roça de milho e feijão, Pedro Bala de volta para os arredores da Vila de Inhambupe.

### ..., de volta ao seu sitiozinho, perdido em cafundós

Não muito se demorou, depois do prenúncio de Pedro Bala, quanto à volta de Zezão.

Pareceu conluio!

As *tranqueiras* estavam ajeitadas, faltando apenas os acertos de contas com o fazendeiro: Zezão ansiava voltar para Inhambupe, no intento de mais alívio ter nas suas comiserações.

Isaltina, que foi chamego de Zezão, antes que ele fosse para Pedrão e depois para guerra, não podia esperar: o fogo do xibiu era mais forte. Sabia não ter compromisso de casório; sabia ser, Zezão, mulherengo por demais; sabia ser só um chamego descompromissado..., foi atrás de um outro, que queria só se aliviar nas horas de necessidade, não deu certo correu para os braços de Pedro Bala que se aparecia mais promissor: queria mesmo ela, era casar, ou se ajuntar, ou se amancebar, ou se amigar..., ou qualquer coisa que fosse ter um homem para se achegar.

* * *

Zezão, remata os acertos das contas com o patrão, ainda mesmo no avarandado. Faz um afago no cachorro maior e assobia para o menor que está perto do curral; tudo está no lombo da montaria; toma das rédeas, monta e, sem despedida alguma: pega o caminho de volta para seu burgo, nas mediações de Inhambupe.

O cachorro menor, atendendo ao assovio, o acompanha e estanca na cancela. Parece entender que Zezão está indo embora, pois se assenta e o observar sumir na primeira curva que vai para um baixio. Era seu companheiro no traquejo com as reses.

Zezão viaja pelas estradas mais desertas, vez por outra, veredas pouco movimentadas, faz uns volteios de mais lonjura, encurta caminho pelo meio de caatingas..., o intento é encontrar poucas pessoas, preferencialmente, as muito longe do seu círculo de amigos.

Nas mediações da Vila de Inhambupe seu casebre é um arremedo de palácio; suas *terrinhas* ficam em meio a uns cafundós, que tem um riozinho que corta as roças, que às vezes corre muita água..., no mais das vezes corre água pouca; tem um roçado que carece de destoca, que carece de uns cuidados poucos para plantar o que mais se planta na região – milho, feijão, batata doce, macaxeira, jerimum, mandioca... – que pode ser ajeitado como pasto para o cavalo..., e, o mais importante: é separada do mundo. Não tem vivalma a menos de léguas e meia. Pode estar, do jeitinho que quer ficar: desatado de todos na ruminação dos seus amargores.

## – O CORONEL –

Nas bandas de Inhambupe, um coronel, de patente comprada, é dono de muitas terras, e dono de muitas vidas, e dono de airosa fatuidade, e dono de tudo mais que pode ser comprado com dinheiro: Idelfonso Generoso do Amor Divino. Nome escolhido pelo próprio para constar em batistério.

Nada tem de amoroso, muito pouco de dadivoso, ainda menos de divindade. Mas, com o boquirroto não tem discussão: ou é o que ele pensa, ou é o que ele pensa e não tem altercação.

Analfabeto com todas as letras, acha-se senhor de todos e de tudo. De tal empáfia e tal malignidade que só a soma dos seus bens terrenos podem compensar tamanha desnudez de sentimentos.

Um crápula.

Se não é *filho do capeta*, tem agnação com o *coisa ruim* ou são amigos muito achegados.

Só Deus sabe de onde saiu essa *disgrama*, também, só Deus há de saber de onde esse *disgramado* tirou tais sobrenomes. De certo foram surrupiados, porque nisso ele é de muita presteza.

Aqui chegou, *com uma mão na frente outra atrás,* já faz um *bando de anos,* arrebanhou terras que se julga ter se apropriado, *com bala de garrucha e ponta de punhal,* tudo ou a parte maior delas.

É defensor do continuado da Regência Portuguesa, no Brasil, embora se contenha nos comentos. Contou com aquiescência da Coroa Portuguesa para todos os desmandos perpetrados, a custo de propinas pagas para autoridades da Capital. Agora está desamparado. Já não conta mais com esses salafrários, por cousa das mudanças políticas: os que não foram deportados no pós-guerra, afunilaram a clientela e estão cobrando os *olhos da cara* nos *mata-bichos.*

Homem já passado da meia idade, mas não chegado aos sessenta. Malvado que nem o capeta. Patenteia muita arrogância, muita ganância, muita prepotência, muita cupidez..., e mais os deformes todos que faz jus a um crápula, com pitadas de atrofia no caráter, mas é frouxo que nem a peste. Inerme que só ele. Se ampara na jagunçada: homens de *todo jeito e qualidade,* lhe serve a troco de bom soldo.

Mas coronel Idelfonso é assim: um rapapé mais forte, o desinfeliz vai se ter com o penico debaixo da cama e sai só quando se sabe arredado de risco.

Tem parte com o coisa-ruim, dizem as más línguas que por certo não deixam de ter pretexto, apontado por distintos exteriores: – *Talvez seja ele, o próprio demo, em figura de gente.* Assim dizem os mais desprovidos de medo.

Esmeraldina, filha de lavradores, pobre e bonita, é cobiçada pelo famigerado coronel que convence sua consorte – que as línguas de trapos a dizem *semsorte* –, a proceder a contratação da moça para serviços domésticos, que aceita, sem pestanejo, a proposta de emprego, ante a perspectiva de boa paga.

Em verdade, os acertos entre seu pai e o coronel não são nesses termos.

Esmeraldina tem a pele de um jambo tonalizado para o moreno forte, aparentando a mãe que descende diretamente de índios com leve misturada de uma descendência do *português mourisco*. Cabelos lisos, tendendo para o *cabo-verde* que herdou do pai; olhos de esmeralda.

Cobiçada, e muito, pela beleza e pelo seu proceder: um anjo, às vistas dos mais chegados; uma diaba aos olhos das mulheres casadas que os maridos *butucam* os olhos, por vezes muitas, para os encantos de Esmeraldina.

Nos primeiros dias, as butucas de olho do coronel, miram as ancas bem servidas de Esmeraldina, de jeito impudico, mesmo em presença da esposa. A garota esconde sua apreensão, tanto quanto pode: carece de sustento para a família e o emprego lhe parece bom.

Os assédios se seguem: o coronel Idelfonso faz umas piadinhas sem graça, mas, com pitadas de malícia que incomoda, mas não machuca; faz perguntas da pessoalidade de Esmeraldina, que se vê obrigada a respostar, mas, tem que tolerar, pelo sustento seu e dos familiares; o coronel exige que ela durma no casarão, que não é contradito, pois assim seria, para ela, menos sofrido – obriga-se a andar por mais de légua, todas as manhãs e fins de tardes para ir-se embora para casa.

O casarão do *gota serena* é, em Inhambupe, beirando a estrada que vai para Água Fria – antiga vila de São João Batista de Água Fria – centro de comércio de bois desde o século XVII, que fica pertinho de Purificação de Campos, ainda vilarejo.

Muito do serelepe, mostrando os dentes e as garras de maneira dissimulada e com intenções escusas, o coronel Idelfonso transfere os serviços de Esmeraldina para a casa da fazenda, com esfarrapado pretexto de que lá carece de serviços mais primorosos: as escravas estão lerdas nos afazeres e precisam de estimulação.

Esmeraldina é deslocada e passa a dormir em um quartinho nos fundos da casa grande da fazenda, acessado por um corredor estreito, com saída para o terreiro da parte de trás da casa, em cama de casal de muito conforto.

A intenta do coronel é de tal escancaro que, mesmo um cegado tem a enxerga.

Esmeraldina busca se precaver como pode. Vez por outra ouve passos no pequeno corredor, no meio da noite, indo para o terreiro dos fundos da casa.

Carece desse emprego, então..., é chamar por Deus, requerer os serviços do anjo da guarda e esperar pelo que pode nunca acontecer: um olho aberto, outro fechado, no dormir, e se amparar, com reza muita, naquele *que pode mais proteger*.

### A artimanhas do coronel

Passadas duas ou mais semanas, resolve o coronel Idelfonso mandar a esposa para o casarão em Inhambupe. Haveria festa na Vila e ele quer que ela providencie algumas coisas, também, um esfarrapado pretexto para suas artimanhas.

Na casa grande, da fazenda, fica Esmeraldina, o coronel, o abestalhado do Capataz e Clemência, a cozinheira que é escravizada e dorme em um quartinho logo perto do quarto de Esmeraldina.

A primeira noite é de uma normalidade que dá nos nervos. Aquietação tumular. Todos parecem dormir, enquanto Esmeraldina se esvai em insone rezação: um rosário completo, mais umas ave-marias para arrematar.

Quando não mais pode conter o sono, dorme sem se aperceber e tem uma sobra de noite sem tropeços: até perde a hora de acordar e, é sobressaltada pelo chamado de Clemência que se segue ao suave bater na porta com os nós dos dedos.

Segunda noite, mais cansada e menos insone, Esmeraldina, mal chega a metade do rosário e rende-se ao sono.

Sobressalta-se com o estrupo do arrancar da porta do quarto, que pareceu trovejar, e o susto é maior quando vê o *disgramado do filho do cão*, de pé, no portal, se ajeitando nas canelas, que parece sentir dores no ombro direito: a porta foi arrombada e arrombada será ela, também, ao que parece, mas não tem como fugir.

O *coisa ruim* arremete, para em frente à cama com sorriso sádico nos beiços sebentos e nada diz, porém está implícito seu intento nos gestos e nos acenos.

O coronel se adianta e arranca as roupas todas de Esmeraldina. Nua, a garota tenta esconder as *partes,* com as mãos, ao que o *filho do cão* avança, prende-lhe os pulsos, limitando suas defesas, e funga no cangote da moça na tentativa de beijá-la.

Esmeraldina impõe resistência. Luta com todas as forças, mas parece perder para a sanha do desinfeliz.

Não contendo mais a lascívia, o coronel Idelfonso lhe aplica um tapa no rosto, com mão aberta, que lhe deixa cinco dedos marcando na face e, Esmeraldina, grogue se desmorona por sobre a cama.

Incontido, o coronel investe, prende-lhe os pulsos, mais uma vez, e passa a lamber o corpo todo: seios, braços, ventre, virilhas, coxas..., abre as pernas da moça, que persiste no atordoamento, sem reação alguma, e cheira a vulva como bode velho cheira o xibiu das cabritas.

Não encontra reação, passa a lamber a vagina, arreganhando mais as pernas da moça, e enfiando a língua até onde pode.

Meia desfalecida, Esmeraldina não tem reação. Sente-se enojada; quer despertar, mas o torpor ainda é grande.

O coronel, achando-se *dono da situação*, quer consumar o estupro. Levanta-se, alvoroçadamente, e principia o arrancar das próprias roupas. Não tem paciência para desabotoar a camisa: arranca violentamente, rasgando o tecido e fazendo alguns botões voarem longe; desafivela o cinturão e baixa as calças, açodado.

Momento este que Esmeraldina recobra o ajuizar e, muito matreira, espera o momento que as calças lhe descem abaixo do joelho.

Foi um pontapé raivoso. Descarrega toda a zanga e nojo que tem do ensebado coronel, com força tal que o sujeito quase voa e vai se estatelar na parede, e fica sem prumo, e fica sem equilíbrio, e se tropica nas próprias calça, e se esparrama pelo chão do *jeitinho de jaca podre*.

Hora de fugir: Esmeraldina, nua em pelo, sai em tamanha carreira que tropeça no batente, que se bate na porta e, por pouco, não se estatela na saleta que tem acesso a cozinha da casa grande, mas, consegue chegar no terreiro e é engolida pela noite.

O coronel, ainda entontecido, faz-se livre das calças e, de ceroulas, sai porta afora na caçada de Esmeraldina, que se escafedeu no breu da noite, que se livrou da sanha lasciva do *filho do cão*, que já deve de estar longe, tão grande a rapidez que tem nas canelas.

– Qu'é que houve, coronel? O Sinhô viu assombração? Pru que tá aqui, assim, de ceroula?

Interrogativas do capataz que, sem nada entender, encontra-se com o coronel, de ceroulas, no terreiro dos fundos da casa grande.

O coronel, catando ar para recobrar o fôlego, gesticula feito um atoleimado, querendo se fazer entender pelo gesticular, sabe-se lá o que, de jeito que não dá para entender..., a custo, muito custo, consegue pronunciar-se:

– Vosmicê viu Esmeraldina?

– Vi não Sinhô! O Sinhô qué um chá? Vô pegá u'as fôia de cidreira...

Abobado, sem nada entender, o capataz tenta ser gentil, ao tempo que é puxa-saco e borra-botas.

– Quero porcaria nihuma de chá! Vá percurá Esmeraldina e traga ela aqui, do jeitinho que tivé. E não me volta sem ela. Intendeu, ou qué qu'eu diga de novo?!

Atarantado, Baré, alcunha do capataz, que sapiência tem só no nó das tripas, se avexa a fazer o que foi mandado fazer: não sabe por que..., não sabe onde, muito menos o que fazer quando encontrar Esmeraldina. Tem apenas que cumprir o que foi determinado. Ganha para isso: a coronel paga, o coronel manda! ... E ai de quem inadimplir um ordenamento.

Ríspido, empáfio, agressivo, com o orgulho ferido e o cacete por ser contentado, o sebáceo coronel dá ordens para o capataz e volta para casa. Os ossos dos braços doem, as costas doem, inchaço na altura do quadril direito e, mais que isso: a macheza atingida de morte; o orgulho destroçado; a carência por xibiu ainda por satisfazer..., e Esmeraldina que se escafedeu na noite morna. Isso parece lhe atiçar, mais ainda, a necessidade de aliviar a libido.

– Se não tem a cadela, vai tu mesmo égua velha!

Esturra o velho coronel, no corredor dos fundos do abismal casarão, construído com suor de negros no açoite para contento do seu aleijão moral.

Aos berros e fungado feito maruá na castração, o coronel entra como de direito próprio no quarto de Clemência e parte para cima da mulher: cozinheira da fazenda, negra escravizada, nada pode fazer a não ser aquietar-se e ceder ao ímpeto e ao capricho do velho sebento. Não é a primeira vez que é vítima de tal sanha.

O coronel, ainda em ceroulas, arranca as poucas roupas de Clemência e lhe enfia o membro teso. Não vai muito tempo de cópula, ejacula fuçando no cangote da pobre mulher, grunhindo feito barrão.

*Aliviado* da sua libido enfermiça, vai-se embora e Clemência busca se limpar da gosma nojenta que lhe empapa o xibiu e escorre pelas pernas.

– Mais parece jumento! – Resmunga Clemência, arrenegada pelo abuso.

**Alvoriço em noite calorenta**

Zezão se aproxima da Vila de Inhambupe pelo lado sul-nordeste. Saiu de Pedrão, de manhã, cedinho. Não tem pressa. Vem em passo de ajuizamento, corroendo-se de angústia – assim, desde o acabo da guerra. Ajuíza a burrada que fez: lutou por uma causa que não sabe ao certo ser justa; perdeu a paz de espírito e está a compungir-se das muitas atrocidades que se viu obrigado a fazer.

Boca da noite, já bem perto da Vila de Inhambupe, vacila. Atrasa o passo e, cabisbaixo, deixa-se guiar pela montaria. Isso propicia que só chegue ao centro da Vila lá pelas sete horas ou mais tardar..., resolvendo, ainda, se vai para a Vila ou, direto para o sitiozinho, que deve de estar abandonado: seu Irmão, Anacleto, nunca foi de gostar de roça.

Absorto, em lento cavalgar, quando os olhos treinados em batalha percebem leve movimento ao lado esquerdo da estradinha. Apura as vistas e vê um vulto passar rápido pela beirada dos matos. Se faz de desapercebido e espera mais movimento, amparando a mão no *facão de guerra*.

Quando se acha dono da situação, pula da sela, célere e determinado, se joga no matagal e esbarra com uma mulher, completamente nua, tentando esconder as *vergonhas*.

Semelha visagem!

Será o quê?

Zezão encabulado; Esmeraldina atarantada..., ficam os dois a se olharem.

Completo silêncio.

O corpo da moça treme de estricção: não é frio, pois a noite está que é uma coivara.

Zezão, sem ação alguma para o que deve ser feito, de mais imediato, treme tanto quanto a garota: ela, de estricção; ele, tomado pelo espanto. Ela desata a chorar; ele desaba em agonia do não saber o que fazer.

A lua, nua tanto quanto Esmeraldina, tem uma luzinha fraquejada, mas, Zezão, tão perto de tal formosura não pode deixar de apreciar a belezura dessa nudez.

Apruma o ajuizar, por ter passado o mais do espanto, mas, continua atoleimado e entontecido que mal consegue balbuciar:

– É frio..., que vosmicê tá?

Esmeraldina não consegue se pronunciar, com palavras. Levanta a cabeça, olha para o embarbascado à sua frente e, balança a cabeça, em negativa.

Zezão, não entendeu a negativa, ou entendeu, mas não entendeu, pela atarantação, tem só duas ações, que mais parece as desacertadas: devolve o facão para a bainha e corre para pegar o cobertor prendido na garupa da sela, acoberta Esmeraldina, que tenta falar, mas, a voz, prendida na goela, não tem como formar palavras.

Melhor esperar que passe o *amofinamento* da moça.

Com muito zelo, Zezão acomoda Esmeraldina debaixo de uma sucupira de grande copa, recostando-a ao tronco, assovia para o baio que, pelo experimentado da guerra entende bem esse assoviado, vem de mansinho; Zezão lhe afrouxa a cilha, retira as tralhas que estão atadas à sela: alforjes, as roupas de couros de trabalhar nas caatingas e um surrão com pertences; volta para perto da moça, põe-se de cócoras, toma uns goles de água, depois se acomoda como pode para um repouso merecido, sem desprender o olho da donzela.

O viajar de Zezão a Inhambupe; as tensões, quanto à decisão de ir direto para o sitiozinho, ou visitar o irmão, Anacleto, em Inhambupe e, o mais recente e provável problema, a resolver: quem é o diabo dessa mulher? Uma *diaba* bonita que nem a *gota serena*, peladinha e perdida neste ermo:

– Será mais o quê..., que pode tá pr'acontecê?

Enquanto ajuíza, Zezão mordisca um naco de carne seca, mais por afobação que para saciar fome qualquer: isso ele fez, na boca da noite, tanto quanto a montaria que pastou sofregamente na beira de uma aguada.

A lua se esvai em uma pouca luz; as muriçocas perturbam muito; o cavalo resfolega, vez em quando, comendo uns matinhos verdes que, também, não parece ser por fome, mas por estar avexado tanto quanto o dono: os dois têm, ainda, a mesma sintonia que tinham na guerra. O cavalo partilha as afligências de Zezão.

Já beira a madrugada, em cálculos pela friagem pouca que se ajeitava e pela luazinha minguada, que por vezes é encoberta por nuvens, dando mais escurecido ao matagal, quando Zezão percebe que a moça abriu os olhos.

Esmeraldina, acorda da modorra, mas, ainda amofinada e temerosa não se deixa perceber. Não sabe sua real situação e, o embaralhamento do juízo é, ainda, muito aflitivo:

– Adonde é que tá? Quem é esse peste de home que não parece capanga do seborrento? Nunca vi essa *disgrama* pur'aqui!

Ajuíza, Esmeraldina, intentando dissipar o misturado do pensar.

Zezão, percebe que a moça está acordada e, sem se levantar, de olhos abaixados, um tanto estonteado, ainda, pelo mal dormir, pergunta:

– Vosmicê amiorô?

– Amiôrei de quê? – Pergunta de volta, Esmeraldina, vertendo desconfiança.

– Sei lá! Achei vosmicê, assim, desmilinguida! ...

– Tô nua, é?

– Tá sim. Só tem de roupa a coberta que é minha.

– E tá limpa..., tá?

A pergunta de Esmeraldina, sai *meio lascada...*, mas não sabendo o que perguntar..., a pergunta sai, quase sem ela querer.

– E se não tivé?

– Não sei. Se ofenda não!

Um pedido de desculpa, que soa quase tão ou mais adoidado que a indagação que ela fez.

Zezão, encafifado, e confuso, e agastado, e abrandado pelo ocorrido, e arrebentado pelo viajar de um dia inteirinho e pelos pensamentos mórbidos que lhe afligem, e pelas coisas todas que tem que arrostar na sua volta para Inhambupe..., quer entender, somente: nada de muito se envolver em mais uma conflitância. Pergunta sem nem mesmo saber por que está perguntando:

– Vosmicê, teve o quê? ...

– É coisa muito comprida, pra contá! .... Tô sem cabeça pra conta, agora.

– Diga só, o mais pió!

– Tô fugino do coronel Idelfonso.

– Não quero *coisa* com essa *disgrama!* ...

Esmeraldina cruza a fala de Zezão:

– Num é *coisa* pra vosmicê se metê!

– Num é isso não! Quero mais é qu'esse peste desse coronelzinho de bosta, metido a gente, se estrompe.

A raiva de Zezão é incontida. As poucas palavras denotam aversão ao coronel Idelfonso e, Esmeraldina se apercebendo, denota gosto menor. Escárnio na expressão que segue com a pergunta imediata:

– Vosmicê, tamém, não goste dele, é?

– E qual vivente é, que gosta d'ua miséria dessa?

– Sabia não. Num era do meu conhecimento, as maldade dele.

– E vosmicê, com esse peste, se deu o quê?

– Quase que me pega, esse *disgramado!*

– Pra quê?

– Se faz de besta não! Vosmicê sabe bem pra quê.

– E esse *disgramado* fez o que queria fazê?!

– Não, que eu não deixei. Dei um tranco no peste e saí de carreira pelos mato.

Esmeraldina, chora, enquanto fala, com raiva muita na falação e, com muita amargura no falar, complementa:

– Quero vortá pra lá não!

– Vortá pra onde, criatura de Deus? – Indaga Zezão, com as *balbúrdias* do juízo meio aclaradas.

– Pra casa do coronel!

– Que casa de coronel vosmicê vai mais?! Só se fô pr'ele fazê o que ainda não fez!

– Você não é hôme do coronel, é?

– Tá falano d'eu sê capanga daquele velho *enganjento* que acha que é dono daqui?

– Sim!

– Sô não! Tô aqui de chegada..., mas sô de paz. Vosmicê tem pr'adonde se ir?

*Espavorida,* ainda, Esmeraldina nada responde. Se põe a chorar de maneira convulsiva.

Zezão, espera que a moça se acalme. Não insiste na resposta.

Mais compadecido que antes, Zezão vai até os alforjes, dá de mão na comida que ainda resta, volta para junto da moça, e lembra de perguntar seu nome:

– Vosmicê se chama de quê?

– Esmeraldina. E o nome seu, é qual?

– Um nomão, muito do cumprido. Mas pode chamá Zezão, qu'eu atendo.

– Tem a casa dos meus pai! Mas vô chegá, assim, nuazinha, esta hora da madrugada..., vão pensá o quê?

– Come aí, vai! ... Se'aqueta um pouco que vosmicê vai comigo..., se querê!

Zezão, passa para Esmeraldina comida, água..., põe de lado o facão e se afasta para verter água.

Para, antes de se embrenhar no mato e diz, enfático:

– Vosmicê é *muito da bunita!* Taí, porque é cobiçada pelo seboso.

Esmeraldina, com boca cheia de carne, quase se engasgando pelo susto da fala de Zezão, pergunta, um tanto debochada:

– Tá dizeno isso, pru móde de quê?

– Deu vontade!

### A fúria do coronel seborrento

– Coronel! Zanzei por tudo quanto é canto e não achei Esmeraldina. O sinhô tem certeza qu'ela fugiu?! Pode de tá s'escondida no casarão.

Baré, o capataz do coronel Idelfonso, meio embasbacado, incontido no avexamento, voltou de mão abanando, da caçada que fez, sem nem saber por que, muito menos sem ciência alguma do acontecido.

– Pru que havéra de tá, seu *atolemado?!* S'eu disse que foi..., foi e não tem *bate-barba*. Junte uns cabra bom e manda percurá.

O coronel Idelfonso, com ira tanta que os bigodes tremem, e as mãos tremem e, para esconder as tremuras da raiva incontida, vez por outra esmurra os balcões do avarandado. Quando não é murro, é chibatada nos canos das botas, alternando: as vezes no direito, as vezes no esquerdo..., da vez que erra, acerta no lombo do cachorro que, grasnindo, se escafedeu pela malhada e foi se ter debaixo do cocho que dá de beber ao gado.

– E que não me vórte aqui sem essa cachorra dos inferno!

Nada mais a fazer, vai-se Baré pelo descampado, para o alojamento da capangada, grasnindo tal como o cachorro que, indebitamente, apanhou de relho, coçando o quengo e queimando a *mufa*, sem muito entender as ordens, mas, ordens do coronel não tem contradita: ou é o que ele manda, ou é o que ele manda.

### Vão-se para o sítio: Zezão e Esmeraldina

O sol, nem bem sai, já mostra pujança. Os primeiros raios alteiam o céu, desenhando fios de prata que brilham, constantes, pujantes e com vigor tamanho que mostra bem o que será o dia: quente que nem a gota serena.

Esmeraldina, com cara de sono, agora que a estricção se arrefeceu; Zezão, com cara de mal dormido, pois não pregou o olho por toda noite…, estão de arribação.

– Miô nóis ir que o sol tá fraquinho. – Diz Zezão, levantando-se do chão.

– Vosmicê tá me convidano pra ir junto?! – Questiona Esmeraldina.

Zezão, de imediato não responde, Esmeraldina dispara uma outra pergunta:

– Ir, pra'donde?

– Pr'adond'eu vô! – Responde Zezão.

– E se não quisé ir cum vosmicê!? … – Retruca Esmeraldina.

– Fica aqui, isperano o coronel, que não vem só, porque é muito do frouxo! Ele faz o que qué fazê e os capanga faz…, tamém.

– Tá bom! Vô…, mas não se meta a besta, não!

Se rindo, mas um tanto enervada, ainda, Esmeraldina graceja com Zezão. Começa a gostar do peste, que parece ser gente de bem.

– Pra fazê o que o coronel quê fazê? Careço disso não!

Zezão, contendo-se para não gargalhar, resposta o chiste de Esmeraldina, indo para o cavalo, estacionado mais adiante.

– Me arruma u'a roupa, que essa coberta tá ficano quente. – Solicita Esmeraldina.

Zezão não responde. Dá-se como entendido, vai até surrão, acomodado junto a sela e os couros, pega uma camisa de algodãozinho e passa para Esmeraldina:

– Se arruma nessa camisa, que é o que tem.

Esmeraldina, recebe a camisa, aproxima das narinas e reclama:

– Vô ficá, só de camisa?

– A não sê que queira u'a ceroula minha.

– Não! ... Não! ... Basta já essa camisa, que parece que nunca que viu água.

– Tá suja não! ..., lavei tudo, trasanteontem.

– Parece não! Passou sabão?

– Não tinha e não carecia.

– Não carecia? ..., carece por demais!

– Se não qué!? ...

– Quero sim. Adepois, lavo direitinho.

Esmeraldina se veste, Zezão arreia a montaria, o dia começa a nascer, o sol põe fora os cornos e principia a galgar o céu..., os bichos diurnos começam a andar pelos matos, caçando o que comer, enquanto os pássaros gorjeiam..., uma seriema dá uns grasnos, outra seriema canta em resposta, uma lebre passa perto das pernas de Esmeraldina, que com o espanto, dá um grito e acaba empencada no cangote de

Zezão, que se ri do susto da moça, que deixou um cheiro bom..., que ele fez não perceber, mas muito gostou e, meio inebriado, meio desconcertado, meio que com um tantinho de vontade de passar outra lebre, para dar outro espanto, para que ela volte a se agarrar no pescoço dele! ... Melhor irem-se embora.

No estradar, Esmeraldina montada no baio, que carrega as tralhas todas sem rezingue, que parece já estar de gostar da moça; Zezão, caminhante, no intento de estirar as pernas e porque o cavalo já está carregadinho. Também, o cheiro de Esmeraldina inebria: é uma *diaba*, só pode!

Esmeraldina, quer conversar e puxa conversa, pois Zezão está emudecido:

– O nome do seu cavalo é mermo baio?

– É sim! Só quando tô avexado, em peleja, que chamo ele de Baião!

– É um cavalo bonito! – Diz Esmeraldina, curvando-se por sobre o dorso da sela para afagar a crina do animal.

O cavalo parece entender o carinho e demonstra seu gostar, com um balanço de cabeça e um resfolegar suave, que é um barulho entre um relincho e um sopro, que é, o ar expelido rapidamente que faz vibrar as narinas e produzir um som, que é sinal de gostar: o peste do cavalo só falta falar.

– E parece que foi *mandingado* por essa diaba, tal qual eu! – Arrazoa, Zezão, consigo mesmo, enquanto caminha à frente da montaria.

O cavalo, nem de rédeas precisa. Sabe bem para onde vai, e parece contentado com a carga que leva, e parece contentado, também, com a nova amizade.

### Só cresce, a fúria do coronel sebento

Na fazenda do coronel, o furdunço está formado. Um burburinho e uma agitação que quase para o trabalho de todos. O coronel, encasquetado com a caçada a Esmeraldina, desloca todo o pessoal de armas, que são jagunços travestidos de vaqueiros e matadores desvestido da parcimônia que os encobrem. A ordem é: pegar a moça, custe o que custar, sem amachucar um fio de cabelo sequer, seja lá o que for que aconteça. Um arranhãozinho, só, que seja, será motivo de castigo brabo. E castigo?! ... *Ele tá c'ua vontade doida, de esfolar um, pedacinho por pedacinho, segurado pelos capanga, claro!*

– Endoideceu, o coronel?

Questiona um dos empregados, que fica, entre vaqueiro, jagunço e matador, mas, é dos mais mansos.

– Vai lá, e diz isso pra ele, que ele manda capá vosmicê. E faço isso, com muito gosto!

Replica Baré, que atarantado, e atordoado, e enlouquecido, sem nem saber por onde começar a caçada, parece um peru embebedado para matança.

– Ôxe! ... E vosmicê tá de gostar de macho?

Rebate o vaqueiro que fica, entre vaqueiro, jagunço e matador, mas, é dos mais mansos, apelidado de Tonho Mocó.

– Me arrespeita, seu bosta. – Rezinga Baré.

– E se a mulé dele fica de sabê, de u'a disgrameira dessa? – Insiste Tonho Mocó.

– Vai cortá os bago e fazê o peste que conta, engolir, com bingulin, e tudo! – Explicita, Baré, escancarando os gestos, de corpo e mãos.

– E ela não tá de sabê das quenga qu'ele tem, cá na fazenda?

Tonho Mocó, volta a insistir no espinhento assunto.

– Sabê..., não sabe não. Só desconfia! ...

Baré, fala, fazendo muxoxo, mostrando-se conhecedor da intimidade do patrão com a patroa, e aí se apercebe da *enxerição* de diabo do Mocó, e aí, quando a coisa açoita o quengo, se dá conta e se volta para Tonho Mocó, completando a falação e escancarando ameaças:

– Vosmicê não tem medo de morrê não, cabra? Morrê, assim de jeito bem ruim..., com o couro arrancado, ainda vivo, com os óios furado com ponta de faca esquentada, com estriquinina enfiada pelas ventas, um tantinho de cada vez...

– Tá dizeno isso, por quê? – Se assusta Tonho Mocó.

– Por que é assim que o coronel faz, com quem é enxerido, e se mete nos assunto dele.

Baré, rumina palavra por palavra, mastigadas, e cuspidas, e com a venenosidade e a morbidade aprendida com o coronel. Olha para o esbugalho dos olhos do vaqueiro, jagunço, matador, mas que é dos mansos, deliciando-se com o medo que consegue bispar, na cara do comparsa..., alarga a pretensa *valenteza* no falar, e no gesticular, e no jeito de andar que se apossou, para ir se ter com os outros vaqueiros, capangas, matadores, agora desnudados dos couros e postos a farejar Esmeraldina.

## – O SÍTIO DA FAMÍLIA QUINTO –

Zezão e Esmeraldina vão se ter no casebre do sitiozinho, de taipa, envelhecido por demais, que é da família de Zezão, abeirando um riozinho pequeno, que corre água pouco, mas serve para beber, apesar de muito barrenta.

Fizeram muitas voltas e muitas paradas, no intento de evitar os prováveis perseguidores de Esmeraldina e, também, Zezão, disso se apropriou, no intento de protelar o embate com parte do seu passado: voltar ao sítio, é parte do seu calvário.

Pelo desuso, a casinhola está em *petição de miséria*. Melhor dormir embaixo do *pé de pau* que fica arredado cerca de quatro braças caminhando para o nascente da lua, que já começa a aparecer: findado o quarto de cheia, principia a minguar.

Uma fogueirinha pequena, apenas para esquentar um pouco a carne seca e alumiar o derredor. O tempo está quente por demais não carece de fogo para esquentar a noite.

– Se ajeite aí perto do pé de pau. Fica co'a coberta que pode fazê frio.

– E vosmicê? – Rebate Esmeraldina.

– Tô já custumado de morá no mato.

Zezão se dirige ao cavalo que pasta, perto do arvoredo, já sem os arreios e lhe faz um afago. O animal parece agradecer o carinho.

Volta para perto de Esmeraldina e nada pergunta. Se acomoda como pode e, de imediato dorme. Está, por demais, alquebrado.

Esmeraldina, sem vontade alguma de falar sobre seus achaques, se encolhe recostada no tronco da frondosa cajazeira e se põe a pensar. Está por demais amofinada; o sono não vem de imediato; não tem vontade alguma de ajuizar nada..., fica apreciando a lua, no seu peregrinar, sem presteza, pelo céu. A noite está propicia a reflexões, mas, reflexão alguma lhe apetece.

### A ira do coronel, só aumenta

Na fazenda do coronel Idelfonso, persiste o furdunço. Buchichos entre as mucamas, acoitam a brabeza da moça que fugiu, enobrece a desfeita do coronel, e abre precedente para novos levantes, entretanto ninguém se afoita. O *cabrunquento*, foi afrontado de maneira tal que a baixeza não é compensatória e o *disgramado tá maluquecido* com o insultuoso gesto da *cabrita* que tão caro lhe custou: além do dinheiro, o aviltamento.

Desistir?! Nem que um raio lhe caia na cabeça. Quer vingança: vingativa e o xibiu de Esmeraldina.

A lua, já quase meia-noite, está lá no céu com luzinha pouca, caminha para ser minguada...

..., mais minguada, a sapiência de Baré; mais minguada, ainda, a penca de bons termos que o coronel Idelfonso tem no sobrenome: nada de amoroso, muito menos de dadivoso, menos, ainda, coisa qualquer que perto chegue de divindade.

E *uns cabras*, chegados da caçada a Esmeraldina, com *mãos abanando*, ouvem as pencas de maus falas, cabisbaixos, humilhados, amofinados, pungidos..., outros, por falta de ânimo para enfrentar o enfurecido coronel, se arrancharam nas caatingas. Nada encontraram: nem rastro, nem sombra, ou sinal qualquer de Esmeraldina. Atribui-se a um buraco que se abriu no chão, e ela se enfiou dentro, e alguém botou tampa.

Uns deles, menos agnósticos, atribuem a *desparecença* de Esmeraldina a desígnios divinos: Deus deu de afrontar a empáfia do coronel *e fez a moça se sumir*.

O coronel, enfatiotado em desesperação, enfarpelado de amargura, apenas dá ordens. Ordens e mais ordens entrecortadas por xingamentos, dos mais *cabeludos*, dos mais obtusos, dos mais insanos, dos mais desprovidos de coisa qualquer que não sejam ultrajes, entre açoites de chibata nos canos das botas: uma vez no lado direito, uma vez no lado esquerdo..., e o cachorro, escaldado no primeiro açoite, passa longe da raiva incontida do coronel Idelfonso.

O filho do *coisa ruim*; desprovido de complacência, é frouxo que só a *gota serena*. Manda seus capangas nas empreitadas suas e fica de parte, no intento de não *sujar sua fraqueza* e demonstrar sua falta de coragem.

Despacha, mais uma vez os capangas, tal como o diabo despacha os *cão dos inferno*, segundo falas dos próprios capangas – em sussurros para não alargar a cólera do boquirroto –, senta-se em um grande banco de madeira, a ruminar seu ódio e sua empáfia, resmungando, e remoendo, com impropérios, sua aspirada proeminência sobre qualquer vivente, posto ser coronel e dono de tudo que a sua abastança pode comprar.

Baré, meio que *discreteado*, meio que obsequioso, meio que sem jeito..., se achega, esgueiro, e pede a palavra, com voz desmilinguida que mal se ouve:

– Com sua licença, coronel!

– Qu'é que vosmicê qué?

– U'a palavrinha só!

– Quero sabê de palavrinha não! Quero mais, é resolvê meu desafronto.

– É mais ou meno isso..., que vô falá.

A falação de Baré é de tal forma apagada, que o coronel mais se irrita, embora goste de servilismo.

– Intão fala logo! Deixa de rodei e fala, pr'eu ouví!

– O sinhô tá por demais afinado com isso tudo..., mas tem que pensá u'a coisa.

– E que coisa é? Diz logo e fique sem arrodeio!

Baré, tirando coragem das tripas, fazendo força para não se calar, *enfiar o rabo entre as pernas* e se escafeder, diz, de chofre, o que quer dizer, fazendo orações para salvar-se do fogo dos infernos, pois sabe que pode morrer, ali, *durinho da silva*, só com uma cuspida do coronel, se ele berrar impropérios: – *O cuspe deste disgramado é mais peçonhento que veneno de jararaca.* Isso Baré pensa e pensa baixinho para o coronel não lhe ouvir!

– Já pensô, se chega nos'uvido da sua mulé, essa coisa toda?

A fala de Baré, sai com mais presteza, mas, com o corpo meio entortado, na espera de que sua fala não seja recebida como insulto.

– E quem que é que é besta de contá?

– Nunca se sabe. Tem gente de todo jeito e manêra.

A fala de Baré não contaminou, de imediato, o ajuizar do coronel que ouve o tropel de cavalos e, inquietado, angustiado, afrontado, e surdo para a parcimônia, diz, aflitivo e injurioso:

– Sei não! Corre lá que Tonho Mocó tá chegano. Vê o que sucedeu! ...

Baré, trotando, vai se ter com Tonho Mocó que, como todos os outros cabras, denota exaustão: mal apeia, o capataz está nos calcanhares.

O colóquio é célere e o coronel apenas aprecia, do avarandado, sentado no grande banco de madeira; volta Baré, galopeando, com destreza, e passa as novas: Esmeraldina foi vista, montando um cavalo baio, indo para o sítio da família de Anacleto!

– E tão pensano que vão drumír? Bota essa jagunçada toda pr'arrancar essa cachorra, de lá!

O coronel, insano mais que quando foi escoiceado por Esmeraldina – de ceroulas e calças meia-arreadas, e se estabacou no chão –, grita cuspindo peçonha, mais que um bando de jararacas.

Baré, contido e amedrontado, que só *saruê em boca de cachorro*, tenta conter a ira do coronel com explicações vazias, até que consegue atinar e lança a certeira flecha da aquietação. A fala sai como rugido, quase, tal é o convulsivo do falar:

– Ela tá na proteção do irmão de Anacleto, que é herói dessa guerra d'agora! ...

Frouxo que nem a *gota serena*, o coronel, colérico, interrompe a *gritação* e os impropérios, ao ouvir a pura e simples referência da guerra da Independência.

Baré, se apropria do breve estanque do coronel, para completar sua fala:

– ..., e se arguma coisa nóis faz cum ele, pode sê que nóis vá tê confusão com o exército!

– Vosmicê é um *burro, meio sabido!* De onde tirô ess'idéa?

– Foi Tonho Mocó.

– Não fosse sê matadô de ganho, e não quero matadô de ganho, na minha casa, me dirijino a palavra..., Tonho Mocó tava no lugá de capataz!

– E adonde eu tava?

– No quinto dos inferno, de adjutório pro cão!

Baré, faz *ouvido de mercador*, para o afrontoso de rebate do coronel. Conseguiu amansar o peste, melhor não abusar da sorte. Pensa no retruque, mas o dizer é outro:

– O sinhô não há d'isquecê que Anacleto, é o chefe da Irmandade do Rosário!

– Quero mais é qu'essa praga de Irmandade vá pr'as cucuia! Faz medo só, os merdinha do Exército.

### Antemanhã no sítio dos Quintos...

Esmeraldina ainda dorme.

Zezão, já fez um *café de sopapo*, *sapecou* um pedaço de carne seca e saiu em busca de frutas nativas, pelo mato perto.

De volta, Esmeraldina ainda dorme.

Zezão, após acomodar as coisas que trouxe do mato, perto da fogueirinha, vai até Esmeraldina – que ainda dorme –, toca de leve o ombro dela, intentando acordá-la sem alarde, e fala com delicadeza:

– Vem cumê que vosmicê deve de tá *arrancano* de fome.

Esmeraldina abre os olhos e os fecha de imediato – o fulgor do sol incide nas retinas. O forte da luz é incomodativo e leva certo tempo para recobrar o tino, até pronunciar-se:

– Que hora, há de sê?

A pergunta, bem que devia de ser: *o que é que tá acontecendo?*, pelo espantado do rosto da moça. Mas a estranheza tem pouca demora; recobra o avaliar, parcialmente e, tomada de espanto, diz, enquanto se levanta:

– Me dá teu cavalo! Careço de buscá u'as coisa lá na minha casa.

— Cedo sim! Mas vem cumê! É u'as coisa pouca, mas dá pra forrá o bucho.

Zezão vai em direção à fogueirinha, Esmeraldina o acompanha, buscando conserto no *posturado* do corpo, enquanto anda: o corpo todo dói, a cabeça dói, a compostura dói, a decência dói... por lembrar do acontecido da noite anterior.

Arremedo de refeição, feito às pressas; cavalo arreado; Zezão nas *recomendativas* quanto à montaria; Esmeraldina monta e se vai; Zezão se dirige ao corregozinho, que é um rio, para se lavar.

* * *

— Tá pensano em fazê roça?

Pergunta de Esmeraldina, ainda montada, com tom de voz que denota qualquer coisa que Zezão não sabe o que seja, mas entende que tem coisa que não está muito na ordem: pelo galopear do cavalo e pelas fungadas de Esmeraldina, que parece soltar fogo pelas ventas e quando chega mais perto faz pergunta que não tem sentido perguntar.

Esmeraldina está de volta da sua casa, ou o que parecia ser, pois voltou para trazer o cavalo, quando o combinado era soltar a montaria e deixá-la encontrar o caminho.

— Tô nada! É só vontade de carpir.

Zezão, colocando de lado a estrovenga, com a qual está a roçar o terreno próximo ao casebre, responde sem perceber o ar de tristeza no rosto de Esmeraldina. Ela está contra o sol e ele tem que franzir o cenho, inicialmente, depois desviar o olhar para o chão. Suas tensões são mais fortes. Chegou a Inhambupe, agora pensa como será o encontro com o irmão.

— Tá'qui o cavalo..., do jeitinho que foi. – Chista Esmeraldina.

— Vortô cedo!? O certo é que mandava o cavalo e ficava pur lá. – Retruca Zezão, dando seguimento à roçagem.

– Diz assim, pruque não sabe do meu dissabô. – Esmeraldina fala, enquanto apeia.

– Aconteceu o quê..., assim?!

– Vá desarreá o cavalo e vórta cá qu'eu conto.

Esmeraldina passa as rédeas para Zezão, retira seus amuafos – uma trouxinha só – da garupa do animal, põe no chão, se assenta em um *toco de pau* bem envelhecido e fica à espera de Zezão que vai para ao pasto, na beirada do rio, desarrear e soltar o animal.

Esmeraldina, enquanto espera o retorno de Zezão, fica a cavoucar o chão com um graveto seco. Está vestida com uma saia de chitão e uma blusa branca, de algodãozinho, sem preocupação alguma em esconder os seios, ainda firmes, através do tecido fino.

Arredam para perto da cajazeira, sentam-se à sombra, e Esmeraldina, soltando fogo pelas ventas, principia a *contação* dos seus infortúnios.

Foi vendida pelo pai e o coronel sebento se acha com direito de fazer o que quiser com ela. A cobiça maior é o xibiu. O preço foi melhorado, por conta da sua virgindade.

A revolta não tem como abrandar-se. Imperdoável tal proceder, por parte da sua família, vez que a própria mãe foi comparte.

Inadmissível. Foi enganada e levada para a fazenda do crápula como doméstica quando a intenção, do seborrento do coronel, era de escravizá-la sexualmente.

Esmeraldina diz, com todas as letras e toda exclamativa que pode imprimir na fala:

– Dá ânsia de esganá o peste!

– Quem? Seu pai?

– Sim! Quem mais havéra de sê?

– O coronel, carece de sê matado, tamém.

– Tamém! Carece de morrê, mermo. E tu faz isso pra eu?

A exclamativa de Esmeraldina tem tom de chiste, mais que tom de querer que Zezão seja o matador do coronel.

Está acabrunhada, pelo proceder do seu pai e da sua mãe, mais que o proceder do coronel, que sabe ela ser um traste; um bosta de um homem sem alma; um *fio do cão* que quer só a desgraça dos outros... uma gangrena!

– Brinca não! Tenho culpa por demais, na cacunda.

– Tu já matô gente? – Pergunta, Esmeraldina, espantada.

– Foi nessa guerra que acabô de pouco.

– Intão, deve de sabê o que é ânsia de matá?!

–Não matei por querê! ..., é que se não matasse, murria.

– Intão..., se já tem morte nas costa! ...

– Diz um diabo desse não! Quero mais matá não.

Diz Zezão, levantando-se e mostrando-se mais avexado que compadecido com os dissabores de Esmeraldina: perto dos seus incômodos, os dela são pilhérias de anjo mau.

– Nem um seborrento d'um coronel? Que teve o displante de me comprá, só pra se aliviá no meu xibiu!?

Insiste Esmeraldina, em tom de provocação, ao tempo que busca aliviar a ansiedade, que busca descarregar a raiva contida, que quer, também, saber mais de Zezão. Não pretende voltar para o que foi sua casa, pois não mais considera o pai e a mãe, mas não tem para onde ir.

– Sossega tua raiva. Num carece de brincá cum coisa séria!

– E minha honra? ... Não é séria, não?

– Pagô quanto, o coronel, pru seu pai?

– Tá de pilhéria, é? Qué, tamém, me vendê pro seborrento do coronel?

– Nada não. E que vosmicê, com tod'essa formosura..., deve de valê muito.

Zezão percebe o tom de chiste de Esmeraldina, entra, também, no joguinho dela. Não tem porque ficar de cevar os perrengues da moça, que está de raivinha, muita. Daqui a pouco ela se assossega e fica de melhor prosa.

– Nem vô dá resposta. Num carece. É tudo igual. Tudo a mesma laia! ... coronel, meu pai, vosmicê! ...

– Sossega a piriquita e vamo caçá o que cumê.

– Tô cum fome não! Tô cum ódio. Muito ódio.

– Intão, fica aí, no seu aperreio, qu'eu vô caçar u'as coisa pra matá a fome, que num tô de periquita desassossegada!

Zezão vai buscar umas raízes de macaxeira, que viu uns pés lá depois do rio e deixa Esmeraldina, soltando fogo pelas ventas, no *remoer* dos entreveros. Melhor deixar que amanse suas odiosidades e desgaste suas falas odientas..., depois definem o que fazer, a partir de agora. Matar é que não. Não está nos seus ajuizados fazer mais finados.

### Na varanda do casarão

Dois dias depois do acontecido, passando das onze da manhã – pelo medido do sol no sombreado do avarandado – o coronel Idelfonso está sentado em uma cadeira de balanço, que a ele mais semelha um trono, na varanda do casarão, de prosa com Baré. São caras de mal dormidos; mais ainda o coronel que além de cara de sono, tem a cara desmilinguida, de quem sofreu revés na soberba, na arrogância, na fatuidade, no orgulho..., e, ferido em tudo, menos no amor-próprio, porque isso ele não parece ter, está com cara de *requentado*.

A capangada, que desvestidos de jagunços, voltam, agora, aos serviços da fazenda, estão nos afazeres com cara de mal dormidos. Os incontidos bocejos são muitos e a modorra se ocupa em lerdear o tanger dos bois e o andar das coisas todas da fazenda.

O cachorro, que foi açoitado sem culpa ter em coisa qualquer, recusa-se a voltar para casa. Dormita na sombra de um pé de cambucá, com um olho aberto outro fechado. Deve de estar sentido, ainda, no lombo, o gostinho da lapeada.

Arredado para o mais escondido, do outro lado do cambucazeiro, *pode se ver uns cabra* em furtivos cochilos. Nos pastos, deve de ter uns outros dormindo na sela enquanto o cavalo pastoreia.

Essa é a *conta* da louca correria do dia anterior, caçando Esmeraldina até a madrugada, com os ouvidos feridos pelo estrupo e pelos gritos coléricos do coronel Idelfonso, em ordens desconexas; agora está, o descarado, no avarandado, em uma cadeira de balanço, de prosa com o capataz, tão estropiados, pelo mal dormir, quanto todos os empregados que são vaqueiros, capangas, jagunços em um pacote só.

O coronel mostra os arroxeados do corpo para o capataz, exibindo-os como troféu da sua bestialidade. Explicitou, com detalhes mórbidos, as suas intenções com Esmeraldina e o abuso à cozinheira, como sendo um grande feito: faz parte da morbidade do seu egotismo, expor suas pretensas proezas, acrescendo, em muito, ostentas.

– Vosmicê é um bosta! Num serve mermo, é pra nada. A *cabrita* se escafedeu nos mato e vosmicê? ..., achou?! – Diz o coronel, sem esperar rebate, ou desculpa, ou aclaração, ou coisa qualquer de Baré, que não seja aquiescência.

– Adesculpe! Nem tinha ciência do que era..., amofinei..., nem tinha ciência donde divia de buscá! – Baré, no meio engasgo, com as palavras.

– Nada o quê! Adesculpá o quê?, vosmicê é frôxo mermo. Fica de capataz, só por que presta obediênça. Sinão! ..., já dívia de tá no oco do mundo, c'uma mão na frente, outra atrás.

Tem como resposta, de Baré, a cabeça abaixada. O capataz não só tem medo do coronel, que sabe ser inerme, mas, é medrado, também, por toda essa abastança que o peste tem e do bando de capangas, *dos mais pió que já se viu*, que o coronel mantém, a peso de ouro. Perda de tempo altercar, o que quer que seja: melhor aquiescer, se manter burro, mas vivo, e suster seu encargo de capataz.

– Agora, é pegá essa cadela dos inferno e acabá o serviço que comecei!

O coronel Idelfonso exibe no falar, toda arrogância que lhe é de direito e mais se espraia no seu arrotar de bravatas.

E a prosa se vai! O Baré alterca, com muito zelo no retrucar:

– O sinhô mermo disse que deve de tê cuidado!

O coronel expõe fatuidade e rebate as falas:

– Falei! Falei, sim!

– Me adesculpe sê enxerido! ..., mas, foi achá de dá boi pr'os português...

– Claro! Dei boi pra causa. Vê aí no que deu? ... A corte do Rei foi-se embora..., ficou essa injúria de Príncipe..., que não há de dá em nada!

– Foi o que ganhô a guerra, não foi?

– Foi sim! Mas nunca há de sê Rei. Isso dô, de garantia!

– O sinhô fala assim..., cai nos'ouvido dos hôme de Salvador...

– Vai! Vai! ... Vai cuidá dos afazê, atolemado. Vô pensá num jeito de pegá a *cadela* que fugiu!

Baré sai, troteando, em direção aos currais onde estão carneiros e bodes, a serem selecionados, para vendição na feira da Vila de Inhambupe.

### Acomodados no sítio! ...

Esmeraldina, com a periquita aquietada, ainda com muita zanga, mas com determinação, come um pouco, acompanhando Zezão, proseiam nulidades; falam de desventuras sem detalhamentos das suas vivências, em especial Zezão, descansam à sombra da cajazeira..., *tomam tento* e vão à peleja.

O dia que se segue é de acomodamentos das suas vidas: limpeza no casebre; arranca de matos no terreiro; lavagem de roupas sujas, que estendidas em varal improvisado, dá exterioridade melhor ao renovado casebre; entre muitas outras coisas..., o regabofe, melhor *ajambrado,* mas que dá *pra forrar o bucho* e dá sustança para os trabalhosos afazeres, da tarde.

* * *

Logo cedinho, mesmo antes do sol se alevantar, Zezão saiu para caçar. Deu uma rodeada pelos matos perto e encontrou um teiú, que nem precisou dar tiro pois foi abatido pela certeira lança, semelhada a que usou na guerra: vara *linheira,* tamanho maior que metro e ponta afiada. Uma codorna, que estava aninhada sobre ovos, foi abatida com tiro. Espingarda velha, que foi de seu pai: chumbo miúdo, esse não fica velho; pólvora que ele sempre carrega nas suas *tranqueiras,* que ajuda no acender do fogo e pode ser de precisão, tal como agora.

Também, nas andanças, abateu mais um coelho e recolheu frutas, e pegou umas raízes de macaxeira, de uma plantação muito antiga, que a maniva se espalhou e a lavoura medrou *por conta e risco* próprio.

Na volta das andanças, parou na beira do rio – que mais cara tem, de riacho –, para limpar as caças e pegou duas traíras de bom tamanho: – *Bom di cumê! Dá bem pra forrar o bucho depois da trabalheira que nos espera, hoje, tamém!* Ajuíza no voltar para o rancho improvisado, debaixo da copada da cajazeira.

Assim, quando Esmeraldina abre os olhos, além dos primorosos raios de sol que lhe enchem as vistas, um bitelo de um teiú, e uma codorna, e um coelho, e umas raízes de macaxeira, e duas traíras..., pajeados por Zezão, que labuta com batatas no borralho da fogueira. Caça e pesca repousam perto do fogo, com bom aspecto e aparentando salga completada.

Dormiram ao relento: céu como manta; noite quente, convidativa a espairecer, que mais era um véu negro, com nesgas de luz fraquinha que vinha da lua minguante.

A noite se foi e o dia promete sol mais forte, mais abafamento por conta do calor muito, que semelha um dia igual, ou pior que o anterior, que será causticante mais que as *labareda dos inferno*..., mas, o que se segue é muita labuta com o arrumar do casebre e outras baboseiras mais: o corpo cansa, mas é compensativo.

### O ruminar do coronel, com a desafronta sofrida

O coronel Idelfonso, *incúido*, ainda, com a desfeita de Esmeraldina, como se ela o tivesse violentado e, dele arrancado a honra, está num caminhar, pela sala do casarão, a ponto de gastar o chão e fazer um buraco, e se enfiar dentro. *Lasca* chibatadas nas botas, alternando: uma na esquerda, uma na direita..., vez em quando murros fortes na grande mesa de madeira, que mal se aguenta nos pés. Se persistir, vai fazê-la desmoronar.

Não mais contendo o surdo da raiva, pois foi o dia inteirinho nessa penitente andança pela sala – mal parou, para um *di cumê pouco* – grita para um molecote que está na cozinha:

– Inácio! ... Vá lá chamá Baré..., e não se demore!

O molecote, filho de uma negra da cozinha, escravizado também, chispa, como *raio da cilibrina,* desembestado pelo terreiro. Não quer, nem por sonho, contradizer ordem do coronel..., ainda mais que o mequetrefe está *uma arara,* de tanta exaltação.

### Zezão, Esmeraldina e o chamego se achegando

A ira de Esmeraldina, do dia antecedente está aplacada: já quase é indulgência. Pensa na pobreza infinda que a seus pais afligem, por tantos anos, em uma miséria que não é só falta de recursos, mas também de ânimo..., isso, agora, ela pode perceber. Pensa na boniteza própria e quanto pode valer, para um crápula que apenas vive de tirar proveito em benefício particular.

Final da tarde, está, com Zezão, na beirado do rio, que pela água pouca parece um riachinho. Ela se lavando, um pouco mais acima da correnteza; Zezão na beirada de uma curva, logo abaixo: um não pode ver o outro. Mas, falar pode.

– Zezão! Se lava direitinho.

Esmeraldina diz, buscando provocar o companheiro de desventuras.

Não tem resposta, volta ao chiste, pouco depois:

– Limpe os'uvido que parece que tá entupido!

Espera resposta, mas, como resposta, Zezão anda para o lado dela, aparecendo na curvinha do mato que os espaça.

– Vem pra cá me espiá!..., é? – Pergunta Esmeraldina, em tom debochado.

– Que de mais tem, vê vosmicê pelada?

– Não tô pelada! Só tô lavano as parte!

– E já lavô?!

– Não, pruque vosmicê m'interrompeu.

– Tá com acanhamento d'eu?!

– Não sinhô! Vosmicê é que é inxerido e vem abelhudá.

– Já vi coisa mió!

– Que eu? ... Foi? ... Na guerra? Só se é os soldadinho de bosta, do Império!

– Provoca não! Quero só sabê o que nóis tem pra cumê.

– Sei não. Acho que nada. Não sobrô nadica, do almoço! ...

– Intão nóis vai arrumá.

– Zezão! Tô aqui pensano u'a coisa.

– Não é de mais matá! ...

– Né não seu leso.

– Intão diz!

– O coronel comprou minha honra! ..., mas não vô dá a *honra* pro coronel! ... Intão, vô dá pra vosmicê.

– Assim?, quero não! Só pra desonrá vosmicê?

– Qu'é que tem?

– Quero não! ... Pareceno coisa de mulé dama!?

– E namorá, pode?

– Namorá, pode!

– Intão nóis namora.

– Mas adepois d'agente arrumá u'as coisa de cumê!

Zezão fala, se rindo das *tiradas* da moça.

– Intão nóis vai!

– Já se lavô?

– Faz tempo! Tava só de inrolação.

Zezão e Esmeraldina saem em direção ao fundo do casebre buscando o que comer.

Esmeraldina se entroncha no braço de Zezão, e encosta, levemente, a cabeça no ombro do parceiro, que não rezinga, e os dois vão-se em busca do *di cumê*.

\* \* \*

– Nóis vai drumir, de novo, no relento? – Pergunta Esmeraldina.

– Vâmu sim! A casa tá impistiada de fedô de mofo!

– Vô ajeitá as coisa, na cajazeira.

– Faz medo é de cobra! Insiste Zezão, enquanto Esmeraldina se afasta.

– Só se fô pra vosmicê. Na raiva que ainda tô, a cobra que me mordê, morre logo. Tesinha. Meu sangue tá pió que veneno de surucucu.

– Tá assim, tanto! ..., ainda?

– Me morde, pra vosmicê vê! Se não morrê, fica estonteado.

– Estonteado, já tô! Qué mais que isso?

Zezão, rindo-se do chiste, vai buscar uns paus para reacender o fogo na cozinha improvisada, no pouso improvisado debaixo da cajazeira, que é uma fogueira arranjada em uma trempe de pedras.

* * *

Refastelados, depois de fugaz refeição, que mais pareceu um banquetear, mas, em verdade, umas poucas raízes de batatas – assadas no borralho – e macaxeira cozida, sentam-se debaixo da cajazeira, recostados no tronco, já bem asseado, o lugar de dormir, e principiam um *convesê*, que é prosa que *nem pé nem cabeça tem*.

– É bom de ficá, assim, encostadinha em vosmicê!

Esmeraldina fala com sussurros manhosos, e Zezão, já bem envolvido com essa *gateza,* se deixa levar. Quer e quer muito, mas não deixa isso tão escancarado, temendo as reações de Esmeraldina. Afinal, ela foi vendida para o coronel, pelo próprio pai! ...

Zezão diz, quase sem se conter:

– Vosmicê tá quereno?

– Tô sim!

– Não vai tê vorta! E se o coronel, que é dono seu, dá de reclamá?

Esmeraldina responde o chiste com tapas pelo corpo de Zezão..., e Zezão, buscando se esquivar, vai, aos poucos, dominando a zanga, que não é zanga, que tem mais tom de desejo, que mais parece uma entrega, que mais se assemelha a carinhos..., e esmorece a investida de Esmeraldina com um beijo rústico.

Uma réstia de desapego que nem mesmo ele, com toda sua pretensa falta de querer, consegue perceber como desamor, e os dois se enroscam, e os dois se agarram, e os dois entrançam..., corpo com corpo em desvencilho das vestes..., entrega total em amor que parece só um estranho arrumar, mas, o açodado do enlace indicia mais que isso.

Esmeraldina se desmancha em deleites:

– Se soubesse qu'era assim tão bom, já tinha percurado vosmicê!

– Na guerra? Retruca Zezão, entontecido.

– Na guerra ou no quinto dos inferno, que fosse!

*Esmorecente* por inteiro, Esmeraldina rebate Zezão, não contestando o que ele diz. Sua fala reforça, tão somente, a lascívia e o deleite.

## – TRABALHEIRA DA PESTE, ESSE ARRUMAR TODO! –

      O aflitivo de Zezão cede à labuta tanto quanto a zanga de Esmeraldina cede aos afazeres: a trabalheira no sítio é grande; vai-se o tempo e eles não se apercebem do passar. Dão-se conta dos meses que estão juntos, quando findos os trabalhos de limpeza e arrumações outras, na casa e em volta dela; na roça onde pretendem fazer plantio, onde as cercas estavam em frangalho..., também, muito espatifadas as cercas que cinge o pasto do cavalo baio, que tem um capinzal de tal vigor que dá para alimentar uma centena de animais, por um bando de meses: além do baio, Zezão pensa criar umas cabeças de boi, ter umas vaquinhas para ordenha, uns carneiros..., e mais o que der.

      Nesse passar de meses, desde a chegada de Zezão a Inhambupe, desde a tentativa de estupro de Esmeraldina..., o coronel Idelfonso não dá as caras, mas sabem bem que estão sendo vigiados. Esmeraldina Nunca fica sozinha do sítio. Quando Zezão precisa se afastar, por muito tempo, tal como ocorreu quando foi comprar sementes e uma vaquinha com um vizinho conhecido seu, ela está sempre coladinha nele, na garupa do cavalo.

Mesmo quando vai fazer caçadas, Esmeraldina está junto. Até aprendeu a dar tiros, com a espingarda e com a garrucha: relíquia da guerra que Zezão guarda com carinho. Foi um presente de Fogoió:
– *Adonde será que esse peste anda?* Ajuíza Zezão, sempre que pega na arma, às vezes, até exterioriza para Esmeraldina.

### A sanha do coronel seborrento

O coronel Idelfonso não se esqueceu de Esmeraldina, menos ainda da afronta e semelha conservar-se com saudade do coice que levou – o único, em toda sua existência mórbida, e foi de uma mulher, e lhe acertada a *caixa dos peito*, e o fez se estatelar na parede, e o deixou prostrado no chão feito jaca pode –, que não há de deslembrar nem quando for para o inferno, que é dado como certo, no post-mortem, tal como afirma o Padre Isaias.

Vez por outra, se se ampara na jagunçada e, vai se ter perto da casa de Esmeraldina e Zezão, apreciar a sitiozinho crescer e fazer juras de vingativa.

Não se deixa perceber porque treme de medo só em pensar que Zezão é herói de guerra e o Exército pode intervir. Elucubrações de Tonho Mocó que é um mequetrefe, reforçada por Baré que é leso do quengo e burro que nem a gota serena, mas, não convém vacilar..., por via das dúvidas é melhor aguardar, contraditando sua egolatria: ele gosta de vingança, no quente.

No frigir dos ovos, tem, ainda, a patroa que já prometeu de lhe cortar os bagos e fazê-lo engolir com *bingulim* e tudo. E ela faz mesmo. É só ter certeza de que ele tem *u'as quengas,* por sinal, muito bem escondidinhas.

Não só tem medo como acata a sanha assassina da mulher com quem casou, de papel e tudo mais. Ela era quem o recomendava, quando na formação da grande fazenda – é terra muita: de ponta a ponta. De caminhada, não se atravessa, de um lado a outro, em um dia –, e o conselho era: comprar terras. Se no meio tinha umas terrinhas poucas, um quarto de légua ou pouquinho mais, punha todos para correr: ou vendia por tostões, ou morria sem mais nem menos..., de uma bala, de uma queda que bateu com a cabeça e *os miolo explodiu*, ou de morte qualquer, *morrida que nem se sabe por quê...*, ou sumia sem deixar rastro.

### Os amargores do viver de Zezão

Zezão está sentado em uma pedra, à sombra de uma frondosa aroeira, emburrado e emudecido.

O sol desenha sombras do mear do dia. Sagrada hora de almoço, de Zezão, acolhida com gosto por Esmeraldina, por conta da labuta do seu parceiro de chamegagem. Não são, ainda, casados no papel, mas, nos tramites do convívio habitual são obsequiosamente esposos.

Zezão estava caçando desde a madrugada. Não se afastou muito e deixou a garrucha, de duas bocas, carregadinha.

Já próximo de casa sentou-se, não para descansar: tem uns troços martelando no juízo. Senta-se à sombra, com o verde da roça realçando a meia caatinga, e pega a pensar sem nem se preocupar com coisa alguma.

A espingarda repousada no tronco da aroeira, capanga cheia de codornas, nambus e uma perdiz; ao lado da pedra uma seriema e um teiú de bom porte: *di cumê pra* quase uma semana.

Encafifado, Zezão não responde ao primeiro chamado. Seus ajuizamentos o deixam surdo. Esmeraldina se aproxima e fala, em tom de chamado, quase a gritar:

– Fio de Deus!, qu'é que tu tem?, nem iscut'eu chamá: o *di cumê* tá pronto!

Zezão dá de ombros, levanta-se, resmunga algo incompreensível, apanha a espingarda, a capanga e as caças que estão juntos a pedra e segue para casa acompanhando Esmeraldina, que está cerca de dez passos à sua frente.

Já quase próximo ao casebre de morada, acelera o andar e alcança a esposa que, a passos lento, mas sem afrouxar o caminhar, não espera pelo marido.

Já quase pareados, Zezão pergunta, com tom fadigoso na voz:

– É certeza que pegô barriga?

– Certeza sim! A regra do mês outro, não veio e nesse..., nem sinal.

Palavra mais nenhuma, de parte qualquer, até a soleira da casinhola de taipa e apenas umas poucas falas no transpor da porta, com afagos de Zezão nos cabelos de Esmeraldina..., quase um cafuné!

Zezão diz para Esmeraldina, meio sem jeito:

– Quero muito! ... Nóis cria, do jeito que Deus qué.

Posto o *di cumê*, na tosca mesa de uma saleta, Zezão se serve, enquanto Esmeraldina volta à cozinha para buscar *sabe-se lá o que*, por quanto voltou de mãos vazias e encontra Zezão, que se arredou para um canto do cômodo, de cócoras, a *comer com a mão*.

Intrigada, Esmeraldina, pergunta:

– Ôxe!.. Não vai querê colhé? É de mão, é ainda pur cima suja?

– Na guerra, é pió!

– E Vosmicê tá na guerra?!

Zezão apenas dá um sorriso maroto e meio amarelado para a companheira.

Esmeraldina, rindo das *tretas* do marido, senta-se num banco de madeira, do lado contrário de Zezão, apoiando o prato de barro no colo e serve-se, com gosto, em colheradas grandes. Está esfomeada. Às vezes bate fome de *comer um boi* e não é habitual ter tanta fome assim: – *será que é por que tá prenha? ... Deve de sê!*

O almoço transcorre sem conversa entre os dois. Zezão está amuado e Esmeraldina acata isso. Não tem porque ficar de *tró-ló-ló* Melhor deixar que ele *amanse* só, depois de ruminar sua *conflitação*.

Um breve descanso, ela vai para o quintal lavar os pratos ele vai para a roça carpir. Tem muito mato miúdo na lavoura, também, precisa *puxar terra* para os pés de feijão e milho que estão, já, bem grandinhos.

\* \* \*

Enxada repousada no pé de pau e Zezão, sentado em um toco, meio esturricado pela coivaração, toma goles grandes de água e, com semblante amuado, dana-se a pensar na vida: sente-se constrangido, ainda, em buscar seu irmão. Houve discussão, mesmo em tom moderado, quando da sua ida para Pedrão e, sabe que, por certo, Anacleto em nada aprovou seu engajamento aos "Encourados de Pedrão".

Chega a confessar para Esmeraldina, seus temores, que ouviu as lamúrias, mas, em nada contraditou, em nada palpitou, em nada comentou..., que sim ou que não. Apenas ouviu e, sem formar opinião, toda e qualquer decisão será por ela apoiada, desde que ele aquiete seus receios e faça desaparecer suas incertezas.

Isso ela deve a Zezão: quando teve sua virgindade vendida para deleite do coronel, pelo seu próprio pai, teve seu apoio e, Zezão deixou ela própria fazer as escolhas dos rumos da sua vida.

E Zezão, de enxada repousada no pé de pau, assentado em um toco meio esturricado, pensa além: um filho, mesmo não planeado, é algo que não pode descartar. Também, não é justo que essa criança não conheça tios e tias por birra do pai: não será a hora de *baixar a crista* e se achegar ao irmão?

Indagativa que só ele pode aquiescer; é prerrogativa sua; Deus está fora dessas suas trapaças e Esmeraldina não há de pagar pelos seus erros, muitos menos a cria que traz na barriga.

Zezão volta a capinar e puxar terra para os pés do *plantado da roça*.

As sementes, comprou de um agricultor que mora perto daqui. Não se deu ao trabalho de ir até a vila de Inhambupe, por conta da birra com Anacleto, seu irmão, e os membros da Irmandade do Rosário. Sua maior conflitação é a estima pela Confraria, que sempre o acolheu em momentos difíceis e, mais ainda, a estima e respeito que tem pelo irmão que é presidente da Ordem dos Irmãos do Rosário.

Zezão, mais avalia: quase que morre quando acometido por uma *doença ruim*, lá pelos idos de 1810, quando ainda quase de *cueiros*. Foram dias de dissabores e *teve com a vela na mão*. Atendido pelos da Irmandade, recuperou-se e hoje, *tá vivo pra contar história*.

E assim, vai-se a tarde..., e Zezão mitigando seus magoados. Meio que cavouca com a enxada, na terra não muito seca; meio que deixa de lado o capinar para pensar na vida, alternando com paradas de descanso debaixo da sombra de um *pé de pau*, ou apenas apoiando-se no cabo da enxada, fazendo dele um cajado. Por vezes, busca uma enorme pedra, que tem matos ao seu redor – carecendo de carpir – *pra não muito gastar o toco de pau* que é sobra de coivaração.

## Predizes de sertanejo

A tarde se esvai, em cores muitas, em um outono que se achega próspero. A luz mortiça, que pouco tem de brilho, que mais tem de mormaço, que semelha coivarada, que parece panela de cuscuz, que muita tristeza espraia pelas terras carecas de matos de muita altura, que esperança chuvas de trovoadas..., leitura de Zezão nos tons de vermelho-vinagre que circundam o redondo do sol morrente.

– Ess'outono afiança chuva muita!

Afiança Zezão – falando consigo mesmo –, com olhos encompridados na extensão de terras que guardam as tenras plantinhas: milho e feijão, e umas covas de batata que tem as ramas *já pegadinhas*; precisa só de chuva e isso pode ser lido nos sinais todos que só o sertanejo tem ciência: sente nas juntas, com dores ajustadas à intensidade das chuvas; no sangue e no *couro do lombo* pela intensidade dos mormaços e da impetuosidade dos ventos..., predizes que pouco, ou nunca, falham; *manhas, de pai para filho, que de há muito vem.*

Zezão, há muito, impacienta-se com esses sinais de tempo bom. Isso significa muito para sua empreitada: começa uma nova vida, agora planeada para três almas, por conta da *prenhes* de esmeraldina.

Sua perceptiva vai além dos claros sinais do próprio corpo, para os outros muitos que estão ao seu redor: no voo dos pássaros; no hálito de cada manhã; no tanger dos ventos em muitas e improváveis diretivas; na galopada do seu baio, entontecido, como amalucado, pelo pasto, *sem mais, nem porque,* que se tornam amiudadas; nos bafos quentes dos finais de tarde..., até já fez umas simpatias, para ter comprovação, e confirmou-se: este ano promete chuvaradas das boas!

Isso Zezão ajuíza no intento de não só pensar nas decisões que tem a tomar. Serve um pouco para dispersar os pensamentos que o aflige, já faz um bando de dias.

Beirando o escurecer, boca da noite quente de fazer inveja aos infernos, Zezão volta para casa: facão na cintura, enxada no ombro direto, sorriso um tanto apagado, ainda, – *mesmo se rindo por dentro* – arengando com o próprio pensar:

– Um Bacuri! Será que há de sê! ..., hôme ou mulé? A barriga tá pontuda.

Zezão tropica nas alpercatas de couro que *torou* uma tira, no pé direito..., e, ao contrário de ficar *azedado,* tira o amarelado do sorriso e *se ri* da tropicada.

– Mas será que Deus tá de brinquedo comigo?

Pronuncia-se em voz alta, com largo e brilhante sorriso, dirigindo-se ao ermo que tem à sua frente.

Ajeita a alpercata, retoma a enxada ao ombro, agora no lado esquerdo, e acelera o passo.

Está perto do casebre; o sorriso se alarga nas faces marcadas pelo sol e pela labuta; um açoitado com a enxada, no meio do terreiro, para arrancar uns matinhos poucos que teimam em crescer, dá o tom do bem-estar de Zezão; chega em casa; acomoda a ferramenta de trabalho na parede de taipa do casebre; irrompe porta adentro e grita:

– Esmeraldina! ... Apronta as coisa nossa que nóis vai pro Inhambupe amenhã.

– Tá maluquecido, hôme de Deus! Entra desse jeito, de susto..., me fartô até o ar. Vosmicê me mata do coração, seu peste!

– Não foi querê! O dispô chegô agorinha..., aqui mermo no terreiro.

– Pru móde de quê?!

– Vâmu levá o bacuri pra vê o tio.

– Mas ainda tá na barriga!

– Que mal faz?! Já fica de conhecê o padrinho.

– Nóis vai levá o quê?

– Vô pegá aquele capão e deixá peado. Nóis sai cedinho.

– Tô inté intontecida, com a doideira.

– Fica não! Ajeita a trouxa e arruma um *di cumê*, do bom, que vô pegá o cavalo e deixá pertinho daqui.

– Num vai apartá a vaca não?

– Carece não! Nóis sai cedinho. Deix'o mamote se empanturrá.

– Vosmicê quem sabe! –Dá de ombros Esmeraldina.

Zezão, enquanto fala, corre pelos cômodos da casa ajuntando umas coisas espalhadas, dos arreios do cavalo, que ele deixou *pegando ar*. A sela e os couros todos, seus e do baio, repousam em um canto da saleta, acomodados em uns ganchos, presos nos caibros por correias de couro cru, em local de bom arejo.

São seus instrumentos de trabalho. Merecem lugar de honra na saleta da casa. Até intenta fazer um cubículo para guardar suas tralhas, *quando as coisas tomar prumo!*

Está, ao tempo que eufórico, perdidos em devaneios, fugindo de pensar na ida para Inhambupe, em especial seu encontro com Anacleto, seu irmão. Faz quatro ou mais anos que não aparece no vilarejo.

Esmeraldina, estonteada com a repentina disposição do marido, não sabe bem o que arrumar para a viagem: não sabe o que levar; não sabe se está contente ou descontente em ser apresentada, assim, tão bruscamente, aos familiares de Zezão..., como sua esposa e, ainda por cima embuchada de pouco... que não dá para esconder..., por conta da sua magreza, a barriga tá pontuda e o entojo, volta e meia, vem com tudo; só hoje já vomitou três vezes e tá com uma vontade doida de comer jiló.

### Chamego não dá *pra ficar pra depois!*

Hora de dormir. Acomodados ao leito, os dois pegam a *chamegar*: Esmeraldina se achegando e Zezão se afastando! ...

Zezão pergunta, quando percebe o intento de Esmeraldina:

– Faz mal não? Vosmicê assim embuchada?

Esmeraldina, que parece ter a *vontade* aflorada, depois de pejada, responde de maneira libidinosa:

– Faz mal o quê?! Se foi desse jeito qu'embuchei!

– Sei lá! Tô cu'medo de machucá.

– E vai machucá o que, seu leso? Vô ficá por cima.

– Intão tá! Mas, se machucá, avisa, tá?

– Aviso sim! Mas se'u gritá, não assusta, não.

– E pensa que não sei?! Vosmicê é escandalosa.

– Escandalosa não, seu abestalhado. Até parece que nunca fez isso c'outra mulhé!

– Fiz sim! Mas as outra não gritava tanto, feito vosmicê. Quem vê assim, pensa que tô matano vosmicê!

– E num tá não?!... Me deixa *morridinha* toda vez que nóis fáis!

– Vosmicê é muito da *saliente*!

– Ôxe!... E vosmicê não gosta não, é?!

As carícias e os beijos, que de *bitocas* vão se transmutando em ósculos maiores, mais lascivos, mais impudicos..., estalam e se lambrecam de salivar; vão-se as roupas poucas, que ainda restam nos corpos, que ainda atrapalham a chamegagem; vão-se as apreensões e as incertezas quanto ao viajar do dia seguinte..., vão-se os pudores e as reservas, sobra o carnal e o desejo imoderado..., e a voluptuosidade de um *chamegamento* com muito apego, sem mais inquietação quanto a prenhes ou outras coisas qualquer!...

### Encontro dos irmãos "Quinto"

O encontro de Zezão com Anacleto é peculiaríssimo: um torrão, outro enzamboado.

Cumprimentos secos, de ambas as partes, mas sem confronto das ideias de cada um. Dissentem, divergem, discrepam, em tudo e em qualquer assunto, mas não há choque frontal nas altercações: não tem bate-boca; não tem discussões acirradas, muito menos palavrões, nas conversas entre os dois..., nunca houve, por conta da veneração mútua, e dos preceitos da Irmandade..., mas, as falas são caceteias e, de certa maneira, duras: não há cobranças de posicionamentos, entretanto.

Feitas as apresentações, Esmeraldina se enturma e o capão vai para a panela: será o almoço.

Esmeraldina caiu nas graças de Anacleto e dos familiares todos, em especial Benta.

Durante o almoço, Anacleto faz uma pergunta, que fica no ar, sem resposta com palavras, mas os olhares são confessionais:

– Vosmicêis tão casado, no padre?

Não tem réplica. O silêncio e a cumplicidade nos olhares de Zezão e Esmeraldina, denunciam o óbvio. Entretanto, mesmo com princípios que denotam conservadorismo e uma afinação com a Igreja, que no entender de Zezão é radicalismo, Anacleto nada objeta, mas, fica no ar sua desaprovação.

\* \* \*

O almoço transcorre em clima de afabilidade, um tanto puxada para os acanhamentos, um tanto puxado para constrangimento, por parte de Zezão, que Esmeraldina, mesmo com seus poucos mais que vinte anos de vida, se percebe inteiramente à vontade, em particular com Isabel, esposa de Anacleto – há muito adoentada e acamada –, agora sua concunhada.

Esmeraldina foi para a cozinha para preparo do capão, mesmo constrangendo os serviçais, por conta de um tempero diferente que Zezão muito gosta, com umas folhas que trouxe do sítio; Benta, um misto de cozinheira e governanta, que as *línguas de trapo* muito comentam do achego dela com Anacleto, aproveita para aprender um jeito diferente de temperar frango e para ensinar umas coisinhas para Esmeraldina – que caiu nas suas graças –, também para ensinar umas coisas para os cuidados do filho que está no bucho, na gravidez, no parto e nos cuidados com o bacuri, quando nascer.

Benta *bateu martelo*, só no olhar para a barriga e para as feições de Esmeraldina: *menino macho!*

Foram servidos por moças negras, que apesar de escravizadas, são tratadas como *cria da casa:* uma beira a idade e Esmeraldina; a outra, é mais nova. Foram adquiridas para cuidados da casa e damas de companhia para Isabel, esposa de Anacleto, e Sebastiana, filha do casal.

* * *

Zezão, após a refeição é arrastado para a sala de visita, por Anacleto, para um licorzinho de cambuí e um café, que é servido por Benta, governanta e concubina – segundo as más línguas –, que os deixam e volta a seus afazeres, que nada mais é que ordens para os criados e criadas, e adulações para com Esmeraldina.

– Vai tê consistório, mês que vem! Vosmicê qué vortá pra Irmandade?

– E posso? ... Será?

– Já teve caso mais pió!

– Sei não! ... Tem de fazê o quê?

– Defesa, na frente da junta!

– E a punição..., será que tem?

– Depende do caso e, mais ainda, do que vosmicê vai falá! ...

A fala mansa e compassada de Anacleto mais enerva Zezão que está *incúido* com a perspectiva de tornar a ser membro da Irmandade.

Depois de uma pausa enervante que deixa Zezão inquietado, mas emudecido, Anacleto completa a fala:

– ..., mais ainda pruque vosmicê foi herói, nessas luta de Cachoeira. Tão de perguntá, da medalhinha de Nossa Senhora do Rosário que salvô a vossa vida. Ainda tá cum vosmicê?

– Tá sim! Vosmicê qué vê?

Contrito, Zezão desabotoa a camisa, na altura do peito, e mostra a milagrosa salvadora da sua vida na batalha do Cabula; amassadinha no lugar que a bala pegou e encastoada em nova *acolchoada* de ouro: mimo dos companheiros de guarnição.

Anacleto, mais contrito que Zezão, faz o sinal da cruz, pede permissão ao irmão e beija a medalhinha, demonstrando devoção para com a Santa, mais ainda com a milagrosa peça, em prata revestida de ouro, presa por uma correia de couro, bem trabalhada.

A conversa com seu irmão, Anacleto Quinto de Jesus, Presidente da Irmandade de Nossa Senhora do Rosário, foi tal como esperada: endurecida pelas palavras fortes, que foi obrigado a escutar, que não foi exatamente repreendas, mas soava como tal. Não gosta desse tipo de recriminatória, mas não contesta pelos interesses que agora não são unicamente seus: tem uma esposa, embuchada, que precisa de cuidados e apoio familiar, da sua parte, por saber que com a família dela em nada pode contar.

Ouve calado e calado vai-se embora, levando as partes da clarineta que é da festa de Louvor a Nossa Senhora do Rosário, que era da sua guarda, mas, por força das circunstâncias, teve que fazer a devolução para Anacleto, quando foi ao *exílio* – Pedrão, guerra da Independência.

Sua clarineta ele encontrou em um baú, quando estava fazendo arrumações no sitio. As palhetas estão velhas e ressecadas, precisa de novas e isso Anacleto providencia com o Padre Isaias: vai voltar a tocar nas festividades da Vila, organizadas pela Irmandade do Rosário em parceria com a Igreja. Isso, ao menos, é um alento.

Zezão combina sua participação no consistório da Confraria e prontifica-se a construir sua defesa, no intento de voltar a ser membro participante da Irmandade de Nossa Senhora do Rosário – de pretos, e pardos, e mais quem venha a ser aprovado como membro.

A Irmandade de Nossa Senhora do Rosário, em Inhambupe, não contradita as outras muitas confrarias irmãs. É mais significativa, por ter mais peso, mas existem, em Inhambupe outras Irmandades. Não há grandes divergências entre elas. Apenas a disputa na pompa dos enterros dos membros, na culminância dos festejos dos oragos e, no tocante a Irmandade de Nossa Senhora do Rosário, no atual momento, mais peso nas decisões quanto a vida na Vila de Inhambupe, mais ingerência na Igreja por ter primazia na paroquia de

Nossa Senhora do Rosário. As outras são capelas menos expressivas, no falar dos confrades.

### Um mimo para a esposa

Zezão, voltando da feira, traz um pacote e entrega para Esmeraldina que espantada com o presente, exclama:

– Ôxe! ... Um corte de chita?

– É sim! Comprei pra vosmicê. A mulhé de Zé Pedro faz a costura. Já tá acertado.

– Nóis vai pra festa de quê?

– Do casório nosso!

– Casamento? ... Tu nem ainda pediu a mão!

– Tô pedino agora! Dá tempo, ainda, de aceitá?

– Pru que casá, já?

– É os irmão do Rosário, s'esqueceu? Não deixa nóis morá junto, sem casá.

– E vosmicê qué?

– Quero sim. Mas tá sabeno qu'é pra passar fome junto!

– Então tá!

– Tu vai querê, mermo passano fome?

– Qu'é que tem? Conheço fome indesde que nasci! Minha mãe era seca de leite. Quando não tinha cabra pra dá leite, cumia papa de farinha cessada; quando não era papa..., era urrar e drumír cum fome, quando enfadava do choro.

– Nóis não tem muito, nem tem como arranjá. As coisa toda tá ruím..., pra bem mais pió!

– Nóis dá um jeito! Se dá fome muita, com'um pedacinho de vosmicê!

Esmeraldina fala, fazendo menção de morder o braço de Zezão.

Zezão replica, no mesmo tom de deboche:

– Desse jeito vô cumê, tamém, pedacinho de vosmicê!

– Não! – Replica Esmeraldina, fazendo beicinho.

– Pru quê não? – Inquire Zezão.

– Pruquê não, e pronto!

O escárnio cede à carícias.

– Vai pra dentro..., mostra pra Benta! – Diz Zezão, derretido de felicidade.

– Vai sê quando? – Pergunta Esmeraldina, antes de entrar.

– O quê? – Objeta Zezão, rindo-se do chiste.

– O casório, seu leso!

– Daqui, pra mais de mês!

– Já falô c'um Padre Isaias?

– Não! Anacleto é que vai falá.

É dia de feira, estão em Inhambupe. Anacleto mandou aprontar um almoço, digno de um irmão que retorna ao seio da família que é, praticamente, ele e Zezão. As irmãs, de maneira distintas se afastaram do convívio. O marido da que mora em Jeremoabo, não gosta de Anacleto: são *inimigos mortais*; a outra, mais nova de todos, puta na Vila de Alagoinhas, é desprezada pela profissão que tem.

Assim, sobram os dois e Anacleto quer fazer agrados para Zezão: um almoço regado a cachaça de Santo Amaro da Purificação, trazida de encomenda, especialmente para ele.

## – UMA PEDRA, PARA MEDITAR –

 

Zezão fez as pazes, de uma briga que nunca houve – apenas diferenças de opiniões –, com Anacleto, a quem tem muito deferência e achego de irmão, a ponto de logo pensar nele como padrinho do bacuri; fez as pazes com a Irmandade, no Consistório, e sua defesa foi fleumática: *fez das tripas coração!* Valeu-se das palavras que sabe muito bem fazer uso, valeu-se da poética que tem na sua aptidão, e no seu pensar, e no enxergar *as coisas de Deus;* valeu-se do que pode bem ter sido sua defesa maior: a medalhinha de Nossa Senhora do Rosário que lhe salvou de morte certeira, na guerra – é, sem via de dúvidas, um cabuloso milagre.

Não se abstém de culpar-se. Não está livre de castigo, pelas faltas atentadas, e não tem empáfia para não proceder as devidas escusas que não são menos graves, por conta de ter sido induzido por um religioso – Frei Brayner –, que o levou para a luta armada, nem por ter, essa guerra, pretensa nobreza de ter sido para apartear a Bahia de Portugal. Matou! ..., e matou muitos soldados, e não pode ter como desculpa que foi em defesa da própria vida, ou na defensiva da pátria, que dele faz um simples e *esmolambento* sofredor; matou pelo mando de outros, mas a culpa não é só de quem mandou: ele tinha o deleite doentio, de abater meganhas, olhando-os com as reses ou outro bicho qualquer.

No costumado velho, Zezão encarapitado na grande pedra que abeira uma caatinga, que se põe debaixo de uma aroeira frondosa, que é sombrosa em finais de tardes, que parece um trono, que lhe deixa com ares de sinhô..., imperioso que nem o *cabrunco*.

Esmeraldina, arredada umas braças, entretém-se no arrancar de umas vagens de andu, de pés que crescem à revelia de tratos: estão aí, desde quando ele era menino e pretende deixar para os herdeiros. Um, já na barriga da mãe.

Zezão não tira o olho de Esmeraldina. Não quer que ela faça esforço muito para não *prejuízá a prenhez*.

Siriba, a cachorrinha que Esmeraldina ganhou de Anacleto, aquietada a seus pés, nem levanta a cabeça. Deitadinha, se esvaindo em preguiça, vez por outra abre os olhos e torna a fechar, sem muita demora: *deve de tá conferindo* se ainda tem a dona por perto.

Nos seus aflitivos ajuizamentos de Zezão, está sempre uma maneira de julgar-se bem-fadado, pelo que tem angariado, mesmo com os desmandos nesse seu trôpego existir.

Finda o descanso, bebe água e retoma seu carpir. Assim, pensa de jeito menos aflitivo: centra no trabalho e nos cuidados com Esmeraldina.

## Fogoió

Fogoió, *desencarnado* do nome de batismo, abre mão do cargo no exército, e da promoção para sargento, e das honrarias todas do pós-guerra, e se imbrica Sertão afora.

Não sendo precisamente assim: isso é o que ele apregoa!

Deu de conhecer essas terras todas, de que tanto falou Zezão e outros companheiros de farda: isso dito para os incautos e os muitos que ele engabela no tropicado da vida e, arteiro que nem a peste, nas estripulias que labora.

Em verdade, meteu-se nos levantes do pós-guerra, fez parte da intentada contra o poder do Rei, na briga por uma nova forma de governo, que ele só vai contar para Zezão, porque o conhece muito bem... é impossível mentir para o amigo e carece de seu ombro para choramingo que é acometido, vez por outra, por conta de nada ter na vida a não ser a vontade de viver. Saiu de Portugal, *com uma mão na frente, outra atrás*, e continua assim: nada na vida a não ser as tramoias que o enredam.

Armou-se de pretensão de correr mundo – fugindo, mansamente, dos seus *malfeitos* –, alcatifou-se de ambição desmedida de ser mais chegado aos povos destas terras e buscou por seu mais forte manadeiro inspirador: Zezão nos confins de Inhambupe e seguiu seus passos Sertão adentro.

Violinha *safada,* enfiada num saco; um surrão com umas mudas de roupa; sorriso farto, fala mansa e encorpada, com sotaque sem muita portugalidade!... Fogoió se apresenta a Berenaldo, na porta da *bodeguinha,* que fica pouco arredada do campo aberto da frente do prédio da igreja; toma umas branquinhas com Xexéu e o enche do filosofar e da castiça poesia lisboeta, aos olhos curiosos, maldosos, ciumentos e parvos de Gereré..., recebe as indicações do trajeto e vai-se ter no ranchinho que abeira um fiapo de rio onde mora Zezão, com Esmeraldina.

Toma as rédeas do alazão, após pagar a conta, caminha, assoviando modinhas, por umas boas quarenta braças, encontra uma moçoila no caminho, acompanhada de dois negros, cumprimenta, com a cortesia de uma galante Dom Juan e recebe um sorriso pálido, mas não perde a pompa, monta o cavalo e galopeia sem muita pressa: essas terras parece ter de bom, mais que a cachaça, as raparigas.

## Fogoió chega ao sítio

Zezão está no meio da roça de feijão, abalizando o plantio; Esmeraldina, na sombra de uma frondosa quixabeira debulhando as vagens de andu..., é quem primeira *dá fé* da ilustre chegada:

– Zezão! ... Tem um cabra, c'uns cabelo de fogo, se achegano pra perto da casa!

Preocupante, vez que o coronel Idelfonso, ao que tudo parece, não se esqueceu da compra que fez: o xibiu de Esmeraldina, e deve de querer cobrar sua compra, mais cedo, mais tarde..., e como não é afiançado esperar! ..., qualquer coisa fora de ordem, é inquietante.

Zezão, do meio da roça, quase grita:

– Cabelo de fogo?, só conheço Fogoió! E esse peste tá bem longe de nóis.

– Tá não! Vosmicê é que pensa. E é formoso que nem a peste! – Retruca Esmeraldina.

Zezão está um tanto mais distanciado e tem os olhos embaçados pela luz do sol, mesmo envergando chapéu, consegue enxergar ligeiramente o vulto..., Fogoió é inconfundível.

– É o disgramado, mermo! Que diacho vem fazê, nesses cafundó?! – Zezão confirma e indaga, em voz quase gritada.

\* \* \*

Fogoió se achega ao terreiro do casebre. A porta está fechada e parece não ter vivalma para *recebimento*. Grita, com mistura de sotaque português-sertanejo:

– Ôôô de casa! ...

Resposta nenhuma.

Fogoió insiste. Bate palmas, sonoramente e repete:

– Ôôô de casa! ...

Mais uma vez sem resposta, Fogoió resolve espiar pelos arredores. O sol, que já descamba para o findar da tarde, ofusca a visão quando Fogoió busca olhar ao redor do casebre. Ninguém para atendê-lo. Ouve apenas o carcarejar das galinhas que ciscam na beiradinha do mato – que cresce adiante do alpendre –, alguns pássaros cantado ao longe, um bem-te-vi que mais próximo se anuncia..., nem latido de cachorro tem.

Siriba, refastelada à sombra, aos pés de Esmeraldina, *nem deu fé!*

Fogoió busca o sombreado da cajazeira e senta-se em um banquinho tosco, improvisado de um *toco de pau*, se recosta no tronco e dana-se a esperar.

A sombra da cajazeira e a *canjibrina* que sorveu na bodega de Berenaldo, ainda no quengo, deixa um leve torpor. Acomoda-se, deixando o alazão, junto com as galinhas, *mordiscando* os matinhos que acha. Após um rápido cerrar das pálpebras, Fogoió é sobressaltado com a fala de Zezão:

– Mas se não é mermo Fogoió! ..., que faz aqui seu disgramado?

Recobrado do susto e do torpor do rápido cochilo, Fogoió se ajeita e corre para abraçar o amigo:

– Zezão!, meu companheiro. Deu saudade de vosmicê.

Olha para o lado e vê Esmeraldina. Galante e cavalheiresco, aproxima-se da moça, toma-lhe a mão direita e a beija com delicadeza e elegância:

– Madame! ..., tal formosura não me permite deixá *descumprimentada.*

Fogoió é um tipo camaleônico. Adapta-se a situações distintas, com a mesma facilidade que troca de ceroulas. Sua fala adapta-se ao falar do Sertão, mas, conserva o falar do português castiço com todo o palavreio que é próprio da língua mãe e que faz uso quando carecido. Essa é uma das ocasiões que não se furta ao palavrório mais casto.

– É minha mulé, seu peste. Não se bote de galo que'sse terreiro é de vosmicê. – Graceja Zezão, voltando-se às apresentações.

O calor é muito, mesmo com a tarde se achegado à boca da noite. A sobra da cajazeira é o melhor recanto para uns dedos de prosa. Tem fresca mais que embaixo das telhas.

– Mas de que jeito vosmicê me achô? – Pergunta Zezão, um tanto curioso e intrigado, com a repentina visitação de Fogoió.

– Vosmicê não é ruim de achá! Todo mundo conhece Zezão, vaqueiro de Inhambupe.

A resposta de Fogoió deixa Zezão mais encafifado. Haverá tempo para a pergunta crucial: o exército.

Esmeraldina levanta-se para buscar água – está com muita sede – e pergunta para os homens que estão numa *prosa solta*:

– Vosmicêis qué água de bebê?

– Tráis u'a muringa, que nóis qué.

Zezão responde para a esposa, que vai-se ter na casa, e volta-se para Fogoió:

– Vosmicê aprontô?

Fogoió responde, maneando a cabeça, baixando o tom da voz:

– Mais ou menos! Adepois nóis cunvésa.

Os dois continuam o proseado com outros focos; Esmeraldina volta com a moringa d'água e copos; os homens bebem água e o proseado não para; Esmeraldina entende que, por enquanto, não tem como participar do proseio, volta para casa e vai preparar a janta, mas volta, pois algo estalou no juízo.

Sem cerimônia, interrompe o animoso *conversê* e pergunta:

– Zezão! ... É mió nóis pegá as coisa pro *di cumê* e ajeitá um fogo no terrêro. Aí nóis janta e proseia com o fresco da noite!

– Mió mermo! Ajeite as carne que nóis vai fazê um fogo.

Zezão responde para Esmeraldina e complementa sua fala, dirigindo-se a Fogoió:

– Vâmu pegá uns pau, ali na roça, pra nóis fazê u'a fogueira!

Os dois se vão para a roça buscar lenha, Esmeraldina vai para casa ajeitar as carnes para o assado na brasa.

O proseado, de Zezão e Fogoió, mais se anima quando estão a sós.

### Sarau à luz da lua minguante

A lua está no minguado, mas a fogueirinha dá o alumiado carecido. Fogoió ponteia a viola, cantando lundus aprendidos na corte, Zezão pega o tom, vez por outra resvala, perde a afinação e entra em desacordo, mas que não compromete o dueto: clarineta, viola.

Na plateia, Esmeraldina pejada de pouco mais de cinco meses, a vaca e sua cria no curral e o cavalo de Fogoió que, já acostumado com essa cantoria, dormita em pé, próximos a uns matos que parte lhe serviu de forra para o bucho.

– Se alembra desse alazão?

Pergunta Fogoió, para Zezão, no intervalo da cantoria para um gole de pinga e ajuste da afinação da viola, que às vezes está em desacordo com a clarinete..., ou vice-versa.

– Por que havéra de lembrá? – Retruca Zezão, também aguando a goela.

– Foi de Donizete que morreu na batalha, que vosmicê recebeu tiro. Fui entregá pra viúva..., que tava carecida..., fiz preço, ela aceitô! Cavalo fogoso que nem a gota serena, não pode vê u'a égua.

– Que não é, desigual de vosmicê! – Retruca Zezão.

– Que me perdoe Esmeraldina, mas vosmicê, tamém, né de brinquedo, não!

Esmeraldina responde com um sorriso amarelado, levanta-se e vai buscar umas carnes que salgou para um assado no braseiro: o fogo está no ponto.

Zezão, um tanto encafifado com o maldoso sorriso nos lábios de Fogoió, quando ele fala da carência da viúva, não se contém e pergunta:

– E vosmicê deu mais o quê? Pra viúva!

– Ela tava doida de vontade..., e'eu de vontade mais doida, ainda! ..., aconteceu. Foi só u'as pouca vez! Tava lá, acoitado, fugindo dos meganha..., tinha mais nada pra fazê!

– Donizete dívia de tá nos inferno, ispiano vosmicê..., c'ua mulé dele.

– Tava nada! Ele tá lá pagano os pecado..., há de lembra de mulé?!

Esmeraldina, de volta: traz as carnes em uma gamela e os espetos, de pau, que Zezão preparou, já enfiados nas carnes e a prosa, de Fogoió e Zezão, é interrompida.

Zezão se levanta, toma a gamela das mãos de Esmeraldina e vai para a fogueira grelhar a petiscada.

Fogoió ataca com uma modinha de dolência matreira, própria do jeitão *Dom Juan*:

*Cantada a vulgar modinha,*
*que é a dominante agora,*
*Sai a moça da cozinha,*
*e diante da senhora*
*vem desdobrar a banquinha.*

Ataca, em seguida, uma outra mais animada:

*"Nós, lá no Brasil, com nossa ternura*
*açúcar nos sobe com tanta doçura*
*Já fui à Bahia, já passei no mar,*
*coisinhas que vi me fazem babar".*

Depois passa a um Lundum que Zezão cansou-se de ouvir, quando enfermo nas brenhas do Pirajá:

> *Eu nasci sem coração*
> *Sendo com ele gerado,*
> *Porqu'inda antes de nascer*
> *Amor mo tinha roubado.*

Esmeraldina se deleita com o novo, e o pouco usual, e o que não acontece por estas bandas – é a primeira vez que tem contato com uma viola e um cantador de *modas;* Zezão se alembra dos tempos da guerra, não aquele que o aflige, mas aquele quando conheceu outras pessoas, e outros costumes, e outros instrumentos musicais.

Já bem tarde, Esmeraldina está cansada, vai dormir. O dia foi exaustivo, pelo trabalho, pelo calor do sol, pela barriga que já está bem grandinha..., e porque percebe que Zezão e Fogoió tem particulares para conversarem.

Ela se vai e a prosa cerceia a fuga de Fogoió que faz um pedido de retenção tumular: pede sigilo e obriga juras de confidencialidade:

– Vosmicê não há de contá, nem pra tua mulé!

Inquietado, Zezão insiste:

– Hôve o quê? ..., assim..., que deu nesse perrengue?

– Coisa muita, meu amigo! *Muito do prometido ficô só no vamo vê...,* aí as tropa se rebelô!

Fogoió, cabisbaixo, olhar esmorecente, muda o tom de voz e passa a contar os acontecidos do pós-guerra. Admite que se envolveu no "Levante dos Periquitos", em outubro de 1824, junto aos soldados do 3º batalhão que invadiram a casa do Governador de Armas – coronel Felisberto Gomes Caldeira – e o assassinaram.

No terceiro batalhão de caçadores predominava negros e pardos, mas, mesmo sendo *branquelo*, ele foi bem recebido. Não foi fácil se escafeder quando *a coisa engrossou,* foi-se ter no Recôncavo, atravessou o rio Paraguaçu e morou uns tempos em Maragogipe, onde gastou todo o dinheiro que tinha, atravessou de volta o Paraguaçu, na altura de Santiago de Iguape e deu de conhecer o Alto Sertão. Em Pedrão, quando veio devolver o cavalo à viúva de Donizete, descobriu o rastro de Zezão e o seguiu até Inhambupe. Não sabe, ainda, para onde vai, mas, quer chegar ao rio São Francisco, se enveredar por Pernambuco, onde tem endereços, de pessoas, fornecidos por Sabino Rocha, que é médico em Salvador e tem umas *falas de revolta*, depois volta pelo Maranhão e Piauí..., retorna para a Bahia se por esses cantos não achar trabalho decente.

### Fogoió dá de se arranchar no sítio

Zezão concorda com o pedido de Fogoió para ficar uns dias por aqui e Fogoió faz um ranchinho embaixo da cajazeira, para não incomodar o casal e mais, por ser fresco à noite e por ele estar acostumado com céu aberto para dormir.

Os dias se seguem, Fogoió que não é homem de enxada e estrovenga, ajuda Zezão em outras coisinhas mais leves e, às vezes sua ajuda é melhor recebida por Esmeraldina nos cuidados da casa, em especial no *di cumê*. É tempero novo, e Fogoió gosta de cozinhar, e ela, recebendo adjutório assim, cansa menos.

Vez em quando Fogoió desparece por um ou dois dias. Não se explica, também, Zezão não pergunta: *o sujeito já tá grandinho, por demais, pra dar satisfação das suas andanças!*

No mais das vezes, Zezão leva Fogoió para caçar ou pescar. A prosa é boa e é uma maneira de ter ajuda na entediante espera de uma caça grande. Alvejaram um veado de bom tamanho e foi uma lambança, que durou semana, com carne de veado de toda moda: cozida, assada, miúdos de veado..., o couro está sendo curtido com casca de angico; será transformado em tapete para o quarto de Zezão e Esmeraldina.

Nessas caçadas, Fogoió *dava da arreparar* as abelhas voejando, para sair buscando as colmeias, quase sempre em *oco de pau*, mas, também, em touceiras de gravatás ou recantos outros, sempre bem escondidas. O *disgramado,* bom no tirar do mel, se valia de facho de fogo ou bosta de boi seca para incensação, com intenção de fazer muita fumaça, e parecia não sentir as ferroadas das abelhas. O resultado era sempre levar para casa umas gamelas de mel e um montão de cera de abelha.

Fez uns cortiços, e ensinou Zezão a cuidar das abelhas, e os pendurou nas galhas da cajazeira: *Pr'essas coisa, esse peste é muito do bom!*

Fazendo pouco mais de mês que Fogoió se assentou no sítio, Zezão recebe uma incumbência: buscar umas reses na Fazenda Morato.

São doações para a Irmandade de Nossa Senhora do Rosário, feita por Francisco Morato, que Zezão vai cuidar e mear com a confraria, e o recado vem por Pedro Bala, e é o dia que Fogoió fica de conhecer Isaltina, que mesmo amancebada com Pedro Bala, tem olhos compridos para a pele clara e os cabelos de fogo de Fogoió.

Esmeraldina, não muito contente com a visita, comenta com Zezão quando ficam a sós, na hora de dormir:

– Essa desavergonhada tá arrastando asa pra vosmicê! Viu não, leso-sonso?

Zezão, fazendo-se de desentendido, contrapõe e a conversa tem *esquento,* íntimo:

– Nada o qué! Isaltina tá amancebado com Pedro Bala.

– Tá, sei que tá! A desavergonhada tava com as butuca de olho pra Fogoió e de rabo de olho pra vosmicê!

– Isaltina é chamego velho!

– Mas há de querê remoçá..., esse *namoro véio.* Vê eu embuchada, acha que vosmicê tá carecido! ...

– Vosmicê tá variano!

– Variano! ..., é? Se qué ficá sem os bago, vai atráis dela! ...

– Deixa de besteira e vâmu drumír!

— Vô não! Tô doida de vontade.

— E a barriga, sua doida?!

— Fico por cima, seu leso-sonso!

Esmeraldina se achega, beija, abraça, faz cafuné, faz beicinho quando Zezão lhe arranca a camisola e lhe beija os seios que estão um pouco maiores, por conta da gravidez e mais doloridos; mas, sabedor dessas particularidades..., é mais carinhoso, é mais chamegoso, é mais cauteloso..., parece tocar nuvens e ela se derrete como algodão doce, aos lábios do companheiro, com tal cumplicidade que não se demoram os primeiros deleites, os primeiros gemidos, os primeiros gozos..., que se seguem por muitos tantos que mais parece não ter findo!

### Tonho Pereba e o *recado torto*

Zezão acorda cedinho, chama por Fogoió que dormita embaixo da cajazeira, vão pegar os cavalos e, no momento que Zezão ajeita os couros no corpo, chega Tonho Pereba, a mando de Anacleto. Traz recado e, afogueado pelo trotar desde a Vila de Inhambupe até o sítio, mal consegue falar.

— Tome ar, Tonho! Deve de sê coisa séria, pra vosmicê chegá assim, esbofado!

Fala Zezão, depois de servir água para Tonho Pereba – ajudante de obras de Anacleto, nos serviços de pedreiro – e volta-se para o baio nos ajeites dos arreios.

Fogoió, na cozinha, a beliscar uns espetos de caças que estão a moquear: *tá arrancando de fome.*

Esmeraldina, com a *barriga na boca* – como se diz de grávidas nos dias próximos a parir –, vem para perto de Zezão e Tonho Pereba, carregando os alforjes. Aproxima-se de Tonho e o cumprimenta:

— Bons dia, Tonho!

— Bons dia, dona Esmeraldina! A barriga tá que é u'a belezura.

Tonho cumprimenta e *arreganha os dentes* para Esmeraldina, para comentar a prenhez. Zezão é muito estimado por todos e Esmeraldina ponga nessa estimação.

– Tá quase nos dia! – Resposta Esmeraldina.

– Diga lá, Tonho! Qu'é que fáis aqui tão cedo e tão esbaforido! – Inquire Zezão.

– Adesculpe! Já tinha até se'squecido. – Responde Tonho Pereba.

– Qué que hôve? – Insiste Zezão.

*Dente arreganhado*, em sorriso de orelha a orelha, marca de Tonho Pereba que está sempre bem com a vida, isso mostrado no escancaro dos sorrisos, que as más línguas o dizem meio *leso da cabeça...*, Tonho passa o recado que deixa Zezão confuso:

– Vosso irmão qué que vosmicê passe no Inhambupe *inhantes* de se ir pegá os boi.

– Não disse pru quê? – Inquire Zezão.

– Disse não. Mas é pra levá dona Esmeraldina *de muda*. Benta tem u'as coisa pra falá pra ela.

A fala de Tonho, quanto a levar Esmeraldina, Zezão entende. As duas combinaram fazer uns cueiros para o bacuri, que não se demora a chegar.

– Ajeita tuas coisa, mulé, que vô pegá outro cavalo.

Zezão, um tanto intrigado, com o recado, vai buscar os arreios e providenciar outro cavalo. Volta-se, no momento que está indo para o pasto, e diz para Tonho Pereba:

– Espera que nóis te leva!

– Espero não! Vô trabaiá, ainda.

– E vai..., assim? Espera que vai amontado.

– Espero não. Vô de a pé, mermo!

Mal termina a fala e Tonho Pereba está pronto para trotear, de volta para Inhambupe, *por cima do rastro*. Lépido feito coelho, toma caminho, sem nem ao menos se despedir.

Fogoió, que vem da cozinha, mascando uns nacos de carne de tatu, comenta:

– Que diabo esse cabrunco doido vêi fazê aqui? Nem bem assentô o facho já tá galopeano de vórta!?

Esmeraldina, rindo-se do comentário de Fogoió e da situação vexatória de Tonho Pereba, volta para casa para arrumar os *amuafos*.

Zezão armou-se de couros, coragem e cavalo paramentado, satisfeito que nem a *gota serena,* porque faz um bando de tempo que as vestes taninada repousam, dependuradas em ganchos feitos com forquilhas de jurema, presas nos caibros da saleta, por tiras de couro cru, por falta de serviços; Fogoió, desencarnado do trabalho, tanto quanto do nome de batismo, apenas quer farra. Vai tanger boi, mas sabe bem é tanger garfo e faca na hora do *di cumê;* Esmeraldina enfatiotada no orgulho de ser *mãe de primeira viagem, com uma barriga maior que pote,* tal como chistes de Zezão, trabalhosa no montar – careceu de jirau –, carregadinha de soberba pois vai cozer cueiros com Benta, na casa do cunhado..., coisas que ela nunca sonhou ter: marido, cunhado, filho e entre muitas outras coisas, a parceria de uma mulher *experimentada na vida* – tal como Benta – para ter cuidado com seus caprichos. Na casa dos pais, quando solteira, era só trabalho, e trabalho, e trabalho..., na casa do coronel Idelfonso, nem *paga a pena* lembrar: *seria mais uma quenga abrindo as pernas pro seborrento se aliviá nas hora da vontade!*

\* \* \*

– Manda gente mais despachada, pra dá recado. Tonho Pereba é meio leso. – Comenta Zezão, rindo-se, para Anacleto.

– Não foi por querê. Tinha só esse leso! ...

Anacleto, não contendo o riso de galhofa, responde, cumprimenta Fogoió e arrasta Zezão para uma conversa particular.

Fogoió vai caçar as *crias* da casa de Anacleto, na desculpa de ajudar Esmeraldina com as *coisas dela,* para fazer *cortejo.*

São muitas as recomendações quanto à ida de Zezão e Fogoió, na Fazenda Morato.

Zezão deve trazer todas as reses que são da Irmandade de Nossa Senhora do Rosário, e as levar para o sítio. Francisco Morato ficou amalucado, depois que enviuvou, e está piorando sua maluquice; não tem herdeiros, ao menos na Vila de Inhambupe ou proximidades. Esmeraldina vai ficar aos cuidados de Benta, pois a empreitada pode durar três ou mais dias; se carecer de mais ajuda, que a de Fogoió, para trazer a boiada, pode contratar que a Irmandade paga; não deve se meter em nada, na Fazenda Morato, que esteja ou pareça fora de ordem, em hipótese alguma, pois alguns membros da Congregação que visitaram a Fazenda Morato, comentaram sobre os desmandos de Chico, em especial ao maltrato dos escravos: apanham sem *culpa firmada.*

## As maluqueiras de Chico Morato

Ao chegarem à Fazenda Morato, Zezão e Fogoió são recebidos pelo capataz. Chico Morato, como é conhecido aqui, está há dois dias trancado em um quarto e não quer ver ninguém. O capataz comenta que o patrão está mais estranho a cada dia. Zezão dá pouco assunto, tal como prometeu a Anacleto e vai, com Fogoió e mais três vaqueiros buscar as reses.

Um total de trinta e seis vacas, e bois, e mamotes, que são pegados nas caatingas, mas não são muito brabas – apenas porque Chico Morato mandou soltar os animais da Irmandade, por não querer eles misturados com os outros seus.

Dia nenhum Zezão e Fogoió dormiram na sede da fazenda. Estavam nos matos e nos matos se arranchavam e isso ocorreu por três árduos dias e três benditas noites.

Passando na sede da fazenda, para que o capataz confirmasse todas as cabeças pertencentes à Irmandade, Zezão e Fogoió presenciaram os castigos a escravos, quiseram questionar, mas, segundo as recomendações de Anacleto, não haviam de se envolverem com coisa alguma.

Francisco Morato nem saiu para atendê-los. Todos os acertos foram com o capataz..., e Fogoió, não se contendo, perguntou:

– O corretivo é pru quê mermo?

– Sei não. O hôme saiu do quarto e mandô botá uns negro no tronco, sem dizê pruquê.

Responde o capataz, com fala curta, que pouco quer se envolver, tal como Zezão que puxa Fogoió para um canto é diz, de maneira incisiva:

– Se mete não! Vâmu pegá nossas coisa e vortá por *cima do rastro*.

Fogoió vacila. Parece inconformado e Zezão sabe bem disso, por conhecer a índole alvorotada de Fogoió.

Zezão faz os acertos finais, com o capataz, assina os recibos e pede ajuda de dois vaqueiros para tanger o gado até perto do sítio..., depois, passando das estradas que vão para a fazenda do coronel Idelfonso, ele tange só, com Fogoió.

\* \* \*

– Víuxi, Anacleto! O hôme tá passado de ruim.

Comenta Zezão, com o irmão, quando vai prestar contas da empreitada.

– Falei pra vosmicê! Tão de dizê que tá maluquecido. Doido de pedra.

Comenta Anacleto, que de posse dos recibos dos bois, passa a fazer acertos com Zezão sobre a *meação* com as reses, que agora estão aos seus cuidados.

Autoriza, também, que Zezão demarque umas terras que estão ao norte do sítio, que são da Confraria e o coronel Idelfonso está de olho, faz tempos.

– Essa disgrama de hôme parece o coisa-ruim. Qué tudo quanto é terra, só pra ele! – Comento de Anacleto, à *boca miúda,* quase em sussurro, quase ao ouvido de Zezão.

Esmeraldina vai continuar em Inhambupe, nos cuidados das roupas da criança que está para nascer e, quando voltar para casa vai levar Benta, por uns tempos, para os arremates finais. O parto se aproxima e Benta será a parteira: faz isso há anos e não tem melhor *pegadora de crianças.*

Dia seguinte vão alguns homens para ajudar na demarcação das terras e, para fazer um *puxado* na casa que será dois quartos mais e uma cozinha melhor arranjada, com fogão de melhor porte. É um presente de irmão e padrinho do bacuri, Zezão não tem recusa e Esmeraldina está toda derretida com o mimo.

Anacleto é pedreiro e mestre de obras. Os grandes sobrados de Inhambupe, dos últimos dez anos, foram por ele construídos: faz o desenho da planta, toma providências quanto aos cuidados na edificação, incluindo a aquisição dos materiais de construção e dos arremates finais.

É um artista, tal qual Zezão, diferindo nas habilidades. Zezão músico e poeta que não escreve textos, mas improvisa versos que é uma *finura;* Anacleto, pedreiro, mestre de obras e administrador da Irmandade de Nossa Senhora do Rosário – que abarca pretos, pardos e brancos –, é auxiliar direto do Padre Isaias nas coisas da Igreja da Vila de Inhambupe.

Anacleto e o Padre Isaias estão entre as autoridades mais prestigiosas da Vila de Inhambupe.

Benta, segundo as más línguas, é amásia de Anacleto, faz anos, mesmo quando o finado marido era vivo. Tem dois filhos, que são pedreiros e trabalham com Anacleto, que as línguas de trapos dizem não ser do *pai verdadeiro!* ..., em verdade, filhos de Anacleto, criados por Eutrópio, cônjuge de Benta, que morreu de tifo, mas a boataria diz que foi *mal de corno:* desgosto.

Benta, além dos filhos, deu de cuidar, também, de Tonho Pereba que foi largado pela família, ainda criança.

A mulher de Anacleto tem problemas de saúde, vive reclusa. Falam, as línguas mais ferinas que a pobre tem problemas no quengo: nunca foi sã do juízo.

Anacleto é bem mais velho que Zezão e, lógico, as irmãs. Diferença de pouco mais de dez anos, visto que os pais já nem mais pensavam em filhos, aquietavam-se com um único, quando ocorreu uma sequência de três: Zezão e as duas irmãs mais novas.

* * *

Fogoió, inquietado com o maltrato aos escravos que presenciou na Fazenda Morato, comenta com Zezão quando os dois voltam para o sítio:

– Nóis não vai fazê nada?

– Fazê o quê? Tudo lá é do hôme..., ele faz o que bem qué!

A resposta de Zezão tenciona aquietar Fogoió, mas, ele próprio está abespinhado com a situação.

Fogoió replica:

– Num tô sastifeito!

– Mió ficá! Nóis não pode fazê nada. – Retruca Zezão.

Chegam ao sítio, entre conversas outras, num proseio quase sem fim, desarreiam os animais, providenciam umas coisas para forrar o bucho..., Fogoió diz para Zezão:

– Vô ali nu'a diligênça..., e chego tarde!

– Nóis não é casado, vosmicê chega na hora que quisé!

Replica Zezão, em tom debochado, para o comentário de Fogoió, quanto a suas aventuras. Os dois, rindo do pilheriar, vão para pontos diferentes: Zezão para casa, depois de desarrear o animal, Fogoió puxa as rédeas do alazão e se vai pela beira do rio, para as suas *diligências.*

Zezão arrodeia o casebre, antes de entrar, espiando no terreiro o que vai orientar aos homens que vão fazer o *puxado,* a mando de Anacleto, ajuizando: dia seguinte tem muito que fazer; Fogoió pode bem ficar de desfrute! ...

## – *CULHUDEIRO* MAIOR: FOGOIÓ –

Fogoió, está de prosa e de *bicar u'a cachacinha,* desde meado da manhã, em frente à bodega de Berenaldo, acompanhado de Xexéu e Gereré. Foi com Zezão na Vila de Inhambupe, mas estacionou na mesa sebenta, para fazer frente aos ilustres parceiros de copo e de *culhudas.*

Filósofo de bodega, tal qual os dois *compartes de bebeção,* bom de lábia e gabola que ele só, calhou: *o sujo com os mal lavados.*

Zezão nos acertos, com seu irmão Anacleto, quanto à festa do padroeiro da Vila, perdeu-se no *conversê* e se esqueceu de Fogoió..., só quando foram almoçar é que se alembrou do peste.

Deu-se ao trabalho de ir até a bodega, para arrancar, *do jeitinho que arranca toco de mato,* o desinfeliz, dos beiços da mesa e do emparceiramento com os bebuns..., que só se afoitou para não desfeitear Anacleto, e quando lá chega...

– ..., foi três di de peleja, foi três dia de luta, foi três noite ser drumír, foi três dia sem cumê, comida boa!, foi três dia sem nem sintír cheirinho de água boa.

Encontra Fogoió, contando as próprias peripécias, na guerra; os dois lesos de cachaça – Xexéu e Gereré – de *escutador ligado;* Zezão, de parte, escutando as mentiras sem intrometer-se.

Quer ver até onde esse peste vai!

E Fogoió, continua seu rosário de *culhudas:*

– ..., a fome era tanta, que nóis resolveu cumê urubu, e tinha muito. Um bando de gente morta, coalhava a mata e os urubu avoava, assentava, avoava, assentava..., era fácil nóis pegá. Tudo gordo, de cumê gente.

Não se contendo, pelo adiantado da hora, Zezão decide parar com o *convesê* de Fogoió. Se não interromper essa mentirada, vão perder a hora do almoço e desgostar Anacleto:

– Vâmu Fogoió! Agora nóis tem um *di cumê,* bem mió que carne de urubu!

Fogoió parece agradecer Zezão. Por horas contou façanhas e a *contação* foi tamanha que já estava faltando-lhe novas *culhudas.*

Os dois, se rindo do vexatória da situação, quanto a Fogoió ter esgotado as façanhas e botar os urubus no cardápio das tropas, vão para a casa de Anacleto que os espera, um tanto agastado com a demora. É sagrado o horário de refeições: não tolera atraso.

Foi um *di cumê,* no pensar de Fogoió, quase santificado: orações, antes mesmos que os pitéus fossem servidos; comilança farta, em completo e atroz silêncio, que mais parecia clausura de freiras Carmelitas; inteira exclusão de bebida com qualquer teor alcoólico, mínimo que fosse: mal foi servido, depois do repasto, um licorzinho que mais jeito tinha de refresco.

Fogoió, inquietado pela pompa-lerda do almoço, diverte-se, com olhares de soslaio, nas criadas que servem à mesa: vez e quando uma sobejava um sorriso maroto, um pedaço de peito, de relance, umas poucas encostadas de braço nas ancas das moçoilas...

Esmeraldina, uma rainha, tratada a *pão de ló*, por Benta e Anacleto, desmanchava-se em sorrisos, ao lado de Zezão, pomposo com o filho que tem ela na barriga, e dos achegos do irmão que vibra porque será tio e, segundo a *astrosia* de Benta, será homem..., motivo para mais achego de Anacleto, ao filho do seu irmão.

Depois do almoço e das conversas todas com Anacleto, Fogoió, incontido, arrasta Zezão para a bodega de Berenaldo e lhe enfia, goela abaixo, umas goladas de pinga..., de início contrafeito, depois Zezão pega gosto e assente na ideia do amigo, de levar uma moringa de cachaça, na estrada, de volta para casa.

Passava muito do mear da tarde, quando Zezão encasqueta que tem de ir-se embora: Esmeraldina está na casa de Anacleto e o sítio está sem os devidos zelos.

Fogoió, a contragosto, faz para ele companhia, *amancebado* com uma moringa de cachaça.

Zezão havia se cansado da *garganteação* de Fogoió, por saber que tudo das suas histórias eram *culhudas*. Façanhas que ele próprio e seus parceiros de couro e sela, durante as lutas todas dessa guerra insana, juntadas e amontoadas, nem beiravam as que Fogoió exaltava, como sendo o maior herói de todas as lutas da Independência da Bahia. Fogoió, que até o acabo da guerra, era só e unicamente um cabo, promovido a sargento, talvez por falta de outro ou sobra de patentes no exército..., parecia até mais que Napoleão Bonaparte.

Esmeraldina, na casa de Anacleto, aos cuidados de Benta e aos mimos do cunhado. Anacleto delicia-se em ser padrinho do sobrinho; a madrinha há de ser Benta, mas Esmeraldina e Zezão, não fizeram, ainda, a oficialização.

Zezão arrasta o peste do Fogoió, quase pelo *gurguminho*, que saiu *beiçando* um copo até quase o cavalo, devolvido por força de Berenaldo..., se rindo da vexatória, no se irem, e das conversas sem pé nem cabeça de Fogoió, que vai se rindo do açodamento de Zezão.

Montam e tomam direção ao sitiozinho, pelo costumado caminho. Zezão montando o baio; Fogoió, o alazão. Animais que juntos lutaram muitas batalhas, na guerra da Independência da Bahia. Parecem, tal qual os donos, ter parecença no pensar: um olha para o outro, com a mesma cumplicidade que seus montados.

– *Disgramado!* Vosmicê não embebeda nunca? Os outro dois tão lá, escornado na mesa..., e vosmicê aqui, de galhofa?! – Zezão rezinga, enquanto fustiga a montaria.

O baio, incitado pelo montador, olha para o outro animal, como querendo competir no meio galope, e é respondido, pelo alazão, com galopear igual: cabeça com cabeça; os dois animais, *emparelhadinhos*.

### A tocaia na curva da estrada

No viajar, tal é a galhofada que não se apercebem de tempo e distância. Zezão e Fogoió não mais fustigam os animais, os deixam galopear pelo que lhes são de mais vontade; tomam a cachaça diretamente na boca da moringa; proseiam como dois bons amigos, que são; os cavalos, meio lerdosos, em *andar de procissão*, parecem compreender as falas e a gargalhadas dos dois montados, que parecem meio embebedados, que parecem meio que lesados, meio que preguicentos até no prosear.

O sol está meado: nem quente nem frio. Uma leve brisa passeia, lépida e faceira, e dá um *fresco* agradável, e faz os arvoredos das caatingas farfalhar. É um outono que se vai, deixando pesar das tardes mornas, mas, se vai dar lugar ao inverno, melhor para o plantio, melhor para as caatingas, melhor para as crias dos bichos e dos homens.

Zezão quase que festeja, antecipado, o nascimento do primeiro filho, nos goles muitos da cachaça da moringa. Não quer muitos e que sejam homens para o adjutório nas tarefas do sítio..., mas quando for mulher, será bem recebida, tanto quanto.

– Zezão! ..., ispera que vô tirá água do joelho.

Isso dizendo, de chofre, Fogoió para o proseio e o animal, e puxa as rédeas da montaria para uma beirada de matos e se embrenha na caatinga rala. Estanca debaixo de um pé de pau; Zezão chega para perto e os dois apeiam.

– Viu, tamém, o que espera nóis, lá no chegado da braúna?

– Vi, sim! Será que é pra nóis? – Responde Zezão, um tanto intrigado.

– Os da canhota se ajeitaram quando nóis apontô. – Rebate Fogoió.

– Nóis vai vortá pro Inhambupe? – Inquire Zezão.

– Vâmu nada! Nóis pega tudo, na unha. – Afiança Fogoió, com toda empáfia que tem como mostrar e, enquanto Zezão pensa *na morte da bezerra,* Fogoió complementa sua fala: – Tem quatro! ..., e nóis sêmos quatro, também.

– Tá leso?! Nóis sêmos dois. – Contesta Zezão.

– E os cavalo? Não vai tá na luta, tamém? – Galhofa Fogoió.

– O baio tá meio destreinado. – Revida Zezão.

– E vosmicê, tamém! É só ficá treinado, travêz. – Nova galhofa de Fogoió, que termina de tirar água do joelho, vai até os alforjes e saca uma pistola de dois canos, confere a carga de chumbo – uma bala para cada cano – volta-se para Zezão e promete: – Se vivo ficá, essa *perereca* é mimo pra vosmicê!

– Não vô querê matá ninguém! – Revida Zezão um tanto encabulado.

– Vai matá não! Essa função é da *perereca*. Vosmicê vai só dá uma coça.

Fogoió termina a fala e busca a montaria, e inicia uma provocação que de imediato Zezão não entende e, quando começa a entender, entra no jogo e os dois principiam acirrada discussão, sem pé nem cabeça.

Os cavalos são atiçados e percebem *bagaço*, e entram na brincadeira, e cavoucam o chão de areia com os cascos e, quando se percebem das rédeas afrouxadas disparam na carreira; são contidos pelos montados e ficam de solapar o chão com os cascos.

Esperneiam, relincham, resfolegam e igualmente sapateiam com balanços de cabeças e sacolejos de bridões, como que fazendo mesura um para o outro, como que ensaiam arremetidas para o que asseguram ser um duelo entre Zezão e Fogoió.

Pura encenação. O intento e distrair os que estão tocaiados.

No exato momento que, perfilados e atiçados, os dois animais alcançam proximidade ao ponto de tocaia, um suave aceno de Fogoió sinaliza, e os animais, açodados, são arremetidos, a um só tempo, contra os que estão de tocaia.

A surpresa é tamanha que lerda qualquer reação dos homens, que estão dentro dos matos: não há defesa.

Pela esquerda, Zezão ataca; e o baio, acostumado com esse tipo de luta e saudoso pela falta de ação, dá uma peitada no sujeito que está mais adiantado, que perde o equilíbrio, perde o tiro de bacamarte e perde a compostura, e se *estabaca* por sobre o comparte que está recuado, caindo os dois de maneira estabanada e desonrosa para um jagunço que preza o ofício.

Fogoió, mais afoito, e o alazão mais elegante não atingem diretamente seus adversários, no ataque do lado direito da estrada. Com boa mira, Fogoió acerta uma bala no *gurguminho* do sujeito que se arvora a ficar de pé para melhor posição de mira da garrucha. A segunda bala da *perereca,* não acerta, mas assusta o outro cabra, que atira a ermo – com espingarda curta –, que larga a arma e põe as mãos na cabeça, em sinal de rendição: afrouxado, o peste clama por todos os santos que tem os nomes alembrados, para não morrer.

São conduzidos e ajuntados, os três sobrevivos, tendo de companhia o matado por Fogoió, em um aberto adiante da braúna que marca a curva do caminho.

Fogoió recarrega a *perereca,* enquanto Zezão, de posse do bacamarte que um dos jagunços portava e não houve tempo para tiro, muito proseiam na intenção de ter ciência do mandante da tocaia.

Os jagunços, medrados pela notoriedade de Zezão e Fogoió e assustados pela rapidez da *contra-tocaia*, tremem de estricção.

Não carecendo de muitas ameaças, e tortura nenhuma, os jagunços admitem o nome do mandante e até se prontificam a iremse embora para nunca mais voltar e se vão, descalços, sem as armas, e a *dignidade de jagunço* esvaída no desbarato.

Zezão e Fogoió ordenam que os sobrevivos acomodem o morto em um dos cavalos, *amarradinho para presente.* Atam os animais todos, em um único nó, despacham os jagunços, descalços, vestidos unicamente de ceroulas, para o lado oposto a Inhambupe e tocam os cavalos na direção da Fazenda do coronel Idelfonso.

O defunto será um mimo para o coronel que não haverá, nunca, de se esquecer dessa afrontosa derrota.

– Queria tá lá, pra vê a cara desse disgramado! – Resmunga Fogoió.

– Quero mais é lonjura, dessa peste! – Rezinga Zezão.

### O arrenego do coronel Idelfonso

À tarde, nem bem chega ao findo, coronel Idelfonso é surpreendido pelo tropel dos cavalos. Um traz o corpo do jagunço morto, atravessado na sela; os outros, as selas vazias.

– Baré! Tráis cá esses animal. – Grita o coronel, exasperado pelo que é possível de se presumir, enquanto pondera, consigo mesmo: – Mas apenas um corpo? ... E os outros três, *onde havéra de tá?*

Baré traz os animais, puxando pelos cabrestos encangados; nada diz; sabe da raiva surda do patrão. Foi conivente com a empreitada do coronel e, ele próprio escolheu os jagunços, por ponderar como os mais ajustados para a tarefa: tocaiar e matar Zezão.

A compleição sombria da fazenda fica mais nuviosa, não pelo acontecido com os jagunços que julga o coronel Idelfonso estarem todos mortos, mas pela perda da empáfia, pela derrota sofrida, e mais ainda por não saber do acontecido.

Não pode se expor, o coronel, buscando informações sobre o desfecho da tocaia, ver-se obrigado a emudecer e pôr-se quieto, na sua pequenez, sem altercação.

Vontade de destilar sua frustração e raiva sobre o leso do Baré, ou nos negros escravizados, ou nos outros vaqueiros-jagunços, ou mesmo no coitado do cachorro..., foi contida a muito custo. Nunca, em todo o seu rosário de iniquidades e barbáries foi tão ofendido e, mais ainda: passível de revide! Zezão é um membro da *toda poderosa* Irmandade de Nossa Senhora do Rosário e, ainda mais, herói da guerra da Independência da Bahia.

A inquietação do coronel Idelfonso cresce ao imaginar que os outros três jagunços mudaram de lado: será que foi traição?

Como é possível que quatro dos seus melhores homens, jagunços de notoriedade comprovada por ações muitas, aqui mesmo, com prestimosos serviços, perderam uma peleja para um *bostinha* de um soldadesco! ...

E se Zezão não estava só?

Foi visto um sujeito branquelo, com os cabelos semelhando fogo, na Vila de Inhambupe, mas sem as feições de belicoso, mesmo sendo outro soldadinho dessa bosta de *Império falso*, ao que tudo leva a crer.

As dúvidas carcomem o quengo do coronel Idelfonso, de pés e mãos atadas por conta da situação política desfavorável à sua sanha: *arrochando* a língua, para não muito falar; abafando os ímpetos de barbárie que é seu ponto de força; com as tripas, em nós de agonia, uma engolindo a outra, por ter que conter sua gana de estraçalhar essa matula de desafetos seus..., covarde que só a gota serena, o coronel Idelfonso desmancha-se em agonizante aflição, por não mais ter alento, a sua empáfia e a sua avareza.

### Mimo para Zezão: a *perereca*

– A *Perereca* é de vosmicê, Zezão!

Diz Fogoió, orgulhoso do mimo ao amigo, entregando a garrucha de dois canos para Zezão.

– Que diabo vô fazê cum essa arma? Não hei de mais matá ninguém! – Contesta Zezão.

– Dá pra matá preá e coelho, se botá chumbo miúdo. Duas braça, é a conta. E vosmicê que é bom de mira! ...

Alterca Fogoió, feliz com o desfecho da tocaia. Eles estão vivos e sabem que o coronel vai pensar um *bando de vez pra* querer tentar outra tocaia igual a essa.

Estão chegando ao sítio; Esmeraldina está em Inhambupe e melhor assim, pois não terão que dar explicações sobre a tocaia, ao menos por agora.

Acomodam-se embaixo da cajazeira, sem nem ao menos acenderem fogo, para um cochilo e, quem sabe, esse cochilo não se estenda à manhã seguinte..., face ao quanto de adrenalina foi desprendida na luta. Até o efeito da *cachaçada* foi-se na peleja.

*  *  *

– Nóis vai fazê o que, Zezão?

Pergunta Fogoió, sem nem abrir os olhos. Acordou, percebeu o remexer de Zezão na cama improvisada, embaixo da Cajazeira, onde se acomodaram para um breve repouso que se tornou sono profundo, findando-se por desfrutarem do pouso pela noite inteirinha.

– Num sei vosmicê! Mas vô tomá u'a dorna de água. Tô morreno de sede.

Responde Zezão, buscando apoio para se levantar. O corpo reage ao mal dormir; os ossos reclamam..., as *juntas* reclamam..., os olhos marejam no ofuscado da luz da manhã..., o ressacado, pela cachaça que sorveu e pela adrenalina da peleja com os jagunços do coronel Idelfonso, tem um trovejar no quengo.

– Não tô falano disso não! – Rezinga Fogoió.

– Se vâmu falá d'outra coisa, espera q'eu *desmorra*.

Zezão, já de pé, desentrouxando o corpo, no qual dói das unhas dos pés aos fios dos cabelos, se dá conta da bobagem que fez ao acompanhar Fogoió na *cachaçada*. Não está acostumado a beber tanto assim. E quando lembra da refrega com os jagunços, na tocaiada da curva que vai para Inhambupe! ... Deus do céu! Podia ter morrido e Esmeraldina estaria viúva, sua cria órfã..., cachaçada injuriosa.

– Adonde é que tá os cavalo? – Inquire Fogoió.

– Deve de tá no pasto. – Retruca Zezão.

– Sei não! Num'e alembro de coisa qualqué..., depois que nóis chegô.

Rebate Fogoió que ao tentar levanta-se sente uma fisgada na coxa direita. Examina e, por um rasgo da calça, ao lado da perna na altura do quadril, percebe que tem um ferimento:

– Disgrama de jagunço! Num é que o peste me acertô um tiro.

Manca, enquanto anda para a beira do cercado, buscando o moirão para se apoiar e se aprumar, e se livrar das calças para verificar a extensão do estrago que fez a bala.

Nada sério, quando consegue vislumbrar. Apenas um arranhão, mas, agora que passou o etílico vem o dolorido.

– Zezão! ..., tráis u'as fôia de alecrim, que *levei bala nos quarto*. – Grita Fogoió.

Zezão, de primeira, se assusta, mas, conhecendo o companheiro..., se aquieta e vai para os afazeres mais imediato; depois de muito tempo, colhe uns galhos de alecrim e volta para a cajazeira, e encontra Fogoió com as calças arriadas, apoiando-se no moirão, com cara de atoleimado fazendo alarde do ferimento: *u'a feridazinha tão besta! ..., e esse marmanjo molestado à toa*. Pensa Zezão, enquanto se aproxima:

– Passô perto. Mais palmo e meio, vosmicê tava sem a macheza! – Graceja Zezão, entregando as folhas de alecrim para Fogoió fazer emplastro.

## O continuado da vidinha do sítio

O dia transcorre, como todos os dias..., com trabalho, com prosas no final da tarde, com tocadas de clarineta e viola na beira do fogo acendido no terreiro, que aquece a noite, mesmo sem carecer, que *queima* uns nacos de carne e assa algumas batatas, que empanturram, entre goles de água, para Zezão, e goles de pinga, para Fogoió, no intendo de mais rápido curar seu machucado..., que terá a cicatriz exposta às suas quengas e será de tal mentirada que, de antemão, Zezão deu aviso:

– Se aparece aqui, mulé perguntano da sua ferida, vô falá a verdade!

– Sei disso. Por isso vosmicê num tava na tocaia. Peguei os oito, sozinho.

– Oito?! Era só quatro!

– Qué que tem se fô oito? Só vosmicê sabe, e vosmicê, nem tava lá! ... Se'squeceu?

Zezão apenas se ri e volta a fogueira, para tirar as batatas do fogo e virar os espetos de carne que estão assando: *deu u'a fome da gota serena!*

Os dias que se seguem se semelham: Zezão trabalhado, Fogoió no desfrute.

Esmeraldina fica a saber da tocaia pela versão do marido. Também Anacleto é participado, mas sem alarde. Só por prevenção. Podem ocorrer outras investidas do coronel, que sabem tem espírito vingativo aflorado; assim, todos devem estar, sempre, bem atentos.

Pela vontade de Esmeraldina, Zezão podia aproveitar a *valenteza* de Fogoió e dar uma lição no coronel Idelfonso: no mínimo castrar o desinfeliz.

Anacleto, mais ponderado, sugere que nada seja passado adiante. Isso, por certo, deve mais inquietar o coronel Idelfonso, que é frouxo que só *cachorro de fateira*.

Está perto da colheita de mandioca e carece de buscar uma casa de farinha. Zezão pega emprestado um carro de boi, de Anacleto, busca tábuas para fazer um caixão de armazenamento de farinha de mandioca e acaba por fazer acertos com um vizinho, um tanto distante, para desmanchar umas tarefas de maniva.

Fogoió acompanha Zezão, na empreitada: aprende as manhas de carreiro, mas fica só de ajudância. Não quer muito trabalho braçal, pois seu forte é ser bélico. Pena que não está a exercitar, nesse fim de mundo, sua verdadeira inclinação: todo tempo que aqui se arranchou, *só u'a tocaiazinha besta* que não se sabe se vai ter outra, tão cedo..., e foi só uns *jaguncinhos* atoleimados.

## A festa do Rosário

Em Inhambupe, Anacleto finda os preparativos da festa de Nossa Senhora do Rosário que será em sete de outubro, mas, meses antes se faz encontros para a leitura do rosário. Rezado os 15 mistérios, de uma única vez, coordenado por uma beata, também da Irmandade, reuniam-se uma vez por semana, normalmente nas quintas-feiras, no átrio da Igreja.

Iniciava-se por volta de sete e meia da noite, quando um membro do grupo principiava o Santo Terço, intercedendo por todas as pessoas que lá estarão, intercedendo pelo próprio grupo e suas equipes... com duração de uma hora, ou mais, servindo-se no final petiscos para que as conversas entre os membros continuassem por mais tempo.

Anacleto participa, fervorosamente, desses encontros assim com todos da sua casa.

Quinta-feira, mal tinha começado as primeiras contas, Anacleto é avisado que tem alguém que quer vê-lo e não pode esperar, por ser de urgente necessidade.

Apressa-se em sair para atender ao chamado, contrafeito por ser significativa sua presença nos encontros, e por ser um dos mais interessados nas festividades. É o presidente da Irmandade de Nossa Senhora do Rosário, não tendo, portanto, que ser afastado das suas obrigações. Entretanto tal era a agitação do momento que se viu obrigado a afastar-se, temporariamente.

É Zé di Bíla, que traz uma contribuição, em dinheiro, de Chico Morato, com um recado que mais é uma imposição: quer um lugar de destaque, na igreja, durante a missa, para ele e para o grupo de jagunços que lhe fazem guarda, e ser ele e seus homens a tirar o andor da igreja. Do lado de fora entregam tudo, para todos os outros e se vão, embora, porque não querem participar de *furdunços.*

Anacleto, mais aquietado, por ver que foi desnecessário largar dos seus afazeres de devoção para atender um desmiolado, com uma situação que só pode de ter saído de um quengo, desmiolado mais que tudo!

Enfeza-se e pergunta, com tom de deboche, ao tempo que represensivo, ao tempo que agastado:

– Vosmicê parece que tá amalucado tal qual seu patrão! Pensei até de sê o acabamento do mundo..., é u'a coisinha de nada que havia de podê isperá amenhã ou, por um pouquinho mais de respeito, deixá a reza chegá no fim.

E Zé di Bila, responde de volta, um tanto encabulado, mas, ordens são ordens:

– Pudia não! Foi ordem de sê agora, na hora da reza, e não vô podê isperá! Seu Chico Morato tá, de prontidão, isperano resposta. Até cuspiu no chão... ai d'eu chegá e o cuspe tê secado! ...

Mais ofendido com a atitude de Chico Morato, Anacleto contrapõe:

– Esse seu Chico Morato tá de avacalhação! Nóis num tá cerecido de esmola. Se qué dá u'a coisa, pra festa, que sêje só ajuda. Não tem lugá pra jagunço, nem pra mandadô de jagunço, na festa da nossa Santa.

Atarantado, Zé di Bíla não tem o que contestar, não esperava pelo desaforado rebate de Anacleto, mas..., e se voltar assim...

– Vô fazê o quê?! ...

– Levá de vórta, dinheiro e desafronta. E diz pra seu Chico Morato que nóis tá mió sem ele, na festa.

– Não posso fazê isso! ... Vô sê castigado.

– Bom que seja! Assim, há de respeitá a Santa e a Irmandade que é da Santa.

Os maus bofes de Zé di Bíla sobem pelo gurguminho, entala na goela e o homem, possesso, sem ter o que fazer, toma o caminho de volta, tendo como séquito dois cabras *armados até os dentes, com caras de desamigos.*

Anacleto, irascível com tal proposta, que até perdeu o gosto pela reza, resolve andar um pouco pela vila: é até pecado rezá com essa raiva que tô!

A ermo, alumiado por uma lua chocha e de pouca luz, passeia pelo grande descampado em frente à Igreja e, quando mais confortado, lembra da obra sua que será o armazém de secos e molhados, que está a construir na praça da feira, resolve visitá-lo, enquanto ajuíza, falando com os próprios botões em alto e bom som, rindo-se com a mofa, ou ao que a ele parece, chasco:

– Inda nem falei nada cum Zezão! O peste vai é querê trucidá'eu, quando sabê que é magarefe do armazém.

## – O FOGO DE ISALTINA –

Causa estranheza a cor do cabelo e o branco da pele, e é rebuliço desmedido, entre as moças solteiras, e mesmo algumas casadas, e as quengas na Vila de Inhambupe a chegada de Fogoió.

Esmeraldina, nem de perto se abalou, mas, Isaltina teve uns estranhamentos com Pedro Bala. Os dois, amancebados, moram juntos e esperam momento certo para casório do altar. Fogoió mexeu com a libido de Isaltina, que parecia ter muito fogo entre as pernas, que Pedro Bala não dava conta e, por vezes, havia se insinuado para Zezão.

Esmeraldina percebeu e não faz por menos, deu aviso claro para os dois.

Para Zezão, explicitou:

– Se pego vosmicê de chamegage com Isaltina, perde a mulé, perde o fío e perde os bago.

Para Isaltina, foi mais incisiva:

– Vosmicê qué vê u'a cachorra *arrinada?!* Cisque nos pé de Zezão!

Isaltina se assusta com a incisiva de Esmeraldina, mas não *perde o rebolado*. Sabe que não foi boa coisa trocar Zezão por Pedro Bala, mas não teve paciência de esperar e o fogo entre as pernas foi uma das causas; também, Pedro Bala atentou por demais!

Pedro Bala perde longe para Zezão, na chamegagem e em tudo mais: o peste quer só se aliviar e ela, no mais das vezes *fica na mão*. Sente falta de Zezão que agora tem *dona* e a *dona* de Zezão é braba que nem a gota. O leso-tonto do Pedro Bala já levou um belo par de chifre e, agora que apareceu Fogoió, livre e solto, *vai tirar u'a lasquinha e Pedro Bala que se estrepe!*

Isaltina passou no sítio para ver Esmeraldina, mas sua intenção é outra. Não conseguiu ver nem Zezão, nem Fogoió, mas ficou de saber que vai ter uma farinhada e os dois estarão por lá.

Descarta Zezão, porque não quer ver Esmeraldina *arrinada*, mais ainda porque mulher prenha é pior que *vaca parida:* doida que nem a *moléstia!*

### Fogoió na farinhada

Foi um desando quando Zezão chegou, com Fogoió, para a farinhada na Fazenda Pau Ferro.

O combinado, com Zé de Ovídio, dona da casa de farinha da Fazenda Pau Ferro, era dar adjutório e levar umas *carreadas* de mandioca para *desmanchar*, em farinha e beiju. Ele conduzia o carro de bois, Fogoió servia de ajudante; Esmeraldina, de barriga na boca, pegou carona na terceira viagem, não se demorou por conta da gravidez, mas, bem antes de se ir, para casa, deu mais aviso para Isaltina, em tom de chiste, entretanto de tal jeito macabro que Isaltina tomou até susto:

– Vosmicê se ajeite com Fogoió, que tá de ciscar pr'as mulé tudo, e nem chêge perto de Zezão. Faço cum vosmicê o mesminho que se faz com galinha: sangro e arranco as tripa e as pena com água ferveno. Se não tem pena, arranco o couro.

Não foi muito tempo, ao primeiro vacilo de Pedro Bala, que resolveu ir para Inhambupe buscar a mãe e a irmã..., some Isaltina da vista de todos, some Fogoió, da ajudância a Zezão..., lá para o mear da tarde, chega Pedro Bala com mãe e irmã, de cabeça enfeitada sem nem saber que está; a pomba-solta lambia os beiços e Fogoió já se pavoneava para outra cabrocha.

Três dias de farinhada, três dias de chamegagem, três dias que Fogoió se aninhava nos braços daquela que dispunha a se escafeder nos matos, empencada com ele, *para as safadezas da carne,* como bem diz Zezão, para Esmeraldina, quando em *resenha* no aconchego do leito, em chamegagem libidinosa tanto quanto *as safadezas da carne de Fogoió com as quengas, nos matos.*

Com Esmeraldina, Zezão pode o que quiser; com outra, Zezão pode se esfregar, mas fica sem o principal: o *bingulin*.

E isso ela afirma entre beijos molhados e mãos licenciosas, do jeitinho que se faz com barriga tão grande: ele por baixo; ela por cima!

\* \* \*

– Vosmicê tá s'isfregano c'um as mulé tudo!

Reclama Isaltina, quase que completamente nua, deliciando-se com os beijos lascivos, de Fogoió, no cangote, depois de uma sessão de chamego que durou mais tempo que o planejado, mas, o *bem-bom* era tal que perderam a hora e não encontram compostura..., passou-se da pretensa decência, quando ainda Isaltina estava no *sem querer,* aí perdeu os recatos e deu-se nos mais profundos deleites.

– É pra teu marido não desconfiá!

Replica Fogoió, aprofundando-se nas carícias pós-coito, descendo do cangote para o decote, no querer livrá-la da única peça de roupa que ela ainda conserva no corpo: uma blusa fina, de chita.

Ele, sem roupa e sem pudores – perdeu antes do primeiro orgasmo –, instiga Isaltina, sussurrando falas desconexas que, nem ele nem ela entendem bem, mas passa pelos elogios que ele tem de *montão* e muito usa nas suas conquistas todas.

    Ela, afogueada pelas carícias e pelos deleites que pouco tem com Pedro Bala, faz pirraça e maneios, fazendo-se de difícil, mas cedendo às investidas de Fogoió. Ele gosta desse joguinho e se delicia com as recusas, que não se demoram e se tornam gemidos, grunhidos, estertores, gozos..., à medida que os beijos se transformam em lambidelas, em língua por todo o corpo, buscando os pontos mais sensíveis..., só Zezão faz coisa parecida!

* * *

– Adonde vosmicê tava?

Pergunta Pedro Bala, para Isaltina que sumiu das vistas de todos e apareceu, meio lesada dos sentidos, que mais parecia alma penada.

– Andano pu'raí. Vosmicê tá c'ua parentada! ...

Resposta, *sem pé nem cabeça*, que Isaltina deu para o marido, que fica intrigado, mas, como Zezão está no trabalho, por todo o tempo, ele não tem nada que se preocupar!

– Tô aqui, troncho de aflição e vosmicê assim..., de cara de pomba-lesa! – Retruca Pedro Bala.

– Pomba-lesa..., é!? Vô s'imbora pra casa, vosmicê fique aí, cu'a parentada!

Isaltina fala, fazendo muxoxo, vitimada pelo descaso do marido, que é, em verdade, uma desculpa para sumir com Fogoió, de novo. Do contrário ele vai se envolver com outra e ela está de *ciumação*.

– E vai só? – Pergunta Pedro Bala.

– E tem o quê? Inhantes de tá junto c'u vosmicê, andava só.

E não espera por altercação. Pega o caminho de casa, sem nem olhar para trás, e logo na primeira curva da vereda, se esgueira pelas caatingas, no sentido dos pastos perto do rio, onde deixou Fogoió dormitando.

### Fim da farinhada

E assim vai-se a farinhada, que para Isaltina *devia de nunca acabar;* que para Esmeraldina era tormentoso, pois grávida não podia acompanhar a farinhada e Zezão estava solto, com Isaltina e outras muitas, imagina ela, *dando bola pra ele;* que para Pedro Bala foi *desatinoso,* vez que já desconfiava da mulher, agora tem quase certeza..., que ela não se esqueceu de Zezão. *Mas, largar de Isaltina? ...,* nem por sonho; que para Fogoió, mentiroso de fazer gosto, foi um exercício de cupidez. Pretensão desmedida pelas mulheres todas, que com muita lábia, conseguiu seu intento, com algumas. Até quase se pega, na faca, com um empregado de Zé de Ovídio, por conta de uma cantada na mulher do sujeito..., que ficou injuriado e a mulher bem balançada para o lado de Fogoió.

Fim da farinhada, Zezão faz a última carreada e empaca, em casa, para repouso. Fogoió esse, ninguém sabe, ninguém viu..., Esmeraldina se aproveita para descarregar sua ciumeira e pega de jeito, Zezão, na cama, logo de noitinha, que o pobre não tem como escapar. O chamego é muito. Foram três dias e três noites de achego pouco porque Zezão chegava em casa estafado! ...

Aí, findo o *depravo do quente do chamego,* no rescaldo deleitoso da prosa pós-coito, ela por cima para não machucar a barriga, a conversa toma rumos para palpites.

– Ôxe! ... E se nascê um muliquinho dos cabelo de fogo..., aí é que Pedro Bala vai surtá!

Pronuncia-se Esmeraldina, fazendo desaproves do *proceder* de Isaltina, depois de um suspiro languido de deleite.

– Língua de cobra, vosmicê tem! Dizeno isso da amiga.

Retruca Zezão, já sabendo do que trata, pois, a conversa estava nesse tom, desde quando chegou em casa, mesmo quando aparcava o carro-de-boi e desarreava os animais.

E a prosa continua. Ela fala, ele contrapõe:

– Amiga o quê! Me achegui pra ela, pra ela não se achegá pra vosmicê. Porque se os cabelo da cria, fô enroladinho igual ao teu, a coisa vai ficá preta pra vosmicê tamém!

– Por que havia de tê os cabelo do meu?

– Si lá! Garanto que não vai tê é os cabelo alisado de Pedro Bala. Mas os teu? ..., duvido nada!

– Vosmicê é maldosa por dimais.

– Maldosa o quê? Só vosmicê não vê os óio grande pra riba de vosmicê! ..., e vosmicê quê me fazê de besta!

– É ciumação de vosmicê!

– É ciumação sim! Vosmicê né santo coisa nihua.

– Ainda! Mas hei de sê e vosmicê vai se arrenegá!

– Quero vosmicê santo não, Zezão. Santo não pode fazê chamego! ...

– Só nisso que vosmicê pensa.

– Penso n'outras coisa tamém! ..., mas isso é muito do bom. Ou quê que vá m'isfregá com Fogoió? Os óio dele me cumia toda!

– Quê só qu'eu fique de ciumação!

– Ôxe! ..., pru que não?

Aí, as *safadezas da carne* tomam as rédeas dos sentidos e tudo vale..., desde que ela esteja por cima de Zezão ou, quando as pernas doem, resvala de lado e buscam novas posições..., desde que se ajeitem, em deleites, com a enorme barriga que parece um pote!

## Fogoió dá de ir-se embora

Fogoió, pelo tempo que aqui esteve, se envolveu com uma mulher casada, com Isaltina, com uma quenga do coronel Idelfonso, entre outras muitas, e obriga-se a ir-se embora de mansinho para não perder a macheza, pois promessas eram muitas. Foi jurado de castração, por uns, que por outros, mais injuriados, queriam, além de castrar, lhe arrancar o couro do corpo, começando pelos bagos.

– Tô me se indo, Zezão! – Diz Fogoió, no café da manhã, esparramado no banquinho da sala.

Esmeraldina, olha de soslaio, com riso cínico nos lábios e, quando não se contém, pergunta:

– Vosmicê vai fují cu'arguma casada?

– Não! Me vô só. – Retruca Fogoió.

– É medo de morrê ou de perdê os bago? – Inquire Zezão, não menos ácido.

– Me dá só uns pedaço de carne, farinha e rapadura. O resto arranjo no caminho.

Fogoió não dá a resposta que Zezão quer ouvir, também não carece porque sabe bem o que está fazendo com que Fogoió dê de se escafeder.

Vai sentir falta do *disgramado*. É uma boa companhia. Ruim de trabalho, mas bom de prosa e melhor ainda que é um parceiro muito do bom, nas tocadas de clarineta. A violinha é *dismilinguida*, mas o peste toca bem e parece saber o tom que a clarineta afina – por falta de palhetas novas, os guinchos são frequentes e é muito difícil suster a afinação real.

Fogoió tem que ir-se embora por conta das confusões que se meteu.

Houve discussão com o pai de uma garota, que dizia ser virgem e queria casar, mas Fogoió afirmava *que achou caminho feito*, e o bafafá descambou para coisa maior que por pouco não acaba em tiros de garrucha.

Também, os muitos maridos enciumados, mesmo os que não levaram chifres, querem ele longe..., muito longe e que Deus o leve, vivo, porque se não levar..., pode ser que fique morando aqui: mas no cemitério!

Fogoió, sai escondidinho pelas caatingas, acobertado pelo amigo Zezão, em uma noite quente, com os jagunços do coronel Idelfonso e dois maridos corneados no seu encalço.

Fizeram tocaias nas estradas, mas ele pega outro caminho: umas veredas de vaqueiro tanger boi, conhecida por Zezão, que se vai mais para o alto Sertão, passando por Água Fria.

E assim, vai-se embora Fogoió, fica Zezão, com sua clarinetinha, fazendo solos por falta do préstito da violinha, desmilinguida, mas boa parceira.

Vai-se embora Fogoió e as muitas conquistas suas ficam a suspirar pesares.

## Visitação do coronel Idelfonso ao sítio

A insolvência do tempo; o derrame de luz morrente por sobre dourados cachos de nuvens *empencadas* no céu; o entardecer; a boca da noite; o ronceiro afagar do vento que com muito acanhamento, mal afresca..., sopro que mais parece o *bafo do coisa-ruim;* o ruminar da vida, um devaneio, uma *incelença* para o dia, uma fatiota para o fenecer da tarde, uma serena e límpida lamparina, amarelecida, caindo-se por onde a vista se perde..., uma leseira da gota serena.

Não fosse essas poucas sombras *dos pé de pau*, depois de um dia inteirinho de labuta na enxada, que seria do quengo?!

Não tem *chapéu certo*. A esquentação é tamanha que transpassa a palha e faz o juízo fervilhar. Se é chapéu de couro, pior ainda!

Queira Deus, venham logo essas trovoadas *que já tá pareceno pirraça:* faz que vem, se arma do norte, volteia pro oeste, se exibe com faceirice, com relâmpagos e trovões..., e nada! Nem um *trisco* de chuva; pingos, que seja, para aliviar esse fogo dos infernos!

– Um sol isquentado desse? ... Dá só vontade de ficá lesado, debaixo d'um pé de pau, pegano fresca. – Diz Zezão, a si mesmo, em alta voz...

..., e persiste no pensar, imaginando o que virá no dia seguinte, vez que só tem promessa de mais calor, de mais fadiga, de mais sol..., que nas faces desse entardecer, queima feito labaredas, que não parece ter piedade de vivente qualquer, que mais semelha meio do dia, que sendo assim, em dias vindouros é melhor parcelar: meia jornada de trabalho; um tantinho para estudar as *parte da missa* na clarineta; outro tantinho mais, *pra ficá* esparralhado à sombra de um *pé de pau!* ...

Apura as vistas e percebe, ao longe, uns montados. Não consegue ver que é, e estranha por ser um caminho pouco usado: são umas veredas estreitas que quase só passa bicho.

Impossível, pela distância e pelo fulgor do sol, saber quem pode ser. E são muitos. Será que tão aqui, por quê?

Está, ainda, encafifado com o coronel Idelfonso, que andou volteando suas terras, muito certo que por conta de Esmeraldina: *ainda não havia de tê se esquecido!* ...

Melhor não *pagá pra vê!*

Arrepanha as coisas todas; arma-se da espingarda; testa a amolação do facão em um galho próximo; guarda a enxada *no encostado de um toco,* no sombreado de uns arbustos e toma o caminho para casa: *seguro morreu de velho e o desconfiado tá, até hoje, de viver.*

Pé, ante pé, um olho no estradar, outro nos vultos que semelham visagens, Zezão, de orelha em pé, feito cão de caça, de *suposto montado,* ronceiro e desconfiado, vai para casa e encontra Esmeraldina na sala cozendo uns panos.

– Muié! Chega pra perto..., aqui no terreiro.

Zezão, agastado e agoniado por conta da prenhez de Esmeraldina.

– Qu'é que hôve hôme de Deus?

– Pode de sê só cisma, mas tem uns hôme vino ali, pelas vereda do véi Tenório!

– Será quem?!

Esmeraldina está sensível. São os últimos dias de gravidez e seu emocional está abalado. Tem chorado muito, por conta de não sabe o quê..., sem mais ou menos; a qualquer hora..., até mesmo quando dorme, acorda no meio da noite chorando.

– Sei não! Tô achano que é o coronel sebento, mais um bando de jagunço. – Responde Zezão.

– Vosmicê tá armado?

– A espingardinha de caça preá..., só, e o facão.

– Vô pegá a *perereca*.

– Tráis ispoleta, tamém!

Os homens se aproximam, em passo de tropa, chegam perto do rio, que está de água pouca, estacam, e se mostram, no intento de se fazerem anunciar.

– É o fio du'a égua do coronelzinho de bosta. Vai pra dentro!

Zezão fala, não com tom de raiva, mas com desagravo, para não atiçar a ira própria, ou dar mais zanga a Esmeraldina.

– Qué que hôve, coronel?

Inquire Zezão, quando o sebento chega mais perto e estanca a montaria; ao mesmo tempo, os outros homens todos, que o acompanham, *esbarram*, também.

– Nada não! Tâmo só de passar. – Responde o coronel, observando tudo ao redor.

Zezão, incomodado com as presenças, indaga:

– Percurano arguma coisa?

Zezão, que não houve tempo de pegar a garrucha, tem nas mãos, unicamente, a *espingardinha de caçar preá*.

– Seu amigo..., o sujeitinho dos cabelo de fogo..., tá onde? – Indaga o coronel.

– Pru que vosmicê qué sabê? – Responde Zezão, com pergunta.

– Posso dá emprego. S'ele quisé..., manda me percurá! – Fala o coronel, olhando de soslaio para a cajazeira.

Zezão entende de imediato que o coronel imagina que Fogoió está tocaiado: deixa pensar assim! ...

..., e, fazendo-se de desentendido, olhando de soslaio para ficar parecendo ter, realmente, Fogoió de tocaia, Zezão responde secamente:

– Vô dizê! Fogoió há de gostá.

– E a sua mulé? – Volta às perguntas, o coronel.

– Qué que tem ela? – Zezão *acende o pavio*.

– Adonde tá? – Desconversa o coronel.

– Tá nas ocupação q'ela tem. Tamém, tem as ocupação miha... – Mais secamente, Zezão lhe resposta, sendo o mais curto e direto possível: até um idiota pode entender.

– Nóis tá atrapaiano?!

Mais indagação do coronel, que olha para os lados, pela enésima vez.

Zezão imagina que ele está procurando por Fogoió e Esmeraldina. Responde de modo seco, como pedindo que se vão, embora:

– Tão se demorano por dimais!

– Nóis já se vai!

O coronel tem um esgar, que ele deve ter pensado em dar um sorriso, mas, saiu exatamente o contrário: uma contração burlesca.

Zezão espera que desapareçam, pelas mesmas veredas que vieram e, só quando tem certeza de que estão longe, vai para dentro da casa acudir Esmeraldina, com água açucarada. A pobre está em prantos, devido a estricção.

Esmeraldina, engole o choro e diz, denotando raiva muita:

– Vontade doida, de metê u'a bala no quengo dessa injúria.

\* \* \*

O coronel Idelfonso, amargando seus falidos planos de domínio sobre tudo e todos, não é mais que o debrum de um falso império, de uma falácia manifesta em atos covardes que no momento são rechaçados pela veemência das mudanças políticas do pós-guerra da Independência da Bahia.

Está acoitado na sua mesquinhez, esperando que mudem os ventos e voltem o tempo que lhe era aprazível às suas falcatruas, aos seus desmandos, aos seus ímpetos de posse, aos seus insanos ares de senhor de tudo e de todos, ao avarento existir que é mais vileza no pensar que bois nas suas caatingas..., estas que usurpou com a força da jagunçada, que agora acoitam-se travestidos de vaqueiros. Idelfonso, remói empáfia, e covardia, e vileza.

A coisas na fazenda, prosseguem em andar cambaio, pois os bois que tem para vender, muitos poucos querem comprar e ele não mais pode – e julga ser tempo curto –, impor o terror que lhe é peculiar: por inúmeras vezes forçou a venda de animais a preços supinos usando a pura e simples força de jagunços, acobertado pelos políticos do monarquiado português. No atual momento, teme que seus domínios sejam invadidos e seus bens confiscados pelo novo Imperador e seus aderentes.

Os tempos são outros, mas esperam que não sejam demorados.

Que falta sente de quando podia fazer as próprias leis, ao tangido da chibata e com as balas de garrucha. Que falta sente de quando tinha o acatamento das suas ordens, sem altercação alguma. Que falta sente de ver os seus desafetos a lhe pedir perdão pelas faltas que, mesmo não sendo suas, assumiam, tementes ao seu pulso forte e impiedoso. Que falta sente de ser o mandatário destas brenhas.

### A poética do amargor de Zezão

Salta aos olhos uma boniteza infinda! O dia fenece, uma vez mais, entre as tantas outras muitas vezes, que nem mais se conta: dia após dia..., como se esse morrer fosse o estrugir de um duelo.

O céu, recortado em postas, expõe o vermelho hemorrágico de um fim de tarde mortiço.

Uma apoplexia de luz!

Um desperdício de cor!

Luminescência de aloucado tremeluzir que semelha fogo de coivara!

O sol se esvai em fulgores caiados por toda ordem de vermelhos, do mais sutil ao mais sangue, afundindo com parcimônia no traço do horizonte; amortiçando o dia; desbotando a luz e prenunciando a *boca da noite*.

Zezão aprecia a obra de Deus e não tem palavras..., mais vontade de nada fazer, a não ser estar encarapitado na enorme pedra que lhe serve de andor e esperar que a ordem divina lhe dê alento e clemência à sua *pecação*.

Presa fácil para a morbidez do sentir-se com culpa muita das muitas vidas que ceifou.

As nuvens lhe parecem corpos: os muitos mortos retalhados por seu facão-espada.

O vermelho lhe parece o tingido do sangue dos muitos que viu, na guerra, morrer.

Zezão abarca a existência como se o andar da sua essência fosse, agora, escasso de comiserações, carecidos de mais penar..., aferindo que seu padecer parece vir em gotas..., e não tem muita parcimônia para tanta espera: quer apressar sua prestativa de contas com o plano divino; quer mortificação maior, no intento de desdizer-se perante suas muitas iniquidades.

Seu ir à guerra lhe mortifica de tal maneira que busca meios de antever-se às suas merecidas punições.

Aflitivo, Zezão busca ajuda de mau conselheiro: seu intrínseco e embaralhado ajuizar. Um irrefletido avaliar de que as penas, que prevê como corretivas, sejam críveis de antecipação. Se não para pleno cumprimento de sentença derradeira que possam ao menos dar aconchego ao seu padecer.

Em meio a suas aflições, entretanto, Zezão encontra, ainda, tempo para apreciar a obra de Deus esculturada frente a seus olhos. É um poeta. Músico, tocador de clarineta, semianalfabeto, mas de uma poética forte no apreciar da vida, que no mais das vezes é conservada para si só; é resistente às agruras que o viver lhe trouxe e lhe martiriza, e lhe faz cobranças, e lhe amortece o pensar.

Não se abstém de culpar-se. Cometeu faltas é não tem empáfia para não proceder as devidas escusas. Enquanto isso, apreciar a obra de Deus, sentado nesta grande pedra, como sendo um trono, como sendo um altar, como sendo seu andor..., que lhe dá alento, e vigor, e fôlego..., e sopro poético!

Esmeraldina está na hora de parir, suas aflições, quanto a mortandade de inimigos na guerra voltou..., Fogoió foi-se embora não tem com quem trocar uns dedinhos de prosa sobre os achaques..., mas não tem de ficar de padecer: tem muito a fazer, na roça de lavoura e nos cuidados com as reses.

Nesse ajuizamento, *sem pé nem cabeça* e sem nem ao menos entender por que agora esses pensamentos lhe chegam..., ouve os gritos de Benta, que está nos cuidados com Esmeraldina e será a parteira:

– Zezão! ... Zezão! ... Zezão! ...

Zezão despenca do seu andor, do seu altar, da pedra que lhe serve de trono, nas vezes que quer divagar e, antes mesmo de pronunciar-se em qualquer *respostação*, ouve a fala de Benta, concluindo o chamado, aos gritos:

– Zezão! ..., corre cá que seu fio tá pra nascê! E vem logo, fio de Deus.

Quando perto de Benta, esbaforido, *botando os bofes pela boca*, tamanha foi a carreira, diz para Benta, entremeando a fala com a perda de fôlego:

– Tava ali, só de matutá!

– Pois vem matutá aqui perto d'eu! – Responde Benta.

– Tá na hora, mermo? – Insiste Zezão enquanto caminham para o casebre.

– Não é pra sê hoje não. O muleque é que adiantô! – Retruca Benta, com sorriso matreiro estampado nas faces.

Esmeraldina, a cada contração, grita e se lamuria. Estão mais fortes e mais curtas, entre uma e outra. Benta orienta Zezão, no cuidado de ferver água, de trazer panos limpos, de ficar ao seu lado aguardando precisão..., vai para o quarto e inicia-se o trabalho de parto.

– Vem pra perto, Zezão! Vem ajudá. – Ordena Benta.

Zezão, um tanto apalermado, sem nem saber o que fazer, chega para perto de Benta e faz uma perguntinha cômica:

– Posso isperá lá fora?

– Vosmicê nunca viu um parto?! – Motejo de Benta.

– Vi sim! De vaca, de cachorra, de cabra..., já dei ajuda pr'uma égua..., mas de mulé, nunca!

Zezão fala, e tem uns tremelique de pai, de marido, de leso, de afrouxado! ...

– Intão aprenda! O outro, vosmicê é que vai pegá. – Benta, fala, se rindo dos tremeliques de Zezão.

– Vosmicê é madrinha! Já tá de sabê?

Zezão fala para uma Benta esbaforida com os afazeres da parturiente, que mal tem tempo de associar o dizer de Zezão, que chista:

– Vosmicê é besta, muleque! ..., tá de pilhéria!?

– Tô não, Sinhá Benta. Esmeraldina havéra de falá, mas tô seno adiantado.

Zezão, mordiscando cada palavra, com sorriso de orelha a orelha, escancarando os dentes em sorriso aberto de satisfação pelo nascimento do filho, reafirma seu dizer, para uma Benta espavorida: foi pega de surpresa e, assim, *a parturiação se torna pertença mais grande.*

Esmeraldina grita mais forte, o bacuri espirra fora, Benta dá ordens e ampara a criança a nascer, e o moleque chora, e Zezão mais se ataranta, Esmeraldina aos prantos pelo findar da paridela..., Benta enrola o miúdo em panos limpos e, marejada de lágrimas, volta-se para Zezão e diz, muita emotiva:

– Brigado, cumpade! Tô filiz e gradecida.

No ímpeto de conter-se e não mais chorar, Benta assanha e passa a dar ordens:

– Vai, seu leso, pegá seu fio no colo! ..., que o bacuri tá de querê vê o pai.

Passa o *pacote* para Zezão e vai cuidar do asseio de Esmeraldina.

Zezão, sem muito saber o que fazer com o moleque sujo de sangue e placenta, fica de pé olhando a cria com água nos olhos e os olhos passeando entre a criança e a esposa que meio atordoada se recupera da parturição.

Benta, após asseio grosseiro em Esmeraldina, volta-se para Zezão e antes de lhe tomar dos braços, a criança, enche-se de sorriso e exclama em tom de cumplicidade:

– Vai lá..., dá aviso pr'Anacleto e tráis u'a cachaça pra fazê a *meladinha de parida*.

### Anunciação e visitação ao bacuri

Anacleto mal se contém de satisfação com a notícia do nascimento do filho de Zezão, mais porque está confirmado que é menino, é tio, mais ainda, por que é padrinho..., e carece de visitar, e carece de presentes à altura dessa boa nova..., para a criança, para a mãe da criança e por que não, para o pai da criança, também.

– Zezão, separa o potro da égua que cruzô com o baio que é um mimo pra Toinho!

Anacleto, incontido, mimoseia, com um cavalo, o filho de Zezão – seu sobrinho, seu afilhado –, imaginando, possivelmente, que ao crescer será tal qual o pai, vaqueiro.

Arma-se uma procissão de parentes e amigos para fazer visita ao rebento de Zezão e Esmeraldina, que nas falas de Tonho Pereba, *era como se fosse o nascimento do menino Jesus*. Repreendido pelo Padre Isaias, por tamanha heresia, Tonho Pereba, com um largo sorriso, não contesta o Padre, mas, também não se abstém de repetir seu aforismo: apenas passou a fazer tal confrontação, longe das *orelhas do vigário*.

E assim, perdido nestes Sertões, esse pedacinho de terra, abeirando esse fiapo de rio, que nem Deus sabe onde está, ganha mais um inquilino: uma bênção para Zezão, que não se livrou, ainda, dos achaques muitos que padece desde que findou a guerra, na qual foi soldado e, muitos matou; uma dádiva divinal, para Esmeraldina, pois a cria nasceu forte e saudável e isso ela sente nas puxadas dos seios quando está de mamar, e no vigor do choro quando a fome aperta; uma graça, para Anacleto e Benta, por serem padrinho e madrinha, de uma criaturazinha tão angelical; um parceiro, para Tonho Pereba, que já calcula, de antemão, as peripécias que juntos empreenderão.

Tonho Pereba já faz planos de ir-se embora para o sítio, trabalhar com Zezão e, se lhe for permitido, ajudar nos cuidados com a criança; faz proposta, para Anacleto, durante a ida do séquito para visitação ao *bacuri que nasceu*:

– O sinhô dêx'eu morá no sítio? ..., pra mode ajudá Zezão?

Momento certo. Tal é a alacridade de Anacleto, com o nascimento do filho do irmão, que não negaria, *até as calça com ceroula e tudo,* para Tonho Pereba, ou fosse lá quem demandasse. – Chiste que ouviu de Benta, quando participou, a esta, o rogo e o consentimento.

Carece só, de Tonho Pereba findar os serviços que tem de aprontar e pode fazer a trouxa.

# – A MORTE DE CHICO MORATO –

De manhã, cedinho, Zezão está no terreiro, de posse dos apetrechos para proceder a ordenha das vaquinhas. Ainda sonolento – tirando a remela dos olhos –, pois acordou duas vezes para cuidar do *bacuri*, que tem uns quatro meses, a fazer.

Nem bem se afasta da casa, indo para o curral, ouve o galopear de um cavalo, volta a cabeça, apenas dobrando-se no tronco, e questiona a si mesmo:

– A está hora? Que haverá de sê?

Hermínio, auxiliar de Anacleto nos negócios de construção, que vem, em galope curto e grita quando chega na porteira do sítio:

– Se ajeita, hôme de Deus! Anacleto tá carecido de vosmicê.

– Qué que hôve? ..., vosmicê aqui, tão cedinho!?

– Chico Morato morreu, e parece que foi matado!

– Morreu de quê?

– Sei não! Tão dizeno que foi peçonha.

– Apeia que vô só tirá o leite e pegá minhas coisa, pra nóis se ir!

– Nada o quê! Vô dá aviso pra João Baraúna. Se ajeita que Benta tá chegano pra ficá com dona Esmeraldina e o *bacuri*.

Sem muita prosa mais, Hermínio volteia as rédeas da mula e dá com as esporas na barriga da bicha. Tem pressa. A fazenda de João Baraúna é um tanto distante.

– Qu'é que hôve, Zezão? Ouvi a voz de Hermínio! ...

Pergunta Esmeraldina, achegada na porta da casa.

– Veio só dá aviso: Chico Morato morreu.

– Vige Santa! ..., que Deus dê bom lugá!

– Benta tá pra chegá. Vô cuidá do leite, adepois vô pra Inhambupe.

Cabisbaixo, Zezão vai para o curral. Chico Morato não era amigo seu, até muito pouco o conhecia, mas, sendo membro da Irmandade de Nossa Senhora do Rosário, é praxe que o funeral seja feito pela confraria e a confraria tem cuidado muito com seus membros, quando defuntos, mais ainda.

Faz a ordenha, volta para casa e encontra Benta, acabada de chegar.

Depois dos cumprimentos formais, Zezão faz recomendações à Benta:

– Tirei mais que o costumado, Benta. Faz u'as *cuia* de queijo!

– Se apressa que Anacleto tá esperano vosmicê. Lá tem uns biscoito de nata que deixei pro café.

Benta não espera resposta. Fala para Zezão e corre para o quarto da criança que se esgoela de fome e chora que só bezerro desmamado.

Esmeraldina, que também correu para acudir a criança, comenta:

– Tem pôco leite, Benta, nos peito!

– Vai lá, enganá o pobrezinho que vô ajeitá u'a mamada de leite de vaca. Benta, fala ao tempo que corre para a cozinha.

Zezão, nos aprontes *pra se ir pra* Inhambupe, vai até o quarto, despede-se da cria e da esposa:

– Dêvo de ficá, uns três dia..., pra mais. Mando Hermínio sabê de notícia.

Despede-se de Benta, joga a sela nas costas, os *arreios de cabeça* na mão direita e vai para a porteira do pasto. O baio parece atinar: está na porteira de cabeça apoiada na cancela com as orelhas em pé.

Já chegando no terreiro, Zezão volta até a porta da casa, e pergunta para Benta, sem largar a sela e os arreios:

– E Tonho Pereba..., vem quando, Benta?

– Deixa só terminá umas'obra de Anacleto! – Responde Benta.

– Vai sê bom, Pereba cá no sítio! – Diz Esmeraldina, com largo sorriso.

Zezão vai até o pasto, arreia o baio, monta e, da porteira mesmo – sem nem voltar em casa –, se vai para Inhambupe, num trotar que é mesmo iniciativa do cavalo: nem de esporas carece.

### O funeral de Chico Morato

Anacleto está na igreja, nos preparativos para a solenização do funeral de Chico Morato, com todas as honras de um membro da irmandade; Zezão apenas deixa o animal no quintal da casa do irmão e para lá se vai.

O féretro é chegado da fazenda em uma carroça, conduzida pelo capataz, com escolta de dois outros empregados que mais parece jagunços que vaqueiros.

O ataúde, Morato comprou quando enviuvou. Dois caixões: um para a esposa, outro seu. Ficou guardado em seu próprio quarto à espera do seu falecimento. As más línguas dão conta de que Francisco Morato, vez por outra, experimentava o próprio caixão; outros falam que, amalucado do jeito que ficou, Morato dormia no esquife; rezava, tanto à noite quanto pela manhã, para que Deus apressasse em levá-lo, também – é o que dizem, as mucamas.

Não se sabe, com certeza, vez que foi uma única ocasião que o viram experimentar o esquife, no quarto, mas, face à morbidade do coitado, no seu viver, somando-se ao jeito lânguido que era o seu dia a dia, após enviuvar, criou-se um sem número de boatos e essa boataria cresceu e se estendeu afora dos alcances do seu burgo.

Boatos à parte; celeumas a calarem-se; disse me disse para depois..., pois que a Irmandade de Nossa Senhora do Rosário, a partir daqui, será responsável pelas homenagens póstumas do seu membro.

Anacleto mandou chamar, que estava já de sobreaviso, Zezinho Berro Grosso que é barbeiro, cabelereiro, sangrador, dentista e *deitão de bixas* – que nada mais é que aplicador de sanguessugas –, que detém conhecimentos de embalsamação, vindo dos seus antepassados africanos. O propósito, é conservar o defunto para os três dias de homenagens e encomendações da alma.

A Zezão, está o encarrego de cuidar do investigatório quanto ao envenenamento de Chico Morato. Para ele, visto não ter muito apego com a ritualística da Irmandade, da qual é membro, quanto à morte e aos funerais dos seus membros, é bem mais confortante. Vê essa coisa toda, com mais desafetação: morreu, cava-se sete palmos de chão, enfia o corpo e joga terra por cima.

O capataz é o primeiro a expor: a negra Ingrácia, cozinheira da casa grande, confessa, na base da chibata, que esteve por duas semanas envenenando Chico Morato, com um sumo de ervas, que ela mesma fazia, para que o *disgramado* morresse devagarinho e ninguém suspeitasse. Isso feito, a mando de um negro-fugido *socado no Quilombo da Serra do Urubu*, das bandas de Água Fria. Errou no cálculo, *pesou a mão e botou veneno por demais,* aí se deu, o óbito, antes do tempo planeado.

Zezão ouve, aquietado e macambuzio. Não era amigo de Chico Morato, apenas o conhecia da Irmandade, mas, é uma morte, e ele nunca lidou bem com a morte. Presenciou muitas mortes, quando na guerra, e isso o deixa, por demais, agastado. Muito diferente de Anacleto, seu irmão, que cultua os mortos, tal como vertido pela Irmandade de Nossa Senhora do Rosário: preparativos para o além-morte; reza muita pela alma do defunto; vela muita, queimadas durante três dias; caixão ornado; panos funerários para os dias de velório; cortejo com padre, músicos, autoridades, convidados, missas de corpo presente, a decoração da igreja, e prestigioso local de sepultamento.

* * *

Dia seguinte, antes mesmo do sol subir muito no céu, Zezão chega à Fazenda Morato. Tem a chave do casarão e ordens de levar pertences de Morato que incluem seu melhor traje, com o qual será sepultado, suas armas pessoais que é uma espada bem trabalhada e uma garrucho com incrustações de ouro e prata, assim como a canastra com moedas de ouro e prata que mantinha bem guardada embaixo da cama e de conhecimento, apenas, do Padre Isaías que era seu confessor.

Antes dessas verificações todas, resolve conhecer a negra Ingrácia, cozinheira, que envenenou Chico Morato.

A fazenda é um mausoléu, quase. O costumado dos empregados foi quebrado pelo trágico falecimento do fazendeiro; poucos serviçais perambulam pelo terreiro, muitos refastelados à sombra de grandes árvores e mucamas recolhidas nos seus aposentos; gadaria nos pastos, vaqueiros nas ocupações mais imediatas..., a fazenda carece de ordenamentos.

Zezão, na senzala, não encontra Ingrácia. Apenas um homem cuidando das próprias feridas, um tanto profundas em distintos pontos do corpo e um enorme galo na testa.

– Adonde tá Ingrácia? – Pergunta Zezão, ao vaqueiro que cuida dos machucados.

– Se escafedeu, assim que o corpo do hôme se foi.

– Vosmicê era o guardadô?

– Era sim!

– E adonde pode de tê ido? ... Tá machucada?!

– Tá sim!

– E Cum'é que escapô?

– Malaquias chegô e levô Ingrácia.

– E Malaquias..., é quem?

– Um nêgo fugido que foi caçado e vortô preso, faz u'as três sumana!

De certa maneira, Zezão dar-se por feliz que a negra tenha escapado. Não seria ele o carrasco que faria aplicação da pena, previstas nesses casos pelos próprios fazendeiros da região, mas, ele imagina o que a pobre mulher passaria e não deseja isso a ninguém.

Vai, com o vaqueiro que era guardador de Ingrácia, para a casa grande, pega as coisas todas que lhe foi indicado pegar e, enquanto o leso vai ajeitar uma mula para fazer o carrego dos *amuafos,* localiza a canastra com as peças de ouro e prata e oculta em seu alforje.

Retoma o caminho de volta a Inhambupe, um tanto apreensivo por saber que essas questões de disputa com escravos fugitivos nunca ficam sem vingativa. Muito perto daqui tem vários quilombos e os fazendeiros daqui, hão de querer vigar a morte de Chico Morato.

A *perereca* de dois tiros, que lhe foi presenteada por Fogoió, está carregadinha e aquietada na cintura; o facão, aquele mesmo que tanto usou na guerra, está na bainha de couro bem ornada, em cinta cingida na cintura – um pouco enferrujado pela falta de uso, mas, com corte *perfilado* que não há de deixar dúvidas da sua eficácia; o baio, afogueado pelo lembrar das peripécias muitas, apesar de um tanto enferrujado, tanto quanto o facão, mostra pujança no galopear manso..., então, o que temer?!

Um tanto distraído, pelos ajuizamentos todos, destampa com coronel Idelfonso e uma cambada de jagunços travestidos de vaqueiros: o enxofre, entope as ventas com o cheiro acrimonioso do cão vestido de gente!

Idelfonso, com a fatuidade e a malquerença peculiar do seu caráter, toma a estrada toda, com toda a sua presunção e jagunçada e obriga o estanque da montaria de Zezão e, com bafo de bode velho, indaga:

– Vosmicê faz o quê, pur'aqui?

– Indago pra vosmicê, o mermo!

Responde Zezão, abarbando a *besta-fera*: – Se ficar muito brabo, pego pelos chifres e meto u'a peia pra ficar aquietado. – Pondera Zezão, rindo-se interiormente.

– Eu tô buscano meus boi!

– Num vi boi nihum, com ferro de vosmicê! Deve de tá em outro canto..., pruque aqui, é fazenda de Chico Morato.

A resposta de Zezão é de tal atrevimento que o coronel *ferve nos cascos*. Mas, quem tem culpa, tem medo e o medo do coronel é maior que o maior de todos, ainda mais quando Zezão está no *miolo*.

Zezão não é de guardar rancor, segurar raiva, ser odiento com quem quer que seja..., mas a pestilência desse coronel é da tal ordem que não consegue afinar; não tem como gostar, um pouquinho que seja, desse sujeito que tem presença incomodativa e um pegajento almíscre de ruindade. Até o baio fica inquietado com *presença e falação* do coronel Idelfonso.

– Tô de sabê..., que o peste morreu! – A fala do coronel tem escárnio; escancara malquerença.

– Todo Inhambupe tá de sabê! – Replica Zezão.

– Ficô argum parente..., pra herdêro? – Inquire o coronel.

– Vosmicê, qué comprá as terra?! – *Arresponde* Zezão.

– É coisa pra se pensá!

O coronel fala, tangendo as rédeas da montaria para a direita. Tal como chegou, vai-se embora carregando a trupe de capangas travestidos de vaqueiros. É tão evidente a falta de traquejo dessas *disgramas,* que até ofende os vaqueiros de verdade.

Zezão está na lista de inimigos do coronel Idelfonso, declaratória feita pelo próprio, sem muito pouco, ou nada ter feito para receber tal *honraria,* mas, desonroso é ser afeto de tal injúria. Assim ajuizando, Zezão tira a mão de sobre o cabo da *perereca* de dois tiros e, sem tocar esporas na barriga do baio, tange o cavalo com palavras:

– Vâmu s'imbora baião!

O animal obedece, tange a cabeça e resfolega, em resposta ao comando do montado. Zezão bem sabe que o cavalo entendeu bem a situação e está, com esse gestual, lhe obsequiando apoio em contradito ao coronel Idelfonso.

Pensa, em voz alta, enquanto se apruma na sela:

– Essa peste de cavalo, falta só falá!

## Partilha dos bens de Chico Morato

Anacleto está nos cuidados com as honras funéreas de Chico Morato. Deixou seus auxiliares nos ordenamentos da construção do casarão, um tanto distante do centro da Vila, no cume de uma elevação, à margem oposta do rio Inhambupe: encomenda vinda de um nobre português, tendo a Intendência como intermediária. As futricas dão conta de que seja um Marquês..., mas Inhambupe não tem dessas honrarias!

Está em reunião com o Padre Isaias, na sacristia, quando é chamado, pelo sineiro, para atender Zezão:

– Seu Anacleto! Zezão tá chegado da fazenda e pede u'a palavrinha c'um sinhô.

– Zezão, não é de cerimônia. Manda entrá!

O sineiro, meio surdo, obriga-se à leitura labial, no mais das vezes, corre para atender o que entendeu: "manda entrá!".

As falas são poucas, pelo *cortado do tempo*, que carece de pouca prosa pelo assoberbo das demandas, indo-se direto aos pontos nevrálgicos, quase em tópicos, abrangidos como escala temporal de ocorrências, priorizando as mais imediatas..., e a mais inquietante: a desmedida cobiça do coronel Idelfonso pelas terras do finado Morato.

Fechada a falação, mais pungente, passa-se aos assentamentos. Assim, reúnem-se Anacleto, Zezão e padre Isaias, com o capataz da fazenda do falecido, para fechamento de questões, tendo como testemunhas o tesoureiro da Irmandade, um vaqueiro de nome Libório e o escrivão da Igreja que se encarrega do registro, em ata, do ajuntamento para resolver a partilha de bens de Chico Morato.

Procede-se a abertura da canastra, na qual se encontra, além do dinheiro de Chico Morato, o rabisco de um documento em que o finado faz um arremedo de inventário, deixando tudo para uns possíveis sobrinhos da sua falecida esposa que moram em Portugal, tendo a Irmandade de Nossa Senhora do Rosário, encargo de cuidar desses bens até que se proceda a transferência para os herdeiros, a serem contatados.

São os parentes mais próximos, vez que Francisco Morato era sozinho no mundo. Seus familiares todos morreram em uma grande epidemia de peste – sobrou ele porque estava em outro estado, trabalhando com mulas de cargas. Teve só um filho bastardo, com uma negra da senzala – fato que fez a esposa definhar e morrer, tísica, tempos depois –, mas morreu antes de *interar cinco anos.*

Era de grande soberba, por parte de Francisco Morato, afiançar que aos 15 anos já vivia dos seus ganhos. *Madrinheiro* de uma tropa de *carrêgo*, montava uma mula velha, bem conhecida dos outros animais. Sendo *cabeça de tropa*, abria o percurso e era seguido da fila de *cargueiros* à sua retaguarda, de *malotagem* – apetrechos e arreios dos animais –, carregados de *broacas* – bolsões de couro – com mercadorias, em cangalhas.

Pompa sem rodeios: a *madrinha,* por ele montada, era uma mula enfeitada com fivelas, argolas e chocalhos, com badaladas determinando o cadenciado da tropa; tilintar servindo como anunciador da chegada da tropa nas cidades, e vilas, e povoações, e Morato encarnando, aos 15 anos, em peça de estima entre os outros do grupo: de pé, o *tocador* ou tropeiro, auxiliava na condução do grupo; o *arreador*, responsável pela mercancia da carga; e o *culatreiro*, burro preferido pelos salteadores, na rabeira da tropa.

Agora, não tendo parentes vivos para herdar esse mundão de terras, e bois, e escravos..., quedava aos olhos cobiçosos do coronel Idelfonso, que não tinha termos na sua desmedia ambição: terras todas que pudesse ter, compradas ou roubadas que é mais em conta.

Por fim, deliberam o uso do dinheiro para garantir as despesas do funeral com toda *pompa e circunstância* – modo requintado e acordado com a etiqueta –, de forma tal qual almejara o falecido. O restante seria, então: uma parte para despesas da fazenda, incluindo o pagamento do soldo de vaqueiros e jagunços; outra parte fica aos cuidados do padre Isaias para eventuais despesas.

O capataz, deve de retornar, de imediato, para seus afazes na fazenda que será gerida por Zezão, em regime de meeiro, que deverá prestar contas à Irmandade. O aqui acertado deve de ser difundido para o povo de Inhambupe..., e Zezão faz melhor: passa para os boquirrotos da Vila – com primazia Xexéu e Gereré – que tem *morada fixa* na porta do botequim de Berenaldo, que por certo, ligeirinho, há de chegar às orelhas do coronel Idelfonso.

### Incelência ao defunto Morato

Inhambupe, quase por inteiro, se envolve nas honras funerárias de Francisco Morato: o ideário da Irmandade de Nossa Senhora do Rosário – que não difere muito das outras duas Irmandades de

Inhambupe –, autenticado pela Igreja e requerido pelo falecido, quando em vida, é de culto à morte e a morte deve ser chorada e festejada, e dessa maneira se procede.

Missas com o presencial do corpo *defuntado;* esquife de madeira nobre com forros de tecidos finos, com pespontos e bordados; procissão para o cemitério com direito a falas de autoridades e amigos, e cortejo de vaqueiros encourados, vindos da Fazenda Morato, especialmente; traje de gala para o defunto; asseio impecável, do corpo morto, com direito a embalsamação e retoque de pó de arroz nas faces, para deixá-las com melhor aparência; corte preciso do cabelo, carecido e muito, que pelos descuidos habituais de chico Morato, o estado é lastimoso..., pompa digna de um membro da Irmandade de Nossa Senhora do Rosário, em especial, aos que mais apatacados sejam.

Xexéu e Gereré que se armaram de coragem para ir ao féretro – também porque Berenaldo fechou a bodega, e por carecerem de ver, para os futuros comentos na *mesa da pinga* –, após verem a realeza do defunto, comentam entre si:

– Já pensô Xexéu, se fosse vosmicê que fosse o defunto? – Dispara Gereré.

– Não havéra de tê tanta pompa. Uns pouco gole de pinga e só. Nem caixão havia de tê. – Resposta Xexéu.

– U'a rede! – Completa Gereré.

– Que rede, seu leso!? ..., no mais, havéra de sê a rôpa do corpo..., e só. – Objeta Xexéu.

– Que lástima, sê pobre! – Contrapõe Gereré.

– Lástima é gastá pataca c'um defunto besta! Esse aí..., era u'a praga. Morreu..., virô santo! – Diz Xexéu, pesaroso, mais com o desperdício que com o defunto.

– Nem u'a cachacinha tão servino! ..., enterrinho mixuruca! – Contesta, Gereré.

## Uma vez morto..., posto no esquecido

Passada a pompa do funeral, é célere o deslembrar de Francisco Morato. Vira-se a página e a vida inhambupina persiste seu caminhar preguicento, com entreveros dignos de uma vilazinha encravada nesse ermo de mundo, assentada em um monte que assoberba e sobeja altivez e lerdeza.

Zezão, toma ares de senhor de terras, de um arrendamento não factível a longo prazo, visto não ter, ainda, sanção dos verdadeiros donos da Fazenda Morato, mas conserva-se no seu sitiozinho, com suas coisinhas poucas plantadas na roça, com seu pouco gado que parte é da Irmandade de Nossa Senhora do Rosário e está a seus cuidados..., tem seus dissabores de pós-guerra atormentando o juízo e, por felicidade, uma esposa e um varão como filho.

Regularmente visita a Fazenda Morato, mas, quando nessa visitação carece de dormir, se aquieta em um canto afastado da casa grande, preferencialmente ao relento, por não gostar do ar macabreado que lhe parece ter, essa soberba construção. Há boatos de que o finado passeia, todas as noites, pelo casarão e pelo terreiro e ouvem gritos dos negros que eram acorrentados e chibatados ao seu mando, quando em vida.

Não exatamente pelas crenças da boataria, mas, por sentir-se incomodado, pouco frequenta a casa grande da Fazenda Morato. No mais das vezes, seus encontros com o capataz são no terreiro, ou nos currais, ou na senzala, na qual autorizou melhorias, com ordens para que não houvesse castigo severo, em hipótese alguma, para delitos dos escravizados.

Coronel Idelfonso, ficou possesso ao saber dos acertos feitos pela Irmandade do Rosário com o padre Isaias e Zezão:

– Essa injúria d'Irmandade, tem de si metê em tudo?! Pru quê? ..., pru quê? ...

– O sinhô pode bem ir, na capital, percurá uns amigo! – Baré, intentando conter os ânimos do coronel.

– Que amigo mais que tem..., na capital, seu atoleimado?

Retruca o coronel, com veemência e raiva de fazer inveja a cachorro doido. Baré, *enfia o rabo entre as pernas* e, quase grunhindo, se assossega no seu *abana moscas*.

– É! ..., tudo foi-se'mbora.

Murmura Baré, cabisbaixo e desatendido de cognição..., ouve mais, muito mais do coronel, e ainda mais afrontoso:

– Vosmicê pede pra nascê *jumento* e Deus dá de obedecê, *tim tim, por tim tim*!

O ar sombrio das terras do coronel Idelfonso parece que esconde o sol, que enquanto brilha, esplendoroso em outras paragens, aqui, o mais que dá é muito calor e um sombreamento amortiçado e funéreo..., que é um mormaço da gota serena, que deixa um suor pegajento no corpo, e um tremeluzir miasmático que viceja até onde *as vista* alcança.

O coronel se abanca em uma cadeira de balanço, refastelado no avarandado da enorme casa, servindo-se de refresco de mangaba e petiscando sequilhos de nata, e Baré ajuizando, com o parco do quengo, em sussurro sutil, pois o coronel não há de escutar: – Pr'us pobre..., nem farelo!

Em seu regalo, o coronel Idelfonso choraminga a perda das terras de Francisco Morato, que bem podiam ser suas, não fosse essa injúria de Irmandade e esse *bostinha* que também lhe roubou a cachorra, que tem um xibiu por ele comprado, mas que não ficou seu, e planeia como comprar, a preço de bosta de vaca, os teréns do defuntado, ou roubar como fez com muitas outras..., e assim, vai mastigando biscoito de nata ao tempo que fala e cospe farelos de maneira nojenta, sorvendo refresco de mangaba e destilando malignidade: mitigando a fome e ruminando mau-pensar.

## – ZEZÃO, DE MAIS PADECER –

Zezão não está indulgente consigo mesmo, tanto quanto não declina o rosário de pecados que ele, a si mesmo atribui.

Se aquietou, do seu padecer – quanta as muitas culpas que tem na cacunda sem saber como proceder no percalço da indulgência divina –, pelo muito que tem a fazer: cuida da roça, no momento sozinho, pois passado o resguardo de parida vem os cuidados com a cria e Esmeraldina mal tem *tempo de se coçar;* das reses e dos cavalos, que são da Irmandade do Rosário, que estão a seus cuidados; dos acertos que fez com Anacleto e o Padre Isaias para cuidar das coisas da Fazenda do finado Chico Morato que, mesmo sendo dissimulado, ocupa parte do seu tempo; e, no momento, o abate semanal de boi para o armazém que Anacleto inaugurou na praça da feira em Inhambupe.

Tonho Pereba não foi, ainda, liberado por Anacleto para ficar no sítio com Zezão e Esmeraldina. Aparece, vez em quando e ajuda mais com os afazeres na matança dos bois: uma rês é abatida semanalmente, mas, por vezes chega a duas e, quando Anacleto tem encomenda de carne salgada de outros povoamentos, chega a três.

A carne é verde, quando vendida no dia do abate; as sobras vão para a salga e maturação, aos cuidados de Bororó, balconista do armazém, nos fundos do estabelecimento. Por vezes, Bororó tem ajudância de Tonho Pereba, na salga da carne, que é feita no curral e aberta em jiraus para escorrer a salmoura.

Zezão cuida da seleção das reses para o abate, vaqueja até o matadouro improvisado, na beirada do rio maior, mata, tira couro e esquarteja. É ajudado por uma fateira e por Tonho Pereba, que é meio lesado, mas bom de serviço e nos braços tem força de homem e meio, tanto quanto nas pernas que corre mais que seriema: o sujeito tem um metro e noventa de altura, magro que só vara de tirar mamão, *com o quengo que funciona, só em meio turno.*

Por vezes, quando é gado muito a tanger, Zezão leva Tonho Pereba, que vai e volta a pé: não monta cavalo, nem burro, muito menos jumento; quando conduz a carroça com as carnes, para o armazém, puxa a mula pelas rédeas.

Mas Tonho Pereba é bom tangedor de bois. Gostas dos animais e é correspondido. Por vezes, Zezão fica agastado – embora sem rezingue –, pois, sempre no preceder do abate de qualquer animal, Tonho Pereba se ajoelha e reza, no mínimo, meia dúzia de padre nosso encangados com ave maria..., e se não for contida, a rezação se estende pela evisceração e esquartejamento.

Mas, Tonho Pereba é de confiança e bom de afazeres.

### O muito pelejar de Zezão

– Zezão! ..., os boi é muito?

Pergunta Tonho Pereba, no terreiro do Sítio dos Quinto, de ajuda nas arrumações do cavalo e dos couros, com Zezão.

– É não, Tonho! Pego tudo sozinho. Mas pru quê tá de perguntá?

Zezão responde, enquanto aperta a cilha do baio, que embora já esteja um tanto velho para muita peleja, não quer aposentar, porque imagina como será adaptar-se a outro animal.

Pereba escancara um sorriso, de orelha a orelha, mostrando as caries dos dentes da frente, de amarelado intenso, de sujidade, mas, é sujeito de muita afabilidade. Diz, não pedindo, mas afirmando:

– Vô ficá, bricano cum Toinho. Gosto dele!

– Só vórto amenhã! ... – Contrapõe Zezão.

– Tem nada o quê! ... Seu Anacleto sabe que tô cum vosmicê...

A resposta de Tonho Pereba tem assentimento de Esmeraldina, que *tá de parte,* com a cria escanchada no quarto esquerdo, com a direta segurando os alforjes com a *matutagem: di cumê* pouco. Só uns nacos de carne seca moqueada, farinha, rapadura e um pouco de sal, para caso de necessidade.

– Tá bom. Vosmicê fica de cumpahia pra Esmeraldina.

Zezão fala, enquanto põe a capa da sela, e vai até Esmeraldina, toma dela os alforjes, beija a cabecinha de Toinho e dá uma leve bicota, como despedida, na esposa.

Vai só ali, pegar umas reses, na Fazenda Morato, para abate, daí a três dias.

A satisfação de Tonho Pereba é incontida. Corre para tomar da mãe a criança que desaparece, quase, nos seus longos braços; sua altura é de quase, ou mais, metro e noventa..., mal se percebe o sorriso largo de Toinho, e ouve-se a gargalhada pueril, pelas *gaiatices* de Tonho Pereba: duas idades e tamanhos tão distintos, com tanta proximidade no pensar! ...

\* \* \*

Passado de meados da manhã, Zezão chega ao terreiro da Fazenda Morato. Careceu de passar no Inhambupe para pegar dinheiro, que é pagamento de empregados, mas não se demorou: foi ligeirinho.

Tudo, na Fazenda Morato, parece ter o andar normal. Não é enxerido e, porque não ser fazenda sua, por não ser bois seus, e nem nada daqui ser seu, nada tem a indagar sobre o que quer que seja. Sua conversa com o capataz limita-se a ser os bois para abate, o dinheiro do qual é portador..., acertos outros devem de ser ajuizados com o ajuntamento do bando gestor da Fazenda Morato: Anacleto, Padre Isaias, o capataz..., ele é apenas para opinar sobre o cuidar dos animais, e só!

Zé di Bila, capataz da Fazenda Morato, recebe Zezão com sorriso largo, mas precatado: sente-se senhor dessa preciosidade e não quer perder a pompa de sentir-se quase adonado deste burgo.

Engatilhando temores, Zé di Bila questiona:

– Vosmicê chegô cedo! Já tava de mandá buscá as rês, nos pasto.

– Anacleto mandô dinheiro, pra pagamento dos'empregado. – Responde Zezão, secamente.

– Se ajeite aí, qui vô mandá pegá os boi! – Insiste Zé di Bila.

– Carece não! Vô pras caatinga, tamém.

Zezão, sem dar muita trela para Zé di Bila, afirma suspeitas. Sabe que o sujeito está com os *cornos ardendo* por conta das interferências de Anacleto e Padre Isaias, na gerência da fazenda, que parece ter mais ingerências que quando Chico Morato era vivo.

Os vaqueiros chegam, procedem as saudações costumeiras – são todos conhecidos de Zezão – e vão campear. Devem estar de volta lá pela boca da noite, ou mais.

## A ofensiva dos quilombolas

De volta, das caatingas, os vaqueiros vão para os alojamentos, mas Zezão prefere o relento.

Se acomoda na beirada da estrada que vai para Inhambupe, arredado de uma vereda de boiadas, em parte alta e coberta de matos para não ser visto por quem quer que seja que estiver no terreiro do casarão, mas, desse ponto tem ampla visão da casa grande e do terreiro e dos currais.

Nem acende fogo: não carece de mais calor. À noite, quente que só *os inferno,* dá conta de aquecer o sono e o *di cumê* não carece de esquento.

A noite acalorada, os bichos da noite em piados e rezingues; uma galha de umbuzeiro se esfregando no tronco de um pé de araticum, no tangido de uma brisa mais forte; a lua meando o céu com sua luz fraquinha, alumiando pouco; o baio entre o pestanejar e o pastar vai aos poucos buscando ajeite para dormitar; a canseira; a leseira; os olhos a fechar..., Zezão, que acostumado está, a empreitadas dessas, não tem porque incomodar-se com a dormida mal-ajambrada, logo adormece.

Sonos dos justos, por boa parte da noite. Sono que tem muitos sonhos e os sonhos são confortadores e deve de ter bois, cavalos, Esmeraldina, Toinho..., e quando já está se rindo de contente, pois o sonho fica mais arretado de bom..., é acordado por um estrupo *dos inferno:* um trovejar que mais parece estouro de boiada.

Zezão acorda, do seu sono que já era quase profundo e que tinha um bom sonhar, atordoado, estonteado, azoretado pelo interrompido do sono...

..., não tem de como atinar onde é que está o furdunço: tiros, gritos, tropel de animais..., é um barulhão que parece trovão, que parece tambor, que parece coisa qualquer que faz estrondos aterradores..., tudo a um só tempo, parecendo vir de todo lugar.

A noite escura esconde tudo; mal se enxerga a palmos do nariz; o trovejar cresce, os gritos aumentam e os tiros são mais próximos à medida que Zezão, de maneira sorrateira e acautelada, se levanta do leito improvisado e busca aprumar os sentidos.

Lhe vem à memória acontecidos das batalhas da Independência da Bahia, onde foi soldado encourado. O susto é maior, pois quando se acha liberto do dilacerado dessas retentivas, é assaltado por esse barulhão todo que até semelha sonho ruim: está acordado?! ..., será que tá mesmo acordado? ...

Aos poucos vence o escuro da noite e percebe movimentos, e gritos de desespero, e tiros de garrucha..., e um fogaréu irrompe a breu e parece que vem do casarão..., consegue avistar homens e mulheres correndo: uns parecem perseguidos, outros perseguidores; uns estão em roupas de dormir, outros semelham o coisa-ruim: um bando de gente, endoidecida, vestida com palha; com folhas; com couros, em pedaços, apenas cobrindo *as partes;* com os corpos cobertos por coisa brilhosa e as bocas vermelha como sangue: parecem encapetados.

A cena começa a ser melhor iluminada pelas chamas que lambem a negro da noite saindo da casa grande; labaredas pelas janelas e portas, alguns pontos ainda tímidos que vão aumentando e se tornando uma fogueira; um enorme fogueirão, com fogo que sobe ao céu, com calor que dá mais quentura à noite, que aumenta, célere e assustosa...

..., e Zezão se dá conta que está em meio a uma pugna bem parecidinha com as muitas que viu na guerra..., e Zezão fica atarantado, porque não mais quer entrar em luta..., e Zezão, mais atarantado porque não sabe o que fazer, não sabe a que acudir ou a quem acudir..., e Zezão fica estático, na beirada da capoeira, apenas na apreciação dos acontecimentos.

O confronto e célere. Os agressores, ou os que semelham ser atacantes, parecem que não querem muito. Aparentam querer libertarem os negros cativos: estão correndo muitos negros, da senzala que é único prédio a manter-se inatingível pelo fogaréu.

Quando mais se aquieta a balburdia, Zezão toma tento e corre em direção ao casarão e passa por corpos espalhados pelo terreiro que parecem ser de jagunços que se transvestiam de vaqueiros e faziam a guarda da fazenda; o enorme casarão, em chamas; a grande porta de senzala escancarada e a negrada por ela saindo protegida por homens armados, vestidos com palhas de bananeira, com folhas, com couros..., corpos *besuntados* com o que parece ser lama escura e brilhosa; as bocas encarnadas como que entintadas com sangue; gritos de incentivo à batalha, e o casarão, em fogueira maior, alumiando o que parecia o *quinto dos inferno*.

Acudir..., sabe-se lá o que..., sabe-se lá como..., Zezão percebe-se, ainda trajando parte dos couros de vaqueiro – que muito atrapalha a carreira –, atordoado e sem ter como fazer o que quer que seja, pois não sabe por onde começar o acudimento, muito menos a quem acudir..., à sua frente destampa um dos atacantes, que não é negro como os outros muitos, que está coberto de lama escura e brilhosa que o suor começa a *lavar*, e Zezão se dá conta de que, além de ser branco, tem cabelos cor de fogo – em parte meio descoberta da sujeira da lama –, quase com a mesma cor da boca: vermelho sangue..., e o sujeito lhe escancara um sorriso debochado.

Zezão é rapidamente distraído por um *tumultuado* à sua esquerda, vindo das portas da senzala, que é um grupo de negros sem a fantasia do bando dos agressores: uns sacodem couros de boi cru e inteiros, outros batem com varas em couros enrolados, como grandes tambores, que fazem o barulhão que parece trovão, que parece tambor, que semelha *trovejo dos cão dos inferno*..., olha de volta para a visão anterior..., e perde de vista a figura grotesca, coberta de lama escura e brilhosa, trajando palha seca de bananeira, que tem jeito de alguém muito conhecido seu: Fogoió!

Será mesmo o peste do Fogoió? Que diabo faz esse sujeito, aqui, com esta turba?

– Estrupício de guerra!, adonde vô, num dá sossego. E ainda esse peste, vem me azoretar!

O ajuizar de Zezão, é um desabafo em alto e bom som. Ainda entontecido pelo grande e rápido tumulto, pelas chamas que devoram a casa grande da fazenda, pelo susto de ver esse ente que parece o maluco do Fogoió, pelo nada poder fazer, pelo não saber o que tem a ser feito..., corre para perto dos currais e tem certeza do que vê: Fogoió, dando ordens de fuga para a negrada, que levam os cativos da fazenda e um grande número de reses – umas tangidas outras puxadas por cordas – e se embrenham nas caatingas.

Sem querer crer no que os olhos mostram, volta-se para uns gritos de desespero que ouve, e dá de cara com o capataz, Zé di Bila, amarrado em uma estaca, nu e retalhado, no peitoral e nas costas, com relho de chicote. Tem um corte na altura do pescoço que sangra pouco, mas Zezão só percebe quando desata as amarras e o acomoda no chão. Foi açoitado e deixado para morrer, sangrando devagarinho.

O disgramado não consegue ficar em pé, por conta da tremedeira nas pernas, e dos lanhos por onde se esvai em sangue, compassivamente.

Alguns dos empregados que fugiram para os matos, voltam para o terreiro, acautelados e temerosos, mas, dispostos a apagar o fogo do casarão, que não mais tem jeito, e vão acudir Zé di Bila, que grita, que chora, que chama pelos santos todos que conhece e embaralha os seus nomes com impropérios de *arrepiar os cabelos:* Zezão nem que sabia da existência de parte do palavrório de xingamento que Zé di Bila, desesperado, pronuncia.

A única casa que ficou de pé foi a senzala vazia; os mortos, quando contados, passava dos trinta; os currais arrebentados, animais passeando a ermo pela malhada, os trabalhadores entontecidos..., Zé di Bila aos cuidados de Maria Cabaceira, parteira, rezadeira e conhecedora de folhas curativas e de benzeduras..., Zezão no comando de um bando estonteados, dos que sobraram vivos, buscando feridos e os acomodando no interno da senzala.

Um resto de noite insone e um insone sobressaltado. Nada mais a fazer que não seja esperar o raiar do dia, e tomar *tenência* para enterrar os mortos, e buscar sobejos no rescaldo das casas queimadas, ou derruídas pela sanha dos invasores.

Zé di Bila acorda, e mesmo sem levantar-se, queixando-se de dores muitas, quer ter ciência do que restou. Segreda para Zezão que foi espancado por negros que ele próprio levou ao tronco e castigou com açoite, entre eles a mulher que envenenou Francisco Morato que fez questão de mostrar-se e arreganhar os dentes em gesto claro de vingativa. E ele, que sentiu no lombo o gostinho da chibata, está arrependido das barbaridades que fez, com os negros escravizados, em seus tempos de disciplinador, a mando do patrão.

Zezão finge crer, para não contradizer o desinfeliz que pelas falas de Maria Cabaceira pode até ter perdido a macheza: ela *palpita* que ele tenha sido castrado, tal o inchaço dos *quibas*.

Também finge crer nos arrependimentos de Zé di Bila, porque não será ele seu confessor, nem tampouco seu carrasco, nem mesmo quem haverá de lhe dar unção, muito menos aquietar suas aflitivas dores, no corpo e no juízo. Isso é coisa para o padre Isaias, de certo.

A Fazenda Morato é cenário de uma grande batalha, finda, com mortos e feridos, e com tal destruição que faz dó só de olhar.

A Fazenda Morato está, agora, sem dono, sem força do braço escravo, sem jagunços para protegê-la, sem a casa grande, sem as casas menores que aconchegavam os trabalhadores, sem alento..., sobra só a terra, as caatingas, a senzala como teto e as reses que estão nos pastos mais longe.

Carece de coragem para reconstruírem o que foi destruído e precisam dos cavalos, pois os que não foram roubados fugiram para os matos.

O baio de Zezão, foi o que sobrou, por estar escondido nos matos e, tudo leva a crer, por estar acostumado com tais furdúncios: *na guerra, é mais pior!*

Zezão dá orientações aos que restam, recomenda cuidado nas noites seguintes, arruma seus *amuafos*, sela o baio, busca as reses que tem para levar e, antes mesmo do meio da manhã, com sol tinindo de quente, e atordoando o quengo, e garantindo mais quentura, toma rumo para a Vila de Inhambupe.

## Tanger de uns boizinhos poucos

De volta para Inhambupe, tangendo as reses para o abate, Zezão passa perto da casa de Jandirona, puta de *casa montada,* que tem como principal cliente o coronel Idelfonso, que paga caro para soltar seus *bichos* – vertente sadomasoquista –, que quando vem, *tal como regra de mulher,* sobretudo no principiado de lua cheia, busca consolo e *carícias* nas mãos fortes e no xibiu de Jandirona.

Jandirona guarda uns *brinquedinhos,* que diverte o coronel, assim como guarda os seus segredos mais íntimos, mas cobra o que acha justo: caro que só os *olhos da cara!*

E o coronel, que tão caro paga pelos segredos seus com Jandirona, não tem de saber que esses segredos não mais estão só com ele e ela. Fogoió, que gosta de bater em mulher – quando a mulher gosta de apanhar – e Jandirona que gosta de sopapos no quente do deleite, comentaram sobre os desvios sadomasoquistas do coronel Idelfonso: Jandirona pediu segredo; Fogoió contou para Zezão, e pediu segredo que contou para Esmeraldina, e pediu segredo..., e ela tripudia..., mais cedo mais tarde há de contar para mais alguém, que bem pode ser Benta..., e Benta, quem sabe?

Zezão, um tanto agastado, ainda, pelo furdunço na Fazenda Morato, vê cavalos, amarrados em moirões, em frente a morada de Jandirona, reconhece as selas e as marcas de ferro no lombo dos animais: coronel Idelfonso e capangas.

Rememora os fatos da noite anterior e, pelo cheiro de enxofre que paira no ar, vinda da simples presença do coronel e jagunços, sente asco, cospe de lado um enorme escarro e ajuíza, com a morbidade que faz jus a tamanho pulha: – *Esse ataque bem que podia ter sido na fazenda do coronel Idelfonso!*

\* \* \*

As reses são em número de três: dois garrotes que não tem porte para marruá – esses, ele traz encangados pelos chifres, com correias de couro – e uma vaca que perdeu a primeira cria, não mais pegou barriga, assim, deixou de ter serventia. Zezão prende as reses no improvisado de um cercado, nas cercanias de Inhambupe, corta uns pés de capim e deixa de aconchego para abate no dia seguinte que é dia de feira em Inhambupe.

Além da carne verde, a ser comercializada no armazém, Anacleto tem duas encomendas de charque: uma para Olindina, outra para Nova Soure.

Com visível transtorno estampado nas faces, pelos acontecidos na Fazenda Morato, Zezão vai para a casa de Anacleto e despe-se dos couros, mas nem tem vontade de comer. Só *belisca* o assado de carne de boi que está, ainda, no espeto, meio cru.

Um tanto estranho o vaqueiro sem sua couraça: desvestido, é outro ser. Uma figura oposta à imponência do que parece ser um esqueleto externo, uma carapaça de couro atanado, de cor suja de ferrugem, com pespontos e bordados de couro fino, que de elegância tal, arrebata, ao tempo que aparenta soberba, ao tempo que aparenta estranha imagem de ilusionismo ou, melhor figurado como ente místico das caatingas.

O baio, um tanto assoberbado com o *tangimento* das reses, resfolega, aliviado da sela, do *bridão* e dos outros adornos de montaria de vaqueiro. Já está um pouco velho para trabalhos pesados, mas, ainda dá conta de tanger uns boizinhos poucos.

Zezão sabe que só volta para casa mais perto da boca da noite. O dia vai ser de encontros com o Padre Isaias e membros da Irmandade da Santa do Rosário, para as providências quanto ao ataque na Fazenda Morato. O perigo está, até onde pode se estender essas invasões, que por certo vem a ser de quilombolas da Serra dos Periquitos ou da Serra do Urubu, que são os quilombos mais numerosos e próximos de Inhambupe: região de Irará e Água Fria.

### E o galo que não cantou?!

O resto do dia foi de reuniões infindáveis e sem concordância das partes, quanto as providências a serem tomadas, tal como Zezão imaginou.

Levar queixa à Intendência em Salvador está fora de questão. Serão longos meses de espera, pelo assoberbamento das demandas por todo o Estado da Bahia, que são muitas; contratar um capitão-do-mato, para busca e captura dos negros, não é de todo aceito, pela maioria, face ao risco que a população de Inhambupe corre, temendo-se a desforra de outros quilombolas, quando o capitão-do-mato for embora. Também, o custo de uma empreitada desse porte está acima das condições da Irmandade do Rosário e da Igreja, que no momento são – a Irmandade e a Igreja – autoridades máximas constituídas na Vila de Inhambupe, vez que a vinda do Marquês está só no prometido.

Assim, fica resolvido que haverá mais encontros, agora com convocação de fazendeiros que, estes sim, têm posses para bancar uma investida nos quilombos e são os mais atingidos pelas invasões e pela possível perda de escravos, caso a revolta quilombola tome corpo.

Zezão, ainda um tanto atordoado, por ser testemunha do ataque à Fazenda Morato e, por ainda não querer acreditar que Fogoió esteja participando do levante dos quilombos: – *Esse peste é bem capaz disso. Se for, a coisa vai complicar, porque Fogoió é azoretado e agitador.* Ajuíza Zezão, na consulta *dos seus botões*, enquanto as discussões acaloram.

* * *

Zezão retorna para casa, depois de vistoriar as reses, no cercado.

Um tanto agastado; conversa pouca; informes básicos sobre os episódios: invasão da fazenda e reuniões de Inhambupe; aquieta-se em um canto, depois de gracejar com a cria – aos inteiros cuidados de Tonho Pereba – e, depois da janta farta, depois dos achegos de Esmeraldina – um tanto aflita com o marido –, acomoda-se para um repouso por demais merecido e dorme: um dormir sem sonhos – ao menos que tenha alguma lembrança – e sem sobressaltos, pelo quieto do sítio; sem o duro do chão; sem as vestes de couro; sem a compulsão de ser braço-de-ferro de Inhambupe..., a Vila que resolva seus conflitos.

Cedinho, Zezão se alevanta, sem nem ouvir o galo cantar, acha estranho porque o disgramado sempre canta para acordá-lo..., vai para o curral ordenhar as vaquinhas e, ao voltar, o alvoroço do juízo é tanto que nem mais lembra do galo.

Enquanto Zezão se ajeita, Tonho Pereba apronta a carroça, Esmeraldina arruma *di cumê* em um *bocapio*. Café da manhã e almoço dos que vão trabalhar na matança dos bois: Zezão, Tonho Pereba e Zefa de Nôzinho que será a fateira.

Findo os ajeites todos, despede-se de Esmeraldina, despede-se do filho, se aboletando na carroça e Tonho Pereba, já caminhando nos seus passos largos e desconjuntados, vai à frente, como sempre, tentando ser menos célere dessa feita.

Zezão, antes de tanger a burra, volta a cabeça e interpela Esmeraldina:

– O galo, hoje, nem cantô!?

Intrigado por quase sempre ser acordado pelo canto do galo..., ou, por vezes, levanta mais cedo e é quem acorda o galo, e hoje..., galo *de minh'alma!*

– Caiu na panela! Mas Tonho ficô de trazê outro mais bom.

Responde Esmeraldina ao questionamento de Zezão, com leve sorriso nos lábios.

– Nem dei pur fé! – Retruca Zezão.

– Vosmicê cumeu, na janta..., mas chegô azoretado por dimais! ... – Explicita esmeraldina.

Zezão tange a burra, e Tonho Pereba no seu caminhado costumeiro, mais célere que qualquer montaria está bem à frente, estancado e impacientado com a demora, na espera por Zezão.

Zezão alcança Pereba, mas sabe que ele, impaciente que *nem a gota*, vai disparar em *galopear* – mais cedo, mais tarde –, então antecipa umas recomendações e, conhecendo bem o ajudante que tem, aconselha:

– Vai fazeno sua rezação que nóis hoje tem muito que fazê: são três rês, pra matá.

Tonho Pereba nada diz. Olha para trás, escancara um sorriso cheio de cáries e em passo acelerado toma a dianteira: *vai chegá, mais prêmero que Zezão!*

## O borra-botas que só buchicho faz

A partir da ofensiva dos quilombolas à Fazenda Morato, Inhambupe entra em polvorosa. Tão pouco acontece na pacatez da vila que uma ocorrência dessa natureza suscita inquietação: a vila carece de proteção, pois nem jagunço tem como defensiva.

As más línguas trucidam o proceder do finado Chico Morato; dolo pela falta de segurança da Vila perpassa a falação das ruas e vão se ter na igreja; Padre Isaias inclui em sua homília missal comentários sobre o acontecido e fez recomendas; o populacho pede providências às autoridades da Vila: Anacleto, como presidente da Irmandade de Nossa Senhora do Rosário, e Padre Isaias, representante maior da igreja – no vilarejo –, estão entre as figuras de maior imponência do arruado.

O *sem noção* que foi delegado para a função de encarregado da segurança da Vila, que se reporta a Intendência em Salvador – um major afastado dos serviços por vadiagem e roubo –, de parecença com polícia, que responde pela alcunha de João Gomes, que nada mais tem a fazer da vida que pajear os filhos – degenerados tal qual ele – e cuidar das coisas de um pequeno sítio que tem nos arredores de Inhambupe, foi explícito ao dizer que não tem recursos para proceder a devida proteção, ao arruado, muito menos às fazendas de Inhambupe.

Assegura João Gomes, fazer epístola para a sede da Intendência, solicitando apoio bélico, que pode ser atendida em meses, ou anos, ou nunca, no depender das *burras* do Estado..., que se sabe que estão *raspando o tacho*.

João Gomes volta a ser alvo da falação do povaréu: um bosta! Um borra-botas! Um pulha obsequiado pelo poder! ..., constituído e aboletado no cargo, sabe-se lá por quem, mama nas *tetas* da população, e vive no bem bom, e Inhambupe ao *Deus dará!*

Por fim, após tantos rezingues; após tantas altercações; após tantos ajuntamentos e tantas confabulações, às claras e no calado dos ocultados *rendez-vous;* após tantas reclamações; após tantas e muitas disparatadas propostas, chega-se a infausta consonância que não é, em verdade, tão consonante, por não haver aquiescência de todos.

A proposta que muitos assentem é a contratação de um capitão-do-mato para proceder o devido corretivo nos negros fugidos e implicados no ataque à Fazenda Morato, propositando e intentando reprimir possíveis incursões de quilombolas em Inhambupe ou fazendas da região.

O nome aventado é o de um sujeito cognominado de Lucas das Virgens. Notório velhaco, velho conhecido do pessoal da Vila de Inhambupe, por serviços aqui prestados no antes-guerra; ex-soldado do Exército Libertador; ex-jagunço; tinhoso que nem o *cabrunco;* malvado, mais que o *coisa-ruim;* fedorento que só sariguê; com histórico de iniquidades mais extenso *que tempo se tem para listar:* qualidades de um *filho do capeta!*

### O criatório de urubus de Tonho Pereba

Meado do dia, passando um pouco da hora do *di cumê,* Zezão, trepado em um grande e avelhantado tronco de mulungu à sombra de uma enorme braúna, próximo ao curral-matadouro, onde Tonho Pereba faz o desossamento de umas carnes, para salga; a fateira, Zefa de Nôzinho, arredada para um canto, perto do rio, procede a limpeza nas vísceras dos bois matados e a *vira das tripas* para lavagem mais delicada; meia dúzia de urubus, um tanto afastados do improvisado matadouro, disputam pedaços de carnes com bicadas, enquanto número maior assiste o embate, aboletados em um pé de pau e nas madeiras das cercas, curiando, também, os afazeres de Tonho Pereba e da fateira, no aguardo de sobras.

A manhã foi cansativa. Zezão, com mais fome que todos, apressou-se a *forrar o bucho,* antes dos outros, para poder tirar um cochilo antes de levar as carnes restantes para o armazém de Anacleto.

A carne fresca, Tonho Pereba levou, logo no comecinho da manhã. Dia de feira, um boi, ou mais, era vendido no armazém: clientela garantida, por ser o único a fornecer carne verde em dias de feira.

O sono foi sobressaltado por tiros que eram de um leve sonhar. Zezão acorda espavorido, cuspindo formiga, pois umas saúvas estavam se aproveitando dos restos de alimentos e, ainda mais, com os lábios adoçados pelo doce da rapadura – que lhe serviu de adoçamento pós-refeição –, que atraiu as esfomeadas *bichinhas*.

Tonho Pereba que também se assustou com os impropérios de Zezão, indaga:

– Foi o quê, Zezão?

– Nada não! Só as furmiga me atazanano.

Zezão, retruca, enquanto se levanta e vai tomar água, no pote d'água que está à sombra de outra grande árvore, de copa arriada para cima do curralinho que abeira o pasto pequeno onde são confinados os animais para abate, onde estão alguns urubus que fogem com a presença de Zezão.

– Tá tudo quase aprontado. Se qué vortá pra casa mais cedo, vâmu levá as coisa pr'Anacleto.

Tonho Pereba fala, escolhendo as palavras, como mordendo as letras, com a voz empostada que ressoa alto e, por vezes, parece que o *peste tá de briga.* É sua maneira de falar. Tem dificuldade com as palavras, assim, sua voz grossa e seus modos, fazem dele um tanto diferente, motivo de troça por parte de algumas pessoas que teme sua força e a sua aparência exterior.

É um meninão! Ajuíza Zezão, se rindo quando se lembra dos zelos de Tonho Pereba para com sua esposa e seu filho. É prestimoso, *o peste*, e muito apegado à família de Anacleto, mais ainda com Antônio José, seu filho com Esmeraldina.

A Tonho Pereba, Zezão confia a própria vida sem pestanejar.

Por Tonho Pereba, Zezão tem carinho de pai. Carinho que o pobre coitado não teve dos seus: foi abandonado por ser diferente; por apresentar traços físicos distintos da normalidade. Por sorte não foi imolado, como é hábito de alguns por estas bandas: filho atrofiado é filho trabalhoso, é custoso, é uma criança que não paga a pena criar.

– Cabô tudo, Tonho?! – Indaga Zezão.

– Fárta pouquinho só! – Responde Tonho Pereba.

– E Zefa? ... Cabô c'us *fato*? – Volta a inquirir, Zezão.

– Caband'aqui, vô dá adjutóro, pra'cabá logo!

A resposta de Tonho Pereba vem acarreada de enorme escancaro das cáries: sorriso de orelha a orelha.

– Vosmicê já cumeu? – Inquire Zezão.

– Tô fastiado! – Retruca Pereba.

– E Zefa?! – Insiste Zezão.

– Tamém não. Nóis come adepois!

Tonho Pereba dá as respostas para Zezão, enquanto finaliza a salga das carnes e separa os ossos em um caçuá, e os leva para a carroça. As carnes, já salgadas, terão o mesmo destino, em outros caçuás, mas estão de esperar que a salmoura se escoa e, mais secas serem melhor arrumadas com zelo e com rezas, vez que por quase todo o tempo Tonho Pereba está de rezação, que é habitual quando na ajudância dos abates dos bois, com Zezão.

Terminado os afazeres, com as carnes, Pereba vai de encontro a Zefinha que está às voltas com as tripas viradas: escorrendo e enxaguando, de molho na grande cuia com água e folhas de velame maceradas.

– Tá'cabano aí, Zefinha? – Assusta Zefinha, Tonho Pereba, com seu vozeirão.

– Vosmicê chegano assim..., dá é um sustão! – Repreende Zefinha.

– Foi por querê não!, me adesculpa. – Diz, compassivo, Tonho Pereba com seu habitual sorriso alargado e cariado.

* * *

Zezão e Tonho Pereba finalizam os afazeres, com as carnes e com os couros, estes espichados em varas e deixados no curral, e tomam rumo para o sitiozinho dos Quinto.

As carnes salgadas e a ossaria, na carroça, em caçuás, foram levados por Bororó que veio ver a demora, a mando de Anacleto, e aliviou o trabalho de Zezão e Tonho Pereba.

Bororó se vai; Zezão ajeita as coisas – facas, facões, cordas de laçar... – que tem de levar para o sítio; Zefa pega carona de Bororó, na carroça; Tonho Pereba vai se lavar e, enquanto caminha para a beira do rio, vai jogando sobras de carnes, que em verdade são pedaços de gorduras, para seu *criatório de urubus*.

Além do enorme cansaço de um dia de labuta intensa, Zezão, agora a pé porque ficou sem a carroça, carrega, além dos apetrechos, umas carnes que será o *di cumê* da semana; Tonho Pereba, outros apetrechos da matança de bois e um galo enfiado no sovaco esquerdo, na sua costumeira pisada – tencionando o mesmo passo que o amigo –, proseando ao vento – vez que Zezão *nem assunta,* face à canseira –, com mote que nem pé nem cabeça tem: é só um *conversê* desmilinguido de significado.

Na cancela do sítio, Esmeraldina, com Antônio José nos braços, espera pelos dois. Ouviu o vozeirão de Tonho Pereba enquanto passeava pela beirada da caatinga rala, que cinge a estradinha que vai dar em Inhambupe, com Toinho nos braços, aproveitando-se do fresco da tarde: *o quente do dia, tá de matá!*

– Tráis o que pra nóis, Zezão? – Pergunta Esmeraldina.

– Pra vosmicê, coisa muito da boa! – Responde Zezão, com largo sorriso buliçoso.

– Não diga qu'é esse galo chocho, da subaquêra de Tonho!? – Inquire Esmeraldina.

– Chocho não! Esse galo é mais bom que do outro. – Contesta Tonho Pereba, ofendido pela ofensa ao galo que ele tanto preza, que tanto trabalho teve para criar..., e estava ao zelo de Benta.

O pobre do galo passou o dia inteirinho peado e atado, pelo pé, com corda de caroá à sombra da aroeira no cercado do matadouro. Tinha só uma cuia com água e uns caroços de milhos que era o *di cumê* do desinfeliz.

– É não! Benta mandô u'as coisa pra vosmicê e comprei u'a água de chêro. – Retruca Zezão, alargando o buliçoso do sorriso.

– É da boa? – Quer saber Esmeraldina.

– E não? ..., pra vosmicê tem de sê da boa! – Gaba-se Zezão.

– E meu galo? Não tá na conta não? – Mais ofendido, ainda, alega Tonho Pereba.

– Tá sim, Tonho! Toma lá esse *pacote de gente* e vá pra longe, pr'eu chamegá um tiquinho cum Zezão.

Esmeraldina fala, enquanto se rindo, passa a criança, envolta em panos, para Tonho Pereba que feliz mais que *pinto no monturo*, arreganha um sorrisão, larga do galo, ainda peado, sem nem se importar onde seja, e toma nos braços Antônio José, que muito ri dos gracejos de Tonho, desde antes, no colo de Esmeraldina.

# – BATIZADO DOS *ANTÔNIOS* –

Passam-se os dias..., Inhambupe nos seus pernos.

Temores de uma invasão quilombola permeia o dia-a-dia dos moradores, embora não deixem de lado seus afazeres.

Cada qual no seu cada qual, no seu tanger de vida, nos seus achaques, nos seus bem-estares, nas concordâncias e discordâncias entre as pequenas coisas que *ginga* no correr do tempo – nas infindáveis reuniões dos Irmãos do Rosário, com a Igreja e com João Guedes na defesa da Vila –, no nascer e no fenecer dos dias e dos viventes, seja lá de qual for a morte, seja lá qual for a tangência parental, visto que, por ser uma vila pequena, aqui todos de conhecem. Aqui todos têm proximidades, mesmo que não parental ou de amizades..., por que até sendo de inimizades, acaba por serem íntimos: isso dizendo, tem Idelfonso no ponderar, visto ser o *inimigo público primeiro*. O mais odiado e o mais achegado a todos da Vila de Inhambupe, mesmo que as avessas.

Chega o dia do batismo de Antônio José: Benta é a madrinha, Anacleto é o padrinho e Tonho Pereba é o mais feliz de todos porque vai entrar na igreja carregando o *barrigudinho,* pois Esmeraldina faz questão de estar de braço dado com Zezão, por todo o tempo, no intento de desencorajar *umas e outras* que estão a *ciscar nos pés* do marido. Ele, leso do quengo, ou dissimulado, não vê; ela, ciumenta que só a *gota serena,* não tem a intenção de correr riscos; assim, exibe sua grande conquista, enfatiotado em uma *domingueira,* bonito que nem a peste, e casado, bem casado e contentado, *de mesa e cama.*

A Irmandade do Rosário, que tem assento cativo na Igreja, acaba por ter primazia no batismo dos filhos dos seus membros mais importantes: Zezão está entre esses.

Depois, o regabofe está afiançado por Anacleto: uma caprichosa buchada de carneiro, regada a cachaça, dos alambiques de Santo Amaro, e vinho trazido de Portugal por meio de contatos do Padre Isaias, onde estudou e viveu nos primeiros anos de vida religiosa.

* * *

É um elegante Senhor, o Padre Isaias, que não sendo a batina que veste teria aparência de um membro da corte do imperador: um nobre.

Passa da meia idade, conserva hábitos de vigário, mas, vez por outra foge à regra e diverte-se com Anacleto, em caçadas de aves e pescarias no rio Inhambupe, numa presa d'água construída pela natureza que forma uma meia lagoa e tem peixes aos montes, de diferentes tipos e tamanhos.

É um apaixonado por livros e muito gosta de vinho, não só na missa.

O Padre Isaias é um dos poucos em Inhambupe que fala o português casto. Quando resvala para o linguajar do populacho, empunha-se de sotaque sertanejo e, no mais das vezes é para melhor se fazer entender pelas pessoas da vila, ou para brincar com as falas que por vezes chega a pensar, e externar para amigos, que bem pode ser um dialeto.

Foi ele que fez a proposta do regabofe e sugeriu *buchada de carneiro.* É bom garfo, além de sublime, nas homilias; fala o que o povo quer ouvir, acrescendo as muitas mensagens que quer fazer-se entender, com sutilidade de um bom aconselhador:

– Anacleto! Não pode passar em branco o batizado do seu sobrinho que é afilhado seu, também. E Zezão? Fica como..., sem um regabofe decente para comemorar o batismo do primeiro filho? Eu levo o vinho, que não é o da missa!

Essa foi a fala do Padre Isaias e a fala do religioso que Anacleto tanto preza, não só como aconselhador, mas, também como amigo, tem as palavras certas para convencê-lo a encomendar um *fato de carneiro* e tomar as providências devidas para um *di cumê* farto, regado a uma boa cachaça e ao soberbo vinho português.

Benta faz questão de se encarregar do preparo da buchada.

Manda o pessoal da cozinha lavar todos as vísceras antes de temperar. Os molhos do *mininico* são abertos – com muito cuidado para não se quebrar as tripas que servem de amarrilho –, e lavados em água com limão, inclusive o naco de bucho que serve de *bolsa*.

Depois as trouxinhas são refeitas: vísceras cortadas, envoltas em pedaços de bucho e amarradas com tripas finas.

O tempero de Benta é primoroso: cebola, pimentão e tomates maduros, acrescidos de pimenta malagueta – na medida, para não ficar muito ardida –, cheiro verde e umas folhas outras que reduz o cheiro forte das vísceras no cozimento.

Junto com a *fatada,* Benta cozinha a cabeça do carneiro, que fica com pequena parte do pescoço, limpada e fervida com muito esmero. É uma das especialidades de Benta, muito apreciada pelo Padre Isaias.

O *fato* é servido com pirão – farinha de mandioca escaldada com o molho do cozido das vísceras – e molho de pimenta malagueta. A cabeça vai à parte, cuidadosamente aberta por golpes de facão amolado, para não esfacelar os ossos, com os miolos servidos no próprio casco.

\* \* \*

Logo após a missa que antecede o batismo, Tonho Pereba confidencia, ainda na sacristia, ao Padre Isaias, que é pagão; Padre Isaias, pongando na pompa do batizado de Antônio José Quinto dos Santos – Toinho para os da família –, procede o batismo de Tonho Pereba tendo como padrinho, Zezão e, Esmeraldina como madrinha. Na falta de sobrenome e na dúvida de nome, Padre Isaías achou por bem ser: Antônio Genésio de Jesus dos Santos. Mas, ele prefere mesmo é o velho e bom *Tonho Pereba*. O outro é só para expor no batistério e ter reforçado o bom cristão que é.

Pereba está mais contentado que Antônio José. Os dois estão, a partir de agora, mais amparados por Deus..., e o garoto, na sua inocente puerilidade diverte-se a valer com a imensidade de coisas novas que tem como oportunidade de ver: novas cores, novas pessoas, novas falas, os santos nos nichos, a luz das velas, as rezas muitas, as falas do Padre, os achegos dos muitos amigos de Zezão e Esmeraldina, o zelo de Benta, agora madrinha..., e as espalhafatosas brincadeiras de Tonho, agora ama-seca batizado, tão miúdo do juízo quanto o *barrigudinho*.

### O capitão-do-mato

Dia seguinte ao batizado, Zezão, ainda em Inhambupe, vai com Anacleto para o armazém, para encontro marcado com mestre Chimboca que é seleiro em Lagarto, no Estado de Sergipe e com Tinoco do Chorrochó que tem ferraria-marcenaria em Esplanada e é um misto de ferreiro, armeiro, marceneiro e tudo mais que seja passível de conserto..., foram convidados para montarem oficinas em Inhambupe.

Para surpresa de Zezão, não tão surpreendente para Anacleto, encontram o capitão-do-mato – que prima por se chamar de capitão Lucas das Virgens, mas é muito conhecido como *capetão Lucas das mortes* –, cavoucando as unhas dos pés com a ponta de um punhal, já muito gasto de tempo e uso, e o sujeito, fedorento mais que saruê, aguarda ordens de uns fazendeiros que procederam contratação.

Mais adiante, um dos seus capangas do capitão, sentado em um banquinho do armazém, debruçado por sobre uma mesa, com visíveis sinais de alguma enfermidade, e três outros tão malvestidos quanto o chefe, mais afastados, sorvendo pinga pelo gargalo de uma moringa.

Lucas das Virgens, capitão-do-mato que se apresenta como *matadô de nego*, se alistou no Exército Libertador, na guerra da Independência, serviu nas tropas da Vila de Cachoeira e trucidou muitos negros nos quilombos dos arredores de Salvador, a mando do General Labatut. Foi preso, fugiu da prisão, desertou e se escafedeu no mundo. Tempos depois, apareceu como capitão-do-mato oferecendo serviços de captura e disciplinação de negros fugidos.

E agora, aqui, em Inhambupe.

Zezão não tem prazer algum em conhecer tal *desilustre* e deselegante figura. Sabe da fama desse disgramado que anda por aí terrificando comunidades quilombola. Não o conheceu de *pessoalidade*, quando na guerra, e preferia não ter conhecido nunca, visto que além do mal cheiro, o peste exala murrinha de matador. Uma aura de negatividade envolve o peste, assim como envolve seus capangas..., até os animais de montaria tem cheiro de coisa ruim.

– Qué que esse hôme tem? – Indaga Anacleto, quando chega perto do capitão-do-mato.

– Mandinga *dos nego* do quilombo do mucambinho, onde nóis pegô uns fugido.

A resposta do capitão Lucas, é sem parar a cavoucação das unhas dos pés, cheinhas de sujeira, com parecença de *bicheira* – mais cutucação, possivelmente, faria sair *morotós*. As botas, colocadas de lado, malcheirosas, e sujas, e velhas, e gastas no solado, seriam devolvidas pelo monturo, caso fossem jogadas fora.

– Tem fé qu'é mandinga?! ..., tem parecença com *muléstia!* – Contesta Anacleto.

– É *muléstia* não! Dois morreu no caminho de cá, tem mais dois adoentado no acampado e esse, principiou inda'gorinha.

O capitão-do-mato, sem parar de cavoucar as unhas dos pés, dando pouca estima a apreensão de Anacleto, faz o rebate como sendo desimportante todo e qualquer questionamento a ele e a seus asseclas.

– Sei não! ... Vosmicê espera quem? – Insiste Anacleto, encafifando com os maneiras e com os termos do interlocutor.

– Conheço não! Disse só pra nóis ficá nesse ponto. Vem percurar nóis.

O capitão-do-mato, não interrompe o cavoucado *dos cascos* – que é o que parecem as unhas, em verdade –, e responde com arrogância e deseducação, ofensiva a quem quer que seja, mais ainda Anacleto que é polido e formal.

O capitão, não levanta a cabeça em momento algum, para Anacleto ou para quem quer que seja, e as respostas para que ousa fazer inquirição qualquer, são grosseiras no tanger das palavras e no modo de falar: parecença com o coisa ruim, ou pior!

Zezão, intrigado, indaga ao capitão-do-mato:

– Vosmicêis tá onde..., de acampado?

– Na beirinha da lagoa branca, mais pro norte. Argúma coisa contra?

O capitão-do-mato, responde, medindo Zezão dos pés à cabeça, sem deixar que o olhe nos olhos. Foi momento único, esses levantar dos olhos, num levantar furtivo da cabeça, para falar com *sinhô qualquer*, desde quando está de prontidão em frente ao armazém. Isso intriga Zezão, ainda mais.

Anacleto, entra no estabelecimento e vai direto para os fundos do empório, confabulando com Zezão que se mostra mais e mais inquietado com a presença mórbida do capitão-do-mato, mais ainda com os possíveis acertos com algum fazendeiro.

Anacleto busca aquietar o irmão, com outras conversas, pois percebe a inquietude de Zezão.

Chegam os convidados: mestre Chinboca, o seleiro, e Tonico Chorrochó que faz de quase tudo, quando se trata de ferro e madeira..., a prosa descamba para outros *nortes;* tem um *cafezinho de beiço*, servido pelo balconista do armazém; promessa de novos ares para Inhambupe..., e Zezão, irrequieto com a presença do capitão-do-mato: imagina os horrores de uma guerra com os quilombos da Serra dos Periquitos, mais ainda se houver apoio dos negros da Serra do Urubu. Viu a desgraceira da Fazenda Morato. O capataz, Zé de Bila, está aleijado de uma perna e, as más línguas, dizem que perdeu a *macheza* por completo.

A prosa vai muito bem quando é interrompida por Godiberto e Matias Seneiro. São fazendeiros da cabeceira do rio Inhambupe, que se juntaram a outros para proceder a contração dos serviços do capitão Lucas das Virgens.

Não há discussão: Anacleto se fecha; Zezão dá pouca importância ao fato; mestre Chinboca e Tonico Chorrochó estão sem nada saber..., os fazendeiros soberbamente transbordando empáfia, fazem os avisados que acham por bem fazer, e vão se ter com o capitão Lucas das Virgens, na porta do armazém para findar os *judiciosos.*

Contraste gritante!

Godiberto e Matias enfatiotados no linho e nas cambraias, malmente amarfanhados nas calças vincadas por conta das ricas selas, calçados em botas brilhosas de cano alto, chapéu panamá, esporas tinindo de novas e portando chibatas de tanger montaria, de prata com relho bem trabalhado, perfumados mais que noiva em casório..., opostamente os esmolambados e fedorentos homens do capitão Luvas das Virgens, com parecença de saídos do monturo, de um amontoado de lixo podre, na melhor das conjeturas.

Godiberto e Matias avocam encargo pelos acertos com o *capetão* Lucas, representando outros muitos fazendeiros, e querem anuência de Anacleto que recusa toda e qualquer ajuda, seja em dinheiro, seja em apoio moral, seja mesmo em dizer *sim!*

Não houve combinação nas reuniões que se fez. Todos as falas de autoridades da Vila tangenciaram outras orientações para a solução desse problema..., estavam eles, por conta e risco das suas próprias ações.

A Irmandade de Nossa Senhora do Rosário, com todo poder conferido pelos homens e por Deus – por intermédio da Igreja – não apoia tal sandice.

A conversa de Anacleto com Godiberto e Matias, depois que despacham o *capetão*, toma rumos de discussão, de ofensas, de bate-boca, de disse-me-disse..., Zezão que não quer se envolver, tomado de *silenciosidade,* de mansinho, vai-se embora.

### Ingrácia

O furdunço está formado e Zezão sabe bem disso.

Prevendo confusão nos próximos dias, por conta da caçada aos quilombolas, convence Esmeraldina a ficar em Inhambupe, pelo tempo que se fizer necessário, mas não divide todas as suas apreensões.

Esmeraldina, com Benta, aproveitam para fazer roupinhas da criança.

Tonho Pereba não quer ficar em Inhambupe, pois pretende cuidar dos bichos do terreiro, na ausência de Esmeraldina: dar milho para as galinhas, *lavagem* para os porcos..., e outros afazeres mais, que não há de faltar, para ocupar seu tempo.

Os dois, Zezão montado na égua de Anacleto – o baio está resguardado por umas beberagens que tomou, para lombrigas – e Tonho Pereba a pé, como sempre, só que no momento, quebrando com o costumado, anda a passos mais estreitos, no intento de seguir o cadencio da égua: nem o baio acompanha seu galopear, *calcule só essa eguazinha besta!*

Estão de volta ao sítio, depois de acomodarem Esmeraldina e Toinho na casa de Anacleto, pelo caminho costumado.

Tonho Pereba, em homília muda, ajuíza enquanto mede e contem-se nas passadas. O intento é não alargar o passo por querer ir de proseado com Zezão; mas Zezão, encasquetado com o *capetão Lucas das mortes,* não está *pra conversê!*

O silêncio é tumular. Nem vento tem para *manear* a copa das árvores. O calor abrasador, de meados da manhã, deixa uma viscosidade pegajenta no corpo; empapa a camisa com a sudorese e parece cozinhar o quengo, independente dos chapéus de couro, como abrigo.

– Tonho! Peraí..., vô vertê água!

Zezão estanca a montaria, apeia e, intrigado com o silêncio reinante, vai para os matos mais perto em busca de arma-se para defesa. Tem só o facão e Tonho a peixeira de esfolar boi; Tonho Pereba, que não está com vontade de *verter água,* vai para o outro lado da estrada catar frutas, na beirada da caatinga rala, para distrair o viajar, que está numa lerdeza, que ele *já tá molestado.*

Zezão, não quer alarmar Tonho Pereba, não quer alarmar a si mesmo, mas, tem por certo que percebe algo diferente: pássaros interromperam o canto e voaram, como assustados, a cerca de cinco braças à sua frente; ao saírem de Inhambupe, no virar da primeira curva, sentiu a presença de mais alguém, assim como um forte cheiro de folhas maceradas; acabou de ver um fiapo de fumaça subindo ao céu, no lado direto da caatinga, que indica uma fogueirinha chocha: típico de vaqueiros em repouso após a labuta com bois.

Quando entra no mato, depois de verter água, corta duas varas linheiras, de um arvoredo que é usado para fazer varas de carreiros, faz pontas afiadas e passa uma das lanças para Tonho Pereba, com a desculpa esfarrapada que é para fazer guiadas – vara com ponta de metal usada para enfrentar boi brabo.

Arma-se e deixa Tonho Pereba, mesmo sem nada saber, acautelado, também.

Continuam a viagem e Zezão, mais atento a sinais, emudece mais ainda. Se prosa já era pouca, agora é nada – nem respirar. Sentidos todos aguçados tal o fio da lâmina do facão que, disfarçadamente, empunha.

Depois da curva, onde houve a tocaia para ele e Fogoió, tem plena certeza que estão sendo seguidos: mais pássaros voam de forma desordenada e amontoados; cheiro forte de tabaco fumado em cachimbo; barulhos, nas caatingas, diferente dos barulhos feitos por bichos..., e outra coisinha que passam despercebidos a qualquer vivente, menos a ele que conhece esses matos mais do que conhece de si mesmo – nasceu aqui e aqui cresceu –, e apurou muito da sua perspicácia no bojo da guerra que foi soldado encourado: não foi à toa, considerado melhor rastreador das fileiras do Exército Libertador.

Até que chegam ao sítio nada acontece, mas, Zezão, ainda está encafifado.

Nem bem chega no terreiro, Zezão passa para Tonho Pereba a função de desarrear a égua e levar para o pasto, juntado com o baio – esperam o cio, que não deve demorar, para fazer a cruza dos dois animais –, vai para dentro do casebre e busca a pererreca.

Confere a carga, confere os gatilhos, confere os *cachorros da arma*, volta para a sala e pega mais munição e se embrenha nos matos, pelos fundos da casa, para que Tonho Pereba não se aperceba.

Zezão anda cinco braças, na direção do nascer do sol, maneia o corpo e toma direção pelo lado direito, por cerca de vinte braças, retoma a trajetória inicial e depara-se com um bando de negros, acoitados em uma capoeira:

– Esses disgramados qué o quê? – Ajuíza, ao tempo que engatilha a pererreca e se faz presente para a turba, que confusa com a aparição se armam de lanças e facões, mas não investem contra ele; apenas ficam de prontidão.

Sua estricção é bem maior que o normal. Zezão, está suando em bicas. Não é só pelo fato de estar confrontado um grupo de homens armados, que se mostram ameaçadores. A sensação mais forte que tem no emocional, é o que mais o aflige depois que voltou da guerra: ver-se forçado a matar alguém.

Os negros que estão frente a ele, nada dizem e isso mais encafifa Zezão..., e isso é muito do ruim, e isso mais o atordoa e começa a imaginar qual será o primeiro que será compelido a acertar..., mas só tem dois tiros e não vai ter tempo de recarregar a *perereca*, então, o que fazer? Qual será o primeiro a ser acertado? Será que os negros têm mais armas, ou é só essas lanças nas mãos e facões na cintura? ..., e isso mais toma as ponderações de Zezão, e isso é irrefletido, por que ele foi treinado na guerra e na guerra o instinto prevalece.

Esses cálculos são céleres, mais pelo instinto que se torna pretensão de pelejar; desobediente do que seu juízo possa alterar, quanto às suas afligências todas; desobediente das juras todas que fez, de não mais matar quem quer que seja, que não seja bichos..., pronto para atacar! ...

..., um outro homem se aproxima, mais avexado que ele. Não é negro! ...

..., é Fogoió!

Envolto em molambos, mais nu que vestido, calçando alpercatas de couro de bode, portando um tacape, sorriso bonachão, os cabelos meio escondidos por um chapéu de palha..., sem dúvida alguma, é Fogoió.

O susto de Zezão é tamanho, por ver Fogoió com a negrada, quanto tamanho é o susto da cambada que foi surpreendida por ele, que o esperavam pelo lado contrário..., mas, Fogoió esperava justamente por isso. Conhece bem o antigo parceiro de batalhas e sabe muito bem que seriam notados, os sinais todos que ele próprio plantou. Mais ainda que, Zezão, possivelmente, trucidaria com facilidade os homens que o acareavam.

Zezão, tal qual ele próprio, tem as mutretas de milicos em guerrilhas.

Percebe que não mais vai haver ataque, mas Zezão não desengatilha a perereca.

Fogoió não corre para abraçar o amigo, por medo de Zezão dar uma de doido e dar-lhe um tiro de garrucha, só por raiva da provocativa.

– Baixa a *perereca* hôme! Nóis tá no mei'de'amigo! – Fogoió, bonacho, apaziguador e medrado por ver raiva nas faces de Zezão.

– Nóis quem? Vosmicê e seus amigo!

Retruca Zezão, inquietado pela lembrança do ataque a Fazenda Morato que ele presenciou. A aparência dos homens que estão com Fogoió é a *mesminha*: corpos enlameados; roupas que são pedações de couro ornado com folhas de bananeira secada e outras folhas, meio verdes, meio secas...

Fogoió, mais apaziguador, busca aquietar Zezão:

– Nóis qué convesá! Guarda ess'arma que digo tudo, tin tin, por tin tin.

– Vosmicê atacô as terra de Chico Morato e seus amigo, tamém tava junto!

– Num vai tê mais invasão. Aquil'ali foi desagravo.

Fogoió, que bem conhece Zezão, sabe o quanto é desconfiado e que o peste tem pontaria boa. Não quer se arriscar à toa, nem colocar em risco essa abordagem. Tem muito mais em jogo que só o ataque a Fazenda Morato.

Devagarinho, vai explicado para o amigo, que não é contra ele, Zezão, ou contra a Vila de Inhambupe a investida quilombola; que está acompanhando um grupo de negros fugidos, que estão acoitados em um dos quilombos da Serra dos Periquitos, perto de Água Fria, e tem outros quilombos, vizinho a eles, que querem dar fim a essas desavenças.

Zezão, depois de muito ouvir, depois de desengatilhar a *perereca,* depois de aquietar-se, mesmo sem muito confiar nos negros e muito menos em Fogoió – essa *disgrama* tem a lábia do coisa-ruim –, pergunta, sarcástico e caústico:

– E vosmicê, com essa negrada, tá'qui pru que mermo?

– Tem um cabra, que tá na Vila, que nóis qué pegá ele. – Fogoió, achando-se dono da situação: ao menos Zezão está de ouvir, o que já é de boa medida.

– O capitão-do-mato?! – Pergunta Zezão.

– Isso! Nóis qué o capitão-do-mato e seus capanga. – Confirma Fogoió.

– Pru móde de quê? – Zezão, embora queira o fim do capetão-das-morte, ainda não tem certeza que deve dar vazão à prosa de Fogoió.

– Vingança. Esse *disgramado* fez um *miserê* no quilombo da Olaria. Matô gente, de perversidade: mulé, minino, véio..., só de *ruindeza*.

Fogoió, sempre arrebatado por causa perdidas, ou que estão a se perder, ou mesmo que seja causa qualquer que ele pondere como sendo passível de defesa, fala com embargo na voz, denotando raiva e desafogo.

Zezão, no intento de defesa, busca entender o que está nos planos de Fogoió e, faz-se de desentendido, no que responde:

– Não foi a Vila que contratô o capetão!

– Nóis sabe! Nóis só qué Lucas das Morte. – Fogoió, quase implorando.

– E vosmicê me tráis aqui, pru que mermo? – Zezão, denotando mais ingenuidade, que Fogoió sabe ser apenas *vaporoso parecer*.

– Os peste tá de rancho na beira da lagoa branca. Nóis vai pegá e matá eles tudo! – Fogoió, fala com ardor desvairado.

Não é resposta à pergunta que Zezão fez, então ele volta a perguntar:

— E tô aqui, pra fazê o quê?

Fogoió, que está inquietado pela demora da conversa, vez que estão expostos em uma clareira, tem, também, pressa em fechar acordo com Zezão, porque o *capetão-do-mato* e seus asseclas estão aprestando ataque aos quilombos.

— Nada muito! Nóis qué só que assossegue esses fazendeirinho de bosta, pru mode de não querê trazê mais *capitão* nihum!

A fala, que soa para Zezão como um pedido, ao tempo que tem tom de deboche, ao tempo que é um quase um mando, ao tem que é quase uma ordem..., é típico de Fogoió, com sua lábia de *culhudeiro*, muito da boa no enganar de incautos..., bem podia ser, mas não vem da *boca porca,* de Fogoió.

Fogoió dá uns passos à frente e faz Zezão dar volteio no próprio corpo.

Zezão se vira e depara com uma mulher..., que se parece com alguém que ele já viu.

A fala vem dela e para Zezão deixa de ter a entonação que ele pensou ter: típica de Fogoió, que com sua lábia de *culhudeiro,* é muito da boa no enganar de incautos.

Fogoió, não esperando pergunta qualquer de Zezão e faz as honras no expor:

— Ela mermo! Ingrácia. A mulé que botô veneno no *di cumê* de Chico Morato.

Sem ação alguma, sem nem nunca ter imaginado que isso podia vir a acontecer..., Zezão ver-se frente à frente com a negra que envenenou Chico Morato.

— Vosmicê tem de sabê de tudo! — Continua sua fala, Ingrácia, com voz tensa e firme.

Zezão, um tanto aturdido, ainda, escancara espanto nas faces.

Fogoió o conduz para a sombra de um *pé de pau,* busca uma pedra e o acomoda. Zezão ouve, encafifado, por todo o tempo, sem fazer pergunta alguma, a ladainha de Ingrácia.

Ela e o pai, um escravo africano que quando veio para aqui recebeu o nome de Miguel, foram passados para Chico Morato em pagamento de uma dívida de jogo por um dono de engenho, perto da Vila de Santo Amaro.

Trazidos para a fazenda Morato, ela foi trabalhar na cozinha; o pai, na labuta com os bois, mas não como vaqueiro. Ela, com ainda quinze anos era muito assediada por Chico Morato, contido só pela esposa, ainda viva.

Foram convencidos por Caburé, negro experimentado em escapulas, que era de um quilombo da Serra do Urubu, próximo a Irará e visitava as senzalas das fazendas às escondidas; fogem e vão se ter no Quilombo do Mocambinho.

Por ter sangue real – filho de um rei africano de uma tribo de Angola – Miguel assume a chefia do quilombo e por lá moram, ele e Ingrácia, por quase dez anos, quando, em uma deslealdade de grupo contrário, Miguel é apresado e o matam a mando de Chico Morato, com chibatadas depois de ter os olhos furados. Morato a tudo assiste e promete pegar mais negros fugidos e dar o mesmo castigo, no intento de desencorajar fugas.

Ingrácia, arquiteta vingativa, se deixa capturar e é levada de volta para a senzala da Fazenda Morato, sem ser reconhecida. Consegue voltar ao trabalho na cozinha e planeia matar Francisco Morato, devagarinho, com veneno brando: a beberagem, feita com folhas trazidas do quilombo, o faria definhar e morrer tísico.

Mas, Francisco Morato acelerou o desagravo. Estuprou Ingrácia, na noite anterior ao envenenamento, segurada por Zé di Bila que depois se aliviou, também. De caçoada, Chico Morato garantiu que isso ocorreria toda vez que tivesse vontade. Ingrácia, no ímpeto de raiva, se apressou e matou Chico Morato, com grande quantidade da beberagem das ervas postas no feijão, e mataria Zé de Bila, também. Mas, por desacerto foi feita prisioneira pelo próprio, que voltou a estuprá-la com ajuda de dois jagunços e a manteve acorrentada para matar depois, anunciando crueldades muitas.

Ingrácia fugiu, com ajuda de negros do quilombo do Mocambinho, assumiu a liderança que era do seu pai, e planejava ataque na Fazenda Morato quando apareceu Fogoió que se prontificou a ensinar-lhes táticas de guerrilhas: conhecimentos adquiridos no Exército faziam dele um bom estrategista.

Foi um ataque cirúrgico. Planejado com detalhes; intentando ser célere e certeiro. Surpreender em noite escura; matar que se opusesse; queimar o casarão e as casas menores; libertar os negros da senzala e, Ingrácia se vingava de Zé de Bila: morte lenta para *o peste não ser ligêro na ida pros inferno*.

Ela própria lhe aplicou as chibatadas, no lombo e no peitoral, furou uma veia na perna direita com ponta de punhal embebido em um *macerado de folhas* e lhe acertou os *quibas* com um tacape. Foi salvo, mas se deu o pior: Zé di Bila está aleijado da perna direita que tem ferida que não cicatriza, e sem a macheza, e Ingrácia promete voltar, para sangrar o *disgramado*, com um furinho pequeno na goela e deixar que ele morra devagarinho.

Zezão ouve, ainda atordoado com tudo que está a ouvir, com tudo que não queria saber, mas, deu de saber e não pode se furtar a mais abarcar esses furdúncios, por ser um Irmão do Rosário e a Vila de Inhambupe estar no centro da confusão: Anacleto, por certo, daria essa incumbência para ele, Zezão, tanto quanto Fogoió está a passar-lhe procuração..., e nisso Fogoió é enfático:

— Vosmicê vai ficá de resolvê esse furdúnço! Tô se indo..., já tem uns cabra, do Exército, pra me pegá: tão de rancho em Água Fria.

— E vosmicê ficô de sabê, como? — Indaga Zezão, um tanto abespinhado com tudo.

– Era do batalhão dos periquito. São conhecido meu! – Explica Fogoió.

– E vai quando? – Volta a inquerir, Zezão.

– Agorinha. Vô só se dispidí..., já tô na estrada. O alazão tá lá na caatinga.

Fogoió, ao tempo que fala, abraça o amigo Zezão, com um aperto que só amigo do peito é capaz de tal estreiteza..., lhe presenteia com um patuá e uma faca grande, do tipo usado no Exército, que ele guarda com carinho e com carinho passa para o amigo. No íntimo, quer se livrar das amarras que o prendem à vida como soldado, mas, nesse mesmo íntimo sabe ser impossível, entretanto não custa aventar: nasceu para ser milico e como milico há de morrer! – Sabe disso Zezão; Fogoió, quer o contradito.

Abraça todos os outros, contendo lágrimas a muito custo, deixando Ingrácia para ser o último abraço. A voz embargada com a despedida que mal consegue sussurrar duas palavras que são incompreensíveis no falar, mas entendida por todos: boa sorte!

Cabeça abaixado, olhos marejados, andar incerto, roupas em *pitição de miséria* – o que dista muito do seu feitio: odeia o desalinho nas roupas –, Fogoió se vai, de jeito ostentoso, que por certo, mais adiante vai contar esse momento, em rodas de cachaçada, com muito mais brilho e teatralidade.

É uma vida de *cigania,* essa vida de Fogoió: assentar pouso, em lugar qualquer, segundo ele próprio, é capaz de dá morotó.

Zezão e Ingrácia, após recobrarem-se do despedir de Fogoió, pouco se demoram.

Fica ajuizado que Zezão vai mediar a paz entre os quilombos e Inhambupe.

Zezão receia que os conflitos possam se desdobrarem, visto que mais outros quilombolas da região de Irará estão em levante no apoio ao Quilombo do Mocambinho.

Não os conhece, mas sabe bem que os Quilombos da Olaria, Crioulo, Tapera e outros muitos que não se alembra, tem guerreiros suficiente para destruírem Inhambupe um *bando vezes* e ele não quer ser quem vai contar *essas vezes todas!*

Findados os acertos, Ingrácia, no momento que se vai, pede que Zezão vá ao acampamento do *capetão* Lucas da Virgens, na beira da Lagoa Branco, daí a dois dias, confirmar a morte dos *matadô de nego*, tal como se afirmam. Pede que não enterre nem queime corpo nenhum. Serão pastos de urubu: carniça em vida, carniça em morte.

### O findo do capitão-do-mato

– Onde vosmicê tava? – Reclama Tonho Pereba, quando na volta de Zezão para casa.

– Nos mato! – Responde Zezão, querendo pouco proseado...

..., mas, Pereba que muito gosta de prosa, insiste:

– Já tava de ir percurá vosmicê. Tava de demorá! ...

– Pru quê? Pra dá adjutório nas coisa qu'eu tava de fazê?

– Se é isso que tá no meu juízo, vô dá adjutório não!

– É isso, que tá no seu juízo!

– Lava as mão, pra pegá no *di cumê* de nóis. S'isquece não!

Tonho Pereba que preparou um *di cumê* para a janta..., tanto espera por Zezão que a comida esfriou, vai para o fogão esquentar a farofa e a carne frita no toucinho de porco, uma das suas únicas especialidades na cozinha.

Zezão vai para quintal lavar as mãos, tal como recomendado por Tonho Pereba, mais com intuito de avaliar toda a conversa que teve com Fogoió e Ingrácia. Dia seguinte vai para Inhambupe, passar para Anacleto e para Esmeraldina que há de ficar ciente dessa história toda, porque ele tem que participar de maneira direta e carece da aquiescência dela.

\* \* \*

Daí a dois dias, tal como acertado com Ingrácia, Zezão vai até as margens da Lagoa Branca e encontra os corpos, do capitão-do-mato e seus asseclas.

Lucas das Virgens, que se autoproclamava *matadô de nego*, mais conhecido como *capitão-das-morte, ou capetão-do-mato, ou Lucas das morte, ou só capetão...*, foi achado por Zezão com a boca cheia de formigas, vísceras expostas, já muito bicado por urubus e exalando a mal cheiro típico de defunto em decomposição; uma lança fincada perto do coração que segundo apregoava Ingrácia, *era pra não morrer loguinho.* Tinha que penar, no debulho do rosário de iniquidades que o historiava: lembrar *tudinho, pra tudo contar,* nas prestações de contas com o capeta, no quinto dos infernos.

Os outros não estavam em melhor estado. Mortos, imagina Zezão, com balas e flechas – achadas próximas e encravada nos corpos –, e uns dois decapitados, com as cabeças muito longe dos corpos. Fica a saber: foram, de pirraça, levadas para longe ou foram os urubus que bicando arrastaram para além.

Zezão não se demora no exame, nem fica muito tempo na Lagoa Branca. Viveu esses horrores quando lutou na Guerra da Independência da Bahia e muito disso viu, e nada disso gostou, e nada disso gosta no momento. Mas, parece que Deus quer que ele tenha sua consternação avivada, sempre..., senão, chamava outro vivente para vivenciar esses momentos que tanto está a desassossegar sua aflitiva expiação.

Maneando a cabeça, Zezão se livra do lenço que lhe cobre as narinas e a boca, que o protege do fedor, e se pronuncia, falado consigo mesmo, como que pedindo perdão, como que rezingando aos céus, como que desafoga uma agonia que não parece ter desafogo:

– Já tô aflito por dimais..., e Deus há de querê dá mais pinitença?! ...

# – OS QUEFAZERES DE ZEZÃO –

Os dias se seguem, Zezão inquietado com seu aflitivo ajuizar reacendido pelas coisas acontecidas ultimamente.

Volta ao seu trabalho na roça, às vezes ajudado por Tonho Pereba, às vezes, inteiramente só.

Tem umas capinas a fazer no roçado; mandou Pereba para Inhambupe levar recado para Anacleto e trazer umas coisinhas do armazém: açúcar, café, pão, azeite para os candeeiros..., e outras coisas mais que necessitam e o sítio não produz.

Está no meio da roça e a enxada lhe pesa nas mãos por conta da pressa que tem na finalização da capinação – o mato muito cresceu –, nos pés de mandioca. Espera por Esmeraldina que vem trazer seu *di cumê*, quando o sol estiver mais alto no céu, porque não quer perder tempo no carpir. Foram dias sem trabalhar, por conta das muitas tarefas que assumiu fora da sua rotina.

Zezão está ressabiado pelo muito que aconteceu: o ataque dos negros a Fazenda Morato; o aparecimento de Fogoió esteando a revolta dos quilombos; o encontro com Ingrácia; a morte do capitão-do-mato e sua cambada; a matança de bois para suprir o armazém de Anacleto que já está a entrar para sua rotina de afazeres...

Olha para a grande pedra que por vezes usa para meditar e poetizar a natureza com sua verve inspiradora. Não tem, no momento, inspiração nem tempo para tal desfrute.

Está enleado em tal comoção aflitiva que lhe falta ânimo para buscar seu trono, seu andor, seu assento que mais semelha altar, de onde bafeja benzeduras aprazíveis em ode à natureza.

É trabalho muito!

É uma leseira da gota serena, no corpo, e a forças se esvaem só no trabalhar.

Nos breves instantes que interrompe a trabalheira da capinação, apoia-se no cabo da enxada e, entre um resfolegar e um descansar, pensa.

Pensa! ..., pensa muito! Busca aclarações para o que não está a entender, das coisas muitas que incidiram em tão pouco tempo e o arrastaram para um bojo de acasos que lhe exauriu o ânimo, que lhe tirou o alento, que lhe trouxe de volta muito do que ponderava no deslembrado, que muito lhe absorve e é um atraso nos afazeres a ser contrapesado..., volta a capinar, no intento de não pensar; cansa e volta a debruçar-se no cabo da enxada e busca enxotar o refletir para outros motes.

Muito gosta de encarrapitar-se sobre essa enorme pedra que é um soberbo mirante e ver o sol se pôr, ouvir a galhofa da passarinhada, ponderar a vida e deixar que essa beleza profunda, que o cerca, que o arrebata, que o enleva, que o faz sentir-se vivo, dia após dia..., que o faz aferir seu padecer em gotas..., que o faz menos crente que sua expiação seja crível de antecipação e o faz arquitetar corretivos..., mas ainda não sabe o que pode dar aconchego ao seu padecer; o que permite dirimir suas penas, mesmo que seja só um pouquinho..., um tantinho só, que seja, para abrandar seu descorçoado ajuizar.

Lhe falta ânimo para apreciar a obra de Deus. Lhe falta alento, mesmo pouco, que enseje trepar nesta grande pedra, como sendo seu altar, como sendo seu trono, como sendo seu andor..., falta-lhe vigor, falta-lhe força, falta-lhe aspiração..., falta-lhe sopro poético! ...

Não é viável fazer *caratonha* para a vida que a sentença derradeira só vem no pós-morte.

Mas, mesmo sem querer pensar nas suas aflições, sem querer ajuizar seus castigos, sem tempo para buscar *jeito e maneira* de burlar as determinações divinas para amortizar suas *pecações*..., carece de martírio para intentar compunção; carece de coisa maior para purgar suas consternações.

Nesse exato momento, por conta do muito que tem a fazer. Ajuíza que, vencendo as contendas mais cogentes, volta a intentar! ... dessa feita será penitência maior...

– Vosmicê tá é muito do amofinado c'uns acontecido!

Zezão é surpreendido pela fala de Esmeraldina, que com o filho escanchado nos *quartos,* traz o seu *di cumê.*

– Nóis escapemo d'ua guerra!

Zezão, debruçado no cabo da enxada, fazia um descanso, enquanto *leso do quengo* principiava o ajuizar de mortificações, fala, depois de recobrar-se do susto.

– Nun é cúpa de vosmicê. – Contrapõe Esmeraldina.

– É não! ..., mas tô sintido pur dimais! – Zezão, buscando com o olhar, a sombra de um *pé de pau pra* refeiçoar.

– Tamém tô! ..., Mas, assim é o vivê! – Mais contraposta de Esmeraldina.

Zezão larga da enxada, faz um gracejo para o filho, um cafuné na esposa, toma do prato que tem seu *di cumê,* toma da colher e se senta, à sombra, em um pedregulho: pedra pequena, comparando-se com aquela que lhe serve de mirante, por vezes.

Esmeraldina se acomoda em um canto, se assentada no chão, acomoda Toinho entre as pernas, e a conversa espraia por assuntos muitos, fugindo das falas sobre os problemas todos que aparentam afligir Zezão. E nisso ela tem experimento muito.

### O novo cantar do galo rouco

O dia amanhece, Zezão acorda, ouve o galo cantar – esse é mais rouco que o outro, que foi para a panela –, calcula as horas pelo solzinho pouco que invade as frestas das telhas; pouca vontade de levantar, mas não pode se dar a esse desfrute..., Esmeraldina se mexe, ele deixa que ela durma mais um pouco, levanta-se e vai para o terreiro e encontra Tonho Pereba, que é madrugador, aboletado no frondeado da cajazeira nas orações matinais: *reza que até parece santo!*

O sol, ainda fraquinho, faz mesura para o dia, dá ardência leve na pele..., promete ser mais quente que o de ontem, que pareceu mais quente que o de anteontem, que tinha mais calor que o de trasanteontem..., sol de lascar que a cada dia fica mais acendido.

Mas, tudo leva a crer que as trovoadas estão por vir e promete fartura.

Zezão nem espera que Tonho finde suas orações. Pega as vasilhas para a ordenha das vacas, um pouco de água para lavar as tetas e vai para o curral.

Ajuíza, rindo-se interiormente, enquanto vai para o curral:

– Esse peste, é de melhô adjutório ao Padre. Reza como seno sazão de morrê!

Finalmente Tonho Pereba termina a *rezação,* vai para o curral e apressam a ordenha.

Retornam para casa, Pereba vai para a cozinha, levando os vasilhames com leite; Zezão vai cuidar de outros afazeres.

Esmeraldina, que acordou um pouco mais tarde, chega na cozinha e encontra um montão de coisa já cozidas: Tonho fez cuscuz, ferveu leite, separou um tanto para coalhada e outro para fazer queijo..., ajeitou a mesa com tal desalinho que Esmeraldina, se rindo, obrigou-se a rearrumar! ...

Hora do café da manhã, a galhofa, à mesa, é desmedida: Tonho Pereba graceja com José Antônio, que se lambuza com o seu *di cumê;* Esmeraldina troça com Tonho que devia arranjar uma mulher, pois sabe muito bem como cuidar de uma casa; Zezão, em gozação com os dois – Esmeraldina e Pereba –, os compara com o filho, achando que são menos ajuizados que a criança..., assim, a manhã se inicia em mofas, mas, sabem que será de uma *trabalheira do cão,* no correr do dia.

Quando estão nos aprontes das enxadas para a capina da roça de mandioca, Zezão e Tonho Pereba, no meio da sala, ouvem barulho de charrete e só quem tem charrete, em Inhambupe, é o Padre Isaias.

Embora não pronunciada, a interrogativa paira entre os dois: mas que diabos, com licença da má palavra, Padre Isaias faz por aqui a esta hora da manhã?

Saem todos para o terreiro. Zezão carregando a enxada, *meio cegada*, ainda; Tonho Pereba carregando a criança, nos braços grandes que engolem o pobrezinho; Esmeraldina, de avental, segurando uma faca na mão direita e a esquerda suja com o sangue da galinha que foi sangrada.

Siriba, a cachorrinha da casa, acomodada debaixo do pé de cajá, apenas levanta a cabeça para conferir quem é chegado; estica as patas num espreguiçar lerdoso; acomoda a cabeça sobre as patas e aprecia o furdunço.

Padre Isaías, esbaforido, mal chega no sombreado da cajazeira, para a charrete e apeia apressadamente, segurando a batina, sem nem atentar que pisa em areia, de meias com calçado aberto: a pressa foi tanta que se esqueceu das botinas, veio de sandália de *arrasto*.

Um bom dia meio estabanado, os olhos quase saltando da cara e escancarando o mal dormir nas olheiras arroxeadas, semelhando meio tresloucado..., nada a ver com o sisudo senhor de meia idade, conservador e transigente.

Não espera por pergunta alguma de quem quer que seja.

Diz, para ser ouvido por todos, mas, dirigindo-se a Zezão:

– O problema é sério, meu rapaz!

– Tráis água de bebê! – Pede Zezão, para a esposa que está a seu lado.

– Carece de água agora não. Vem aqui, na sombra da soleira e explico, direitinho.

O Padre fala em bom e nobre português, arrastando Zezão para a sombra que a telheira da casa faz pela manhã e explicita, sem pormenores, de maneira que todos ouçam e entendam:

– Estamos com um surto de cólera na Vila. Tudo leva a crer que foi trazida pelo capitão-do-mato e seus capangas.

– De véra!, uns hôme tava adoentado. – Conclui Zezão.

– E o sinhô sabe como..., que é isso? – Indaga Esmeraldina.

– Estou com duas noites, quase sem dormir, lendo nos livros que tenho. – Afiança Padre Isaias.

– E nóis faz o quê? – Zezão, entre aparvalhado e aflito.

– Vim buscar vosmicê pra me dar ajuda.

O Padre Isaias, menos esbaforido, fala e faz sinal para Esmeraldina que é hora da água para beber: a sede se apresenta. A goela está ressequida.

Esmeraldina, atordoada não pelo nome da doença que não foi ainda detalhada pelo Padre Isaias, e ela não tem ciência do que seja, mas pelo gesto do padre que sinaliza querer água para beber, sem nada dizer. Por pouco ela não entende; demorou de entender e o Padre sinalizou uma segunda vez.

Tonho Pereba, solícito, mesmo com Toinho nos braços, vale-se de um banquinho de madeira para obsequiar o Padre, que se assenta quase desabando no assento.

Sem muito compreender, Pereba indaga ao vigário:

– É coisa muito ruim?

– Muito ruim, meu filho! Coisa que pode matar todo mundo daqui. – Padre Isaias, é alarmista, mais pelo próprio assustado seu, que para dar susto em Pereba.

– Vixe! ..., Mãe Santíssima! – Apavora-se Pereba.

A aflição de Zezão, pelo muito que tem de fazer na roça, cresce quando o Padre Isaias explica que ele tem de ficar alguns dias, em Inhambupe, para não trazer o cólera para a própria casa.

Não tem outro, em Inhambupe, com a experiência de Zezão para diligências dessa natureza. Anacleto é taxativo: manda Benta para o sítio, ficar com Esmeraldina, e Tonho Pereba, e José Antônio; paga o que for preciso para que outros façam os serviços de Zezão que ficarem pendentes, depois que debelada a epidemia.

– Pega suas coisas, Zezão! No caminho conto tudo e fazemos nossos planos.

O Padre Isaias fala, aceita o cafezinho que Esmeraldina traz – ainda encafifada por não ter entendido o alcance da inquietação do Padre Isaias e mede a falta do marido que haverá de ter.

Benta está de chegada, em uma carroça conduzida por ela própria, trazendo comida para muitos dias; Zezão volta com suas *tralhas* em um surrão de couro ferruginoso; Tonho Pereba sem atinência da gravidade da situação, tanto quanto José Antônio, se desmancham em risos; Padre Isaias, de pé, busca o chapelão de palha e, com Zezão, se aboletam na charrete e se vão.

No caminho, traçam as providências imediatas.

## O cólera

Relatos do Padre Isaias, a Zezão, intenta esclarecer e procurar o ponto zero da epidemia de cólera. Suspeitas mais sólidas recaem sobre o capitão-do-mato e seus asseclas: foi depois da passagem deles por Inhambupe que tudo começou; as ocorrências mais imediatas surgiram em pontos que eles visitaram – centro de Inhambupe – e de quem com eles tiveram mais contato: os fazendeiros Matias Seneiro e Godiberto.

As primeiras mortes ocorrem a menos de dois dias depois da visita do capitão-do-mato e quando os primeiros doentes apareceram foram tratados como um simples e leve piriri; um desarranjo costumeiro; caganeira que cabe bem, chá e repouso.

Único conhecedor da tal doença, nesse ermo de mundo, Padre Isaias, que viveu na Europa, nos seus anos iniciais de estudos e posterior aprimoramento em sua biblioteca particular, suspeitou de uma epidemia de cólera quando apareceram pessoas com sintomas parecidos com o que ele viu em Portugal: uns morrendo, outros desmilinguidos que parecia tísica, com vômitos, e diarreia, e queixas de câimbras, nas pernas em especial. Aprofundou seus pesquisar e deu-se conta que Inhambupe passava por situação crítica, com uma moléstia até o momento desconhecida pela população.

– É castigo de Deus! – Apregoavam alguns.

Outros *boatavam,* inconformados com a contratação de Lucas das Virgens e seus capangas:

– Isso há de sê coisa do diabo e quem trouxe foi belzebu *fatiotado* de capitão-do-mato!

O certo é que o cólera se alastra pela Vila e pelos arredores, céleres mais que o *raio da silibrina*.

Difícil conter os ânimos da população e convencê-los da *precisão* de alguns cuidados essenciais. São letrados em outras muitas doenças, que por vezes chegam a óbitos, mas, não com essa quantidade de pessoas infectadas, nem com essa celeridade, nem com essa intensidade: em pouco menos de três dias o número de mortos é superior a mortandade da Vila em um *bando de anos.*

Os moradores de Inhambupe não se atem ao real da situação que se apresenta e o maior desafio para o Padre Isaias é convencer as pessoas a mudarem seus hábitos quanto a higienização pessoal; dos ambientes de morada; do ambiente comum à Vila e, mais dificultoso é com a zona rural. Os fazendeiros mantinham as senzalas com o mínimo de asseio, assim como suas próprias casas e as moradas dos vaqueiros. Isso fez o cólera espalhar-se rapidamente.

Assim, nos dias que se seguem, as tentativas de debelar a epidemia parecem sem muita serventia.

Providências mais urgentes são tomadas pelas Irmandades que, entretanto, levaram tempo para acatarem as recomendações do Padre Isaias, assim, face a celeridade de contaminação, em pouco tempo, mortos em Inhambupe contava-se às pencas.

Zezão, pelo conhecimento das caatingas, assume a tarefa de *correr mundo.* Visita fazendas, iniciando pela Fazenda do falecido Francisco Morato, onde encontra muitos mortos e outros tantos que se escafederam nas caatingas. Dentre os mortos Zé di Bila e Maria Cabaceira.

Confirmou que o *capetão-do mato,* o infame do Lucas das Virgens, aqui acampou, buscando rastros dos negros fugidos. Um sobrevivente da sanha do cólera, além de confirmar a passagem e *acampagem* do capitão-do-mato, na Fazenda Morato, observou que um dos homens, que chegou doente, foi enterrado na beirada da caatinga, em cova rasa.

Zezão, em companhia de Hermínio e mais outro trabalhador de Anacleto, levavam moringas de cachaça, e panos para cobrirem o rosto. Cuidaram de levar embornal com mantimentos e mudas de roupas para trocar em caso de necessidade.

Primazia dos procedimentos: fazer coivara e queimar os pertences dos mortos – mortos sem enterro se assim tivesse –, depois lavar as mãos com cachaça, não se esquecendo de que se a cachaça é boa para lavar as mãos..., deve de ser melhor para lavar as tripas. Assim, grandes goles eram sorvidos durante e ao final da árdua tarefa.

Depois de tudo providenciado, já na boca da noite se recolhem nos matos, longe da casa e dos currais da Fazenda Morato.

De manhã cedinho, sem galo para cantar no acordar, acordam com os passarinhos fazendo algazarra que parecem pilheriar com os três marmanjos mal amanhados, com caras *mal dormidas,* lavando as tripas, logo cedinho, com cachaça.

Fazem uma breve refeição matinal, com carne seca sapecada na fogueira, farinha de mandioca seca e água de um vasilhame levado de Inhambupe.

Da Fazenda Morato, os três, nada comem, nada bebem..., muito mal, usam o chão para dormir e bem longe do terreiro e das coisas todas da fazenda; conservam panos tapando nariz e boca, quase sempre.

Antes de irem para Inhambupe, Zezão lembra que Lucas das Virgens e seus asseclas, se arrancharam e morreram na beirada da Lagoa Branca, e foram comidos por urubus.

Desvia o caminho e toma direção da Lagoa Branca.

Pelos caminhos, onde encontram pessoas que aparentam não sofrerem do contágio, dão ensinos, tal como indicado pelo Padre Isaias, com detalhes dos sintomas todos do cólera.

Na beira da Lagoa encontram os *carangaços* dos *matadores de negro,* como tal se autodenominavam. Não por piedade, mas por questão de higiene, cavam um fosso de fundura razoável e, com ganchos e varas arrastam a ossaria e as enterra. Sentem-se limpando o mundo, dessa sujeira inominável; isso é merecedor de goles extras de cachaça: as tripas são passíveis de lavação, tanto quanto as mãos.

### As aflições da Vila de Inhambupe

Seguem-se os dias, Padre Isaias na Vila de Inhambupe, Zezão pelas fazendas, Anacleto nos acertos com a outras Irmandades, convencendo-os de que seus defuntos deveriam receber pompas com os caixões devidamente lacrados com pregos, e não deviam se demorarem nas honras pós-morte, tal como o habitual. Procedessem os funerais e depois as honrarias à morte..., depois de muita labuta, por fim, é contida a *doençaria*.

Hora de escriturar os prejuízos; somar as muitas vidas ceifadas pela infâmia da moléstia que atacou Inhambupe, que alguns dizer ter sido castigo de Deus.

Os muitos que vivem *pra contar história*, choram a morte de parentes e amigos: não houve clemência com idade, com riqueza terrena, com fé inabalável, com promessas – que foram tantas, que se queimou velas por dias e dias –, ou penitência qualquer, não importando sacrifícios.

O cólera, contido a muito custo e muitas vidas, por certo, não está completamente descartado, mas o pior já passou e a vida na Villa começa a retomar sua normalidade.

Mesmo com a certeza da suposta contenção do cólera, Zezão não quer voltar para casa de imediato, por conta da possível contaminação, isso afirmado pelo Padre Isaias, mas encasqueta que quer ver a família, pois faz para mais de cinco semanas que estão nessa desesperada peleja, contra uma moléstia que por um *trisquinho de nada* não apagou Inhambupe da face da terra.

Acertada com Padre Isaias, pega calça e camisa de Anacleto – que há muito estão em desuso –, sapeca as roupas em um fogo de improviso já na saída de Inhambupe, passa cachaça nos braços, no rosto, duas goladas *pra lavar os intestinos*, e se vai para o sítio.

Gereré, que deu ajuda para Zezão, não se contém quando este se banha com cachaça e exclama:

– Ô *disperdício!*

Zezão chega só na porteira. Esmeraldina sai no terreiro, avisada pelos latidos de Siriba e Zezão não se furta a comentar, em tom de chiste, quando Siriba vem lamber seus pés:

– Ô peste! Se é estranho, vosmicê nem dá latido.

A prosa não é de muita demora e não tem achego. As recomendações do Padre Isaias são seguidas à risca.

Zezão explica com detalhes a situação da *doençaria de Inhambupe*, ouvidos por Esmeraldina e Benta, pois Tonho Pereba apenas mostrou Toinho ao pai e se escafedeu na sombra do pé de cajá, com Toinho e Siriba, fazendo gracejos e a criança se derretendo em risos.

A conversa toda é com *lonjura* de pouco mais de uma braça; os rezingues de Esmeraldina é quanto a magreza de Zezão, que perdeu peso nesses dias de trabalheira:

– Tá cumeno não, Zezão?

– As vêis o *di cumê* nem desce! – Retruca Zezão.

Benta faz pedido para que sejam mandados uns tecidos que ela *se'squeceu* em casa, mas Zezão contrapõe, convencendo-a de que faltam poucos dias para que o Padre Isaias confirme o fim do isolamento da Vila – as Fazendas mais atingidas com a doença ficam por mais tempo insuladas, por precaução –, então ela pode ir a Inhambupe e se fartar com tudo que deixou por lá – nisso inclui Anacleto, mas Zezão contém o chiste.

*  *  *

Agora, que é passado o apoquentado, que deram fé: por onde *diabos* anda o coronel Idelfonso? Não é visto em Inhambupe, desde que surgiram os primeiros casos de cólera; o casarão está fechado; *nem rastro nem cheiro* – nesse caso, fedor – do *disgramado*; a esposa não mais foi vista na igreja; dos jagunços, travestidos de vaqueiros, nem sombra, que dirá aparição!

### Zezão volta ao seu costumado velho

Zezão volta à normalidade da sua vidinha.

Dá de caçar, leva Siriba e se arrenega. O diacho da cachorra, quando não dorme, atrapalha tudo: quando não é *pra ir pra cima dos bicho*, ela vai; quando é *pra espantar caça de pena*, ela fica de leseira, olhando para cara dele!

– Disgrama! Dá até gosto gastá chumbo co'essa injúra. Não fosse Esmeraldina! ... – Zezão, quando não mais se aguenta com a cachorra.

Amarra a coitada, com tiras de couro cru, em um *pé de pau*, e vai fazer sua caçada.

– Dorme aí, peste! – Vocifera quando se vai.

Esmeraldina, nos cuidados com a casa, feliz da vida pela volta de Zezão..., que foi três dias de chamegagem, *pra tirar o atraso;* Benta, que *já tá se indo*, graceja quando na porteira:

– Quando vórto pra *pegá* o outro?

– Vai tê outro não. – Responde Esmeraldina, escabreada.

– Se fô mulé, vai sê mió! – Retruca Benta.

Tonho Pereba, mal se contém de alegria, quando é incumbido dos cuidados de José Antônio.

Ouvindo o chiste de Benta e tendo compreensão, mesmo pouca, do que seja, Tonho Pereba, também graceja:

– Vô gostá, d'outro, tamém! Mas desse vô gostá mais.

– Vosmicê é muito do enxerido! – Rebate Esmeraldina.

* * *

– Vosmicê ôviu as cunvesá de Benta? – Pergunta Esmeraldina, enquanto bate ovos para uma gemada.

Zezão está magro, ela sabe que ele tem resistência e fogo, mas..., por via das dúvidas, melhor garantir com reforço no *di cumê*. Custa nada dar mais sustança. Vai que ele não *aguenta o rojão!*

– Ôvi não! – Responde Zezão.

– Intão não carece de sabê! – Diz Esmeraldina, se rindo e mordendo com lascívia o pescoço do marido.

– Aí! Tá de fome? – Reclama Zezão.

– Tô sim! Ispera pra vê! ...

Enquanto esfria a gemada, dá tempo para um chameguinho pouco. Assim, Esmeraldina não perde tempo. Nem a magreza de Zezão vai impedir que ela faça o está com vontade de fazer: *e é u'a vontade doida!* ...

## – VIDA DE VAQUEIRO: PELEJA E LEDICE –

    Zezão, depois de atribulados meses, principia um aquietado maior na sua vida. Voltam as pegadas de bois nas caatingas e, convocado por um fazendeiro de Entre Rios, vai buscar uma grande boiada para ser juntada a outros bois, também não muito poucos, que estão nos arredores de Inhambupe e serão levados para Água Fria e daí para outros *nortes*, mas não mais pelo grupo formado por Zezão.

    É a vida que pediu a deus.

    É sua sina..., vaqueirar nestes Sertões!

    Seus companheiros mais chegados, aqui mesmo de Inhambupe, Caburé, Taioba, Maroto, Maruim, Mizael..., são parceiros de velhos aprontos. Juntos, *varreram* muito essas caatingas, nos anos que antecederam a ida de Zezão para a guerra, na pega de boi brabo. Muitos bois tangeram, em boiadas que coalhavam esses caminhos todos. Fazia gosto de ver tanto boi.

    Os tempos são outros. As boiadas foram diminuídas e Zezão se afastou dessa vida de tangedor de boi.

Mesmo em Pedrão, quando buscou mais bois nas caatingas e conduziu boiadas maiores, não teve o coração batendo forte, tanto quanto agora.

Está ficando velho? Será capaz de aguentar o rojão?

O baio está de meia aposentadoria. Não tem mais fôlego para trabalheira tanta..., há de ficar um tempo sem labuta pesada...

*Dá nó na goela,* ver o pobre do baio, tristinho, de cabeça apoiada na porteira, vendo Zezão encourado, dos pés à cabeça, arreando um cavalo estranho.

É um alazão *estanhado,* com um pelo que parece sujo, fogoso que nem o baio, de anca larga e pernas fortes. Fica inquietado, quando sente o cheiro dos couros e tem o cabeção passado pela cabeça: – *O peste parece que adivinha!* Ajuíza Zezão, nos ajeites da sela.

Esmeraldina, ao se despedir de Zezão, segrega no ouvido, algo que o deixa encafifado:

– Tô embuchada de novo! Parece.

– Tem certeza não? – Inquire Zezão.

– Certeza, certeza..., não! Tu não qué? ...

Zezão, estampa um sorriso maroto, como resposta, beija a esposa na face, faz um cafuné em Toinho que é trazido por Tonho Pereba, monta, toca de leve as esporas na montaria ao tempo que torce o corpo, sobre a sela, e tange de leve as rédeas para o lado, o que é desnecessário, pois o cavalo parece prenunciar seu gesto.

*\*\*\**

É uma belezura desmedida, ver uma boiada saindo da malhada de uma fazenda.

Cheiro agreste das reses; mugidos intermitentes; chifradas dos mais ousados na disputa de melhor espaço; aboios de vaqueiros; latidos de cachorros; estalos de látegos; fezes atapetando o chão de terra batida, com seu odor característico; um poeirão tomando o ar; os gritos do capataz e a xingação dos boiadeiros; o rangido dos carros de bois principiando a saída..., e o dono disto tudo, soberbo, inchado de altivez, cercado de crianças que gritam pelos nomes de bois, de cachorros, de cavalos, dos vaqueiros conhecidos..., que fica esmorecente quando sobra só a poeira e o fétido da bosta dos animas, espalhada, pisada, remexida..., e o dia a dia volta a seus pernos, em inquietante solidão, em silêncio funesto quebrado só pelo farfalhar dos arvoredos e trilos dos pássaros.

Com a perda de tantos bois, a fazenda perde um pouco da sua essência!

E a boiada se estende por um quarto de légua, mais ou menos. O tangimento das reses ocupa os vaqueiros por todo o tempo. Uns vão mais adiantados, outros mais atrasados, um boi fujão dá de sair da linha e entra pelos matos que é *enrabado* por um vaqueiro, acudido por um cachorro, que não vai muito longe e é trazido para o grupo e se vão, em passo de marcha não acelerada, num estradar que dura dias.

Os pernoites são feitos em campo aberto: rancho de improviso é armado na rabeira da tropa, em ponto central, para o *di cumê* dos boiadeiros; os vaqueiros apenas toscanejam, no mais das vezes, pois o sono sempre tem sobressaltos, arrumados em torno da manada em pontos estratégicos.

Trazem armas de fogo, facão, facas e punhais, e não descuidam dos animais. É comum serem surpreendidos por salteadores e, perder boi para ladrão é desonra para vaqueiro.

* * *

Depois de passar pelos arredores de Inhambupe, margeando o rio maior, para que os animais se farte de água, a boiada segue por estrada larga para Água Fria. Agora os cuidados redobram. A manada cresceu. Os bois que estavam em Inhambupe foram acrescidos ao grupo; são pouco mais da metade da boiada que saiu de Entre Rios.

Cresce o número de bois, cresce o número de vaqueiros, cresce, também, os perigos nas estradas.

Por esses caminhos, as grandes boiadas são vulneráveis a ataques de índios, de quilombolas, de ladrões de toda estirpe e mesmo suscetíveis a cobrança de pedágio por parte de alguns fazendeiros incomodado com a passagem da gadaria. Por conta disso, é reservado reses para acertos com esses grupos, no intento de conseguirem chegarem aos seus destinos com poucas perdas.

Zezão, conhecedor desses trâmites, apoiado pelos capatazes e vaqueiros mais experientes, fazem as negociações e a boiada passa, protegida pelos índios mais ariscos, acobertada por negros que são fugidos – mas não se entocam em quilombos –, assim como fazendeiros que, satisfeitos com as prendas, ajudam no translado nas partes mais críticas.

Assim, chega em Água Fria o *boiadão,* sem muitos contratempos, no prazo que foi marcado com os negociantes.

A entrega dos bois é feita, Zezão e seus companheiros recebem pagamento pelos serviços, juntam-se em grupo grande para retornarem a viagem, sem bois, mas com as burras refasteladas: uns vão ficar em Inhambupe, outros seguem para Entre Rios.

Na saída de Água Fria, na estrada que vai para Irará, Zezão se alembra dos quilombos. Dá vontade de ir até lá, para ver como estão as coisas, mas tem que voltar para casa e, não quer muito se envolver com os problemas alheios, mais do que já se envolveu.

Por curiosidade, quando em parada para descanso, em uma bodeguinha de beira de estrada, toma de alento e pergunta sobre os negros dos quilombos da Serra dos Periquitos. Fica de saber que quase foram dizimados por uma moléstia que *deu de surto* e matou muita gente nos quilombos todos. Desarranjo intestinal, com vômitos: assim era entendido, o cólera, nesta região.

Encafifado, Zezão pergunta sobre o quilombo do Mucambinho. O bodegueiro, muito conhecedor destas brenhas, afiança para Zezão que do Mucambinho sobrou Ingrácia e uns outros poucos.

## Vida de vaqueiro tem seus deleites

É uma chinfrinada a chegada de Zezão em casa.

Esmeraldina, contente pelo novo filho, quer também que seja menino, esfarrapando desculpas que é para fazer companhia a José Antônio, mas, no fundo, admite que a vida de mulher, nestes cafundós, não é das melhores. São tratadas como objetos e, homens tal que o coronel Idelfonso, é o que, por aqui não falta.

José Antônio é o mais saudoso. Quando está com tempo vago, Zezão dedica quase inteiramente ao filho que está grandinho.

Tonho Pereba, feliz pela volta de Zezão, porque Bororó é um péssimo parceiro na matança dos bois.

Zezão por trazer mais ganho, assim, traz mais conforto para os seus. Isso inclui Pereba que se sente da família: agregado, ainda sem título de afinidade..., mas, da família.

Descanso merecido, com o merecido jantar, os merecidos cafunés, os merecidos achegos, os merecidos chamegos..., na cama, na hora de dormir.

– Vosmicê é doida. A barriga já tá grandinha. – Rezinga Zezão.

– E vosmicê não qué? – Retruca Esmeraldina.

– Quero sim! Dá medo é a barriga. – Rezinga Zezão.

– Indesde quando barriga atrapáia? Embuchada de Toinho, nóis fez muito. – Reclama Esmeraldina.

– Mas'era morreno de medo. – Explica Zezão.

– Ôxe! ..., aqueles grito todo era medo?! – Contrapõe Esmeraldina, sarcástica.

– Fica pru cima, e não grita que Pereba tá na sala. – Diz Zezão, incontido.

– Sabia! Era só começá...

Esmeraldina se desmancha em deleites, não completa a frase porque um longo beijo foi começado e as línguas, se entrelaçando de maneira concupiscente, vão se enroscando e digladiando, embebidas em um salivar que parece afoguear, mais que as carícias de mãos, a lascívia que juntada é mais que a boiada de Entre Rios juntada com os bois de Inhambupe...

## O baio, em feliz reencontro com a sela

Depois de todos os agrados, da esposa, do filho Toinho e mesmo de Tonho Pereba, Zezão resolve visitar Anacleto e Padre Isaias.

Vai para o pasto, levando um cabresto, encontra o baio e lhe faz um bando de afagos, um bando de confidências em palavras de fundo desvelo, dispensa o cabresto e o animal o segue, para a porteira, sabedor de que é o escolhido para esse momento. O alazão, que Zezão foi de viagem com os bois, vai ficar em repouso e, vivamente, é de explicitada primazia o velho amigo e companheiro de muitas peripécias.

Para Padre Isaias, Zezão comenta sobre o quase extermínio dos negros nos quilombos da região de Irará. Ele promete incluir, nas suas orações e nas homílias das missas, menção aos quilombolas – que não se sabe os nomes, mas Deus há de conhecer todos –, tal como faz com as vítimas do cólera de Inhambupe.

Padre Isaias, pondo de lado os óculos de leitura, que lhe dá mais ar de elegante homem idoso, diz, compassadamente, com a airosa sapiência que lhe é crível:

– São as linhas tortas por onde Deus escreve: o capitão Lucas, combinou as mortes desses negros e, de maneira torta, chacinou os negros, tal como ele garantiu!

Anacleto, feliz pela volta do irmão, que fazia uma falta da *gota serena*, pois Bororó não está dando conta do matadouro e vive de brigas com Tonho Pereba..., e olha que foram muitos poucos dias! ...

Todos ficam de saber do novo rebento. Para Benta, que sabia, antes mesmo que Zezão, pois foi ela que *deu fé* dos primeiros sinais e guardava em segredo e levaria para o túmulo, se carecesse.

E assim, volta Zezão a tocar sua vidinha, tal como ele próprio nomeia, mas, em verdade, as muitas vivências são amplas e sua labuta é de grande valor, mais que qualquer vida de qualquer outro vivente, daqui de Inhambupe e de outras paragens muitas.

Padre Isaias afirma ao próprio Zezão e quem mais queira ouvir: Zezão é um homem que ele muito admira. Seria Santo, não fosse impedimento da Igreja de não santificar sem um milagre, que por certo ele estava perto de tal intento. Nessa última glosa, o Padre Isaias *se ri* do próprio comento.

Zezão é tema de cavaqueira, até na porta do botequim de Berenaldo, pelos seus diletos clientes: Xexéu e Gereré, que exaltam seus feitos, tal como aprendido com Fogoió. Alargam a prosa e fazem crescer as proezas cada vez que são contados. Até inventam histórias novas que por vezes tem carne de urubu no *di cumê,* tem fantasmas nas noites de muito medo, tem facínoras tal qual o coronel Idelfonso..., até caipora, mãe d'água, mula sem cabeça, corpo seco, comadre florzinha! ...

..., e o coronel Idelfonso, que só deu de aparecer depois que contida a epidemia de cólera, passou a mais temer o desafeto – Zezão – e por vezes admite para Baré, que é seu confessor, que é seu capacho, que é seu capataz, que é seu *pau-mandado,* que é o seu o que é..., e não haverá de ser outro, porque outro não haveria de tanto aturar:

– Mais medo que de Zezão, só do Exército! Mas não vá contá pra mais ninguém.., sinão mato vosmicê.

– Segredo do sinhô, é segredo meu! Levo pra cova. – Baré, contrito e acovardado.

..., e o coronel Idelfonso, não por estar velho, pois assim não se acha, mas por não ter, ainda, contatos nos meios políticos, refeitos tal como deseja, padece de acanhamento na sua empáfia, dia após dia!

Faz tempos que seu viver é mais na fazenda que em Inhambupe. A esposa, que não muito gosta da roça, prefere o casarão da Vila, onde tem negras escravizadas para atender seus chiliques e lhe suprir a fatuidade com subserviência. É quase que reclusa, no entanto. Mesmo quando vai à missa, em dias de domingo, ostentando ouro e pedras preciosas em joias de grande fineza – mais parece árvore enfeitada para festa de Natal –, busca afastar-se de todos. Fica, sempre, em um lugarzinho de resguardo, que o coronel Idelfonso apregoa ter comprado ao Padre Isaias, que diz ter cedido tal espaço para não ver a cara do coronel, em hora de missa: os dois assentos ficam ao lado esquerdo do altar, escondido por um pilar.

– Coronel! O sinhô vai pra casa de Jandirona, hoje? – Pergunta Baré.

– Pru quê qué sabê?! ...

Pergunta o coronel Idelfonso, grosseiramente, refastelado na cadeira de balanço, entretido com os rangidos da madeira, no avarandado do casarão da fazenda.

– Tô de querê ir pra Vila! – Explica Baré.

– Só vai s'eu fô vê Jandirona? – O coronel, de modo sarcástico, e cáutico, e grosseirão.

– Carece do sinhô deixá! – Explicita Baré, quase pedindo *pelo amor de tudo,* vez que o coronel é ateu.

– Vô não. Mas tem u'as coisa pra vosmicê levá pra Vila. Pega u'a carroça e vórte aqui.

O coronel Idelfonso fala, e aumenta a velocidade do balanço da cadeira, aumentando os rangidos, e o cachorro, que nunca que se esqueceu da cipoada que levou, aquietado na sombra dos pés de cambucá, dormita com um olho fechado, outro aberto.

### A conta do cólera

Os fazendeiros tiveram um grande prejuízo, com o surto do cólera, que agora estão buscando recuperar com a venda de grandes boiadas. Morreram muitos escravos, muitos entes familiares e, mesmo alguns fazendeiros que mais tiveram contato direto com Godiberto e

Matias Seneiro, que foram os contratantes do capitão-do-mato, que nos encontros houve apertos de mão no momento de procederem pagamento pelos serviços..., Godiberto morreu na primeira *leva* de vítimas; Matias Seneiro ficou adoentado, se tratou na casa sogro – o coronel Gerôncio que mede forças com coronel Idelfonso –, onde estava de visita e por lá tinha um doutor, da capital, com conhecimentos poucos do cólera, mas de conhecimentos muitos em caganeira, que fez o socorro e não deixou o pobre se esvair em vômitos e diarreia.

E a Vila, continuada na sua vidinha, arrastando-se tal como as sandálias de arrasto do Padre Isaias – disfarçadas pela batina –, que nas suas homilias busca convencer, ainda, os moradores a mais cuidados com higiene.

As ruas e becos da Vila voltaram a ser sujas e malcheirosas; a feira retomou sua habitual falta de limpeza e os alimentos comercializados são, no mais das vezes, colocados no chão de *barro socado*; cachorros sarnentos e outras espécies de bichos – ratos em primazia – passeiam por praças e ruas de *chão batido*; amontoados de lixo formam monturos e, alheia ao malcheiroso amontoado de coisas repugnantes, a Vila persistia em seu viver.

O Padre Isaias bem que aposta no poder de convencimento. Os livros que continuava a ler, sobre a moléstia que assolou a Vila, assim como outras muitas doenças que assola as populações pelo mundo inteiro, lhe fazem ver que muito dos problemas podiam ser resolvidos com a higienização dos conglomerados populacionais.

### Eita vidinha besta!

A Vila de Inhambupe, pachorrenta, elucubrada em seus locatários, em seus dissabores, em suas idas e vindas no *disinchavido* da ampulheta que nem sai do lugar, em seus ciclos de festas, em suas alegorias, em seus mitos, em seus pernos...

Anacleto, Benta, Padre Isaias, Bororó, coronel Idelfonso – que deus o mantenha longe da Vila.

– A vida judia de nóis e nóis não véve apartado da labuta..., mas paga a pena, no final das conta.

Homilia de Xexéu, depois de uns goles de pinga, abeirando o balcão do boteco de Berenaldo para mais uma dose.

Depois da filosófica fala, Xexéu, já achegado ao balcão, se segura para não se *estabacar* no chão e grita para Berenaldo, dono da bodega: ...

– Desta feita generosa, seu beré-beré de u'a figa. Sem sovinice!

..., que é, de imediato, reafirmado por Gereré, não menos *tomado de cachaça:*

– E vê se não bota da que *mata barata.* Pega da boa!

Berenaldo, cognominado de Beré, é *reapelidado,* por Xexéu, de beré-beré, que talvez só ele – Xexéu – saiba o significado da acepção do termo: Zé-ninguém.

Assim, a vida passa por esses ermos deixando rastro muitos, vincando-se em muitas lambanças, no córrego de pelejas muitas..., cachaça de boa cepa para esquentar as prosas e o filosofar dos frequentadores de bodegas que alceiam o centro da Vila de Inhambupe...

– Que mal pergunte! ..., qué o quê? Que a vida seje só fulô? – Filosofa Gereré, brindando com Xexéu à enésima pinga do dia, que nem perto do meio está. Os dois parecem terem dormido na porta da bodega e ajudado abrir as portas: é domingo!

Fica a saber: são, Xexéu e Gereré, dois filósofos ou, unicamente mendazes?!

– Lavou direito esses copos, seu Berenaldo?! – Grita Xexéu, para Berenaldo que vem trazendo duas belas talagadas de branquinha, para os dois parceiros de copos, encravados na mesa sebenta, plantada na frente da bodega.

– Tá mais lavado que sua ceroula, seu bode velho ensebado! – Alterca Berenaldo, em tom ofendido pela desfeita do nobre cliente.

– Bom que têja! ..., pr'eu não pegá doença ruim na boca. – Retruca Xexéu, com mais deboche na voz.

– Doença ruim? Vosmicê já é u'a doença! ... – Berenaldo, em pé, junto à mesa sebenta, brandindo os dois copos com cachaça, como querendo não servir aos dois *filósofos de bodega,* rebate com veemência e escárnio.

O cachorro vira-lata e sarnento, que está à parte, meio leso de sono, levanta a cabeça, sacode as pulgas, mira os três que *se embatem e debatem asneiras,* como troçando deles, dá um volteio de cabeça e volta a dormitar seu sono canino.

– Tá dáno na lembrança..., o sujeitinho que não me'alembro do nome! ... – Diz Xexéu, de jeito solene, levantando o copo de cachaça, meado, em brinde à falta de alembramento.

– Nem sei de quem vosmicê fala! – Retruca Gereré, seguido o movimento de copo do parceiro, não sem antes bicar uma golada boa.

– Sabe sim! O da violinha chocha, culhereiro que só a gota serena. – Retruca Xexéu.

– O das cantiga pra boi drumir? – Inquire Gereré.

– Ele sim! – Afirma Xexéu.

– Berenaldo! Vosmicê sabe de quem Xexéu tá de alembrar? – Pergunta Gererê.

Berenaldo que está às voltas com um rato calunga, que teima em roer as bolachas e os surrões de rapaduras, apenas dá de ombros, sacudindo um pano sebento que usa para enxugar as mãos, limpar o balcão, assear as mesas..., e sabe-se lá mais o quê!

Ao que Gereré alterca:

– Esse Beré-Beré é disinchavido que nem a vida que nóis véve!

A pachorra da Vila se estende à frente da bodega e o dia se esvai em lerdo e *ruminoso* persistir. O dia é preguicento como são preguicentos todos os dias neste ermo de mundo – lugarzinho *remoso* que Deus parece dele *tê se isquicido* – cercado de caatingas e matas de aparências distintas do que é mato de Sertão, mas tem parecença no verde e nos bichos de asas, que gorjeiam quando vontade tem, nos bichos de quatro pés que passeiam solenes, vez em quando, pelas ruas de areia e pedras, e nos bichos que se arrastam e vicejam em busca de comida e de abrigo: nem carece de ir para o mato caçar.

Circulam, vez por outra, pelo meio da Vila, preá, juriti, teiú, pomba-rola, codorna..., por vezes aparece um veado e quase sempre tem cobras se esgueirando nas sombras dos *pé de pau:* jiboias, surucucus, caninanas...

As casas, que não são muitas, arredas umas das outras, braça e meia de distância, por vezes, circundadas por grandes árvores que sobreiam e dá frescor ao vilarejo; umas até tem pastos *pra vacas de leite e cavalos de passeio.*

Umas outras são maiores, dos coronéis e fazendeiros sem patente, mas abastados de riqueza; outras menores, dos moradores mais *fracos,* enumeram a Vila e dão aparência de grande povoação.

A igreja de Nossa Senhora da Conceição, fincada na parte alta da Vila, tem à sua frente um *aberto* que mais parece pasto e lá, pesteiam vacas leiteiras, carneiros, porcos e toda sorte de bichos. Capim aqui cresce até *por riba* das grandes pedras que ornam o descampado.

Um carro de boi geme em um aclive; gritos do carreiro atiçando os bois; o dia ronceiro, o sol a pino, nuvens poucas no céu, frutas no quintal..., o vento, às vezes intenso, às vezes frouxo, forma redemoinhos que, solenes, peregrinam pela pracinha; um cavalo troteia, uma vaca muge e persiste no pastar em frente à Igreja; um cachorro late e por outros é arremedado, às vezes perto, às vezes de muito longe; um bem-te-vi gorjeia e um sabiá faz contracanto; um molecote, em desatada carreira faz entrega de bolos para dona Santa, que faz *doce de ganho;* um pavão, que vez por outra foge do casarão do coronel Idelfonso, mostra seu esplendor no espanar da cauda, acercado de fêmeas..., atrai o olhar do garoto que não pode apreciar o pavoneio do macho, mais atentamente, pela afobação das entregas: dona Santa cospe no chão e ai dele que chegue depois do cuspe seco; o tempo..., a temperança..., o açodamento..., a pedra..., o pó..., a poeira..., a ampulheta no contar das horas e as horas bisando e repetindo-se, vezes sem conta..., eita vidinha besta! ...

– Seu Zé! ... Amanhã me tráis ovo! Duas dúzia.

Grita Faustina, para Zé Limeira que de porta em porta faz entrega de *u'as coisa da roça:* ovos, leite, abóboras, batatas, feijão verde – quando é tempo –, carne de bode, carneiro e porco – salgada e secado ao sol –, *caça de pena* moqueada, macaxeira..., vem com dois caçuás cheios, na cangalha de uma mula, e voltam vazios, quase sempre. Clientela garantida: dia sim, dia não.

– Trago sim sióra! ... Só adepois de amenhã!

Responde Zé Limeira no mesmo gritado..., e o bem-te-vi, *curiando* tudo e repetindo seu enfadonho canto; o sabiá se foi; o pavão se escafedeu, seguido pelas fêmeas; os passarinhos bicam as frutas maduras, nos quintais e os saguis partilham das mesmas frutas, sem brigas, mas com muito burburinho; uma janela se abre; uma porta bate forte; um cachorro ladra; uma chibata estala..., e o molecote ainda na sua correria de porta em porta..., e o tempo que não dá trégua..., tangido pelo marasmo, em seu passar modorrento.

O trotar da mula de seu Zé Limeira já não mais se ouve! ...

### Novenário da padroeira

Chega o dia da festa da padroeira da Vila de Inhambupe. A novena em louvor a Nossa Senhora da Conceição se inicia com uma missa, seguindo-se por orações muitas e velas a queimar na homenagem aos mortos do surto de cólera.

Padre Isaias expões as mazelas da Vila Inhambupe, volta a fazer cobranças sobre a higiene e pede que seja feita uma limpeza, dia seguinte, das ruas e da principal praça do arruado, para que, no final da tarde, a procissão que leva a imagem da Santa, esteja devidamente faxinada. Conta com a colaboração dos fazendeiros da região e do apoio dos membros das todas as Irmandades para adjutório no mutirão.

Zezão, pela primeira vez desde quando saiu para a guerra, participa diretamente dos louvores a Nossa Senhora da Conceição. Não foi partícipe de outras festas, de santo qualquer, também, nesse período. Deu contribuição para as festas todas, no mais das vezes com trabalho, tendo o próprio suor, segundo ele, mais validade que qualquer dinheiro, no entanto, quando chegada a hora das comemorações, voltava para casa.

Nos outros festejos, admitia a si mesmo que *não tava de vontade de festa* e não se incomoda com a falação..., *tem de tê desculpa pra sua falta?*

Dessa feita é diferente, muito diferente e se apronta desde cedo, e a atitude de Zezão espanta até a esposa que incontida, questiona:

– Vosmicê tá animado por demais! Hôve o quê?

Não tem resposta em palavras. Um sorriso largo toma o rosto de Zezão que continua suas tarefas. Organiza as coisas todas do sítio; ajeita a carroça; pega as moedas que guarda com muito cuidado e coloca em uma pequena canastra: será para a compra de roupas para ele; para Esmeraldina que está perto de parir; para José Antônio e mesmo uma fatiota para Tonho Pereba, incluindo uma botina nova que é promessa, de meses.

Esmeraldina volta a perguntar:

– Nóis vai si demorá?

– Os dia tudo da novena. – Responde Zezão.

– E as coisa do sítio, vai ficá só? – Inquire Esmeraldina.

– Vai não! Nóis vem aqui, né, Tonho? – Zezão responde, com sorrisão aberto, olhando para Tonho Pereba que não desgruda da criança.

É assim, por todo tempo que está no sítio e que não tem afazeres na roça de lavoura: – *U'a babá, boa de todo!* – É o que sempre diz, Esmeraldina.

– É sim sinhô! – Responde Tonho Pereba...

..., feliz por estar indo para a novena de Nossa Senhora da Conceição, feliz porque vai ganhar roupa nova e botina nova, feliz por tem um teto, ser um incessável *babá*, ser bem tratado por essas pessoas que ele muito gosta..., feliz, por estar feliz!

José Antônio que começa a entender certas coisas, com a compreensão que lhe é peculiar, percebe-se envolvido em muita bagunça e, delicia-se com as brincadeiras de Tonho Pereba, com as reclamações da mãe e com os afagos do pai..., e quer que isso nunca acabe.

Até sua rotina foi-se para o beleléu.

– Vosmicê hoje não drumíu, né, seu sapequinha? – Esmeraldina diz, olhando para o filho que se desmancha em risadas, próprias do seu pueril.

– Vai drumindo nos meu braço, quando nóis fô! – Replica Tonho Pereba, cheio de sorrisos cariados.

– Vai levá esse muleque, nos braço? – Inquire Esmeraldina.

– Vô sim! É só ele querê. – Retruca Tonho Pereba.

– Vosmicê que sabe!

Esmeraldina, encerra a conversa, vai para o quintal prender as galinhas no poleiro, onde vai deixar muito milho – *prum di cumê farturado* –, até que Zezão venha *pajear* as coisas..., porque trabalho mesmo só quando findar a novena. Tem também uns fiapos de mato dentro do galinheiro, que de muito grande, *pode de caber u'a "boiada" de galinha*, e serve *pra enganar as lombriga*. Assim, a pobrezinhas não há de passar fome.

\* \* \*

Finda as arrumações, Zezão e Esmeraldina aboletados na carroça, Tonho Pereba, de gaiatice com Toinho, assentados no tronco da cajazeira..., prontos para o estradar.

Pereba que não anda de charrete ou montaria qualquer, toma a dianteira, com o garoto nos braços, já desmilinguido, já quase de madorna; foram os primeiros sacolejos das longas passadas de Pereba; é, também, cansaço pelo furdunço *do arrumar viagem*. Toinho que não tirou sua habitual soneca, está a dever muito sono.

Esmeraldina leva uns presentes para a comadre Benta e o compadre Anacleto. Coisas do sítio que na Vila é muito dificultoso achar e que eles muito gostam: compotas de frutas das caatingas; queijos curados no sombreado da cozinha; carne de bode salgada e secada ao sol..., e outros mimos mais.

Zezão, desenfardado das obrigações mais imediatas, desenforcado das suas contrições, desmanchado em pretensões de muito servir nos aprontes da novena da padroeira..., parece aliciar os passarinhos com os muitos assobios, que não incomoda, mas, acende a inquietação de Esmeraldina que ajuíza, mas não exterioriza: – Pru que havéra de tá tão ditoso?

Nada diz, mas os risos fartos, entremeadas de gargalhadas sutis, por conta das gaiatices de Tonho Pereba no carregar José Antônio, com o mesmo zelo que se carrega andor de Santo em procissão; com a *mesminha* delicadeza, de quem carrega anjo. Esmeraldina, mesmo não sabendo os motivos de tanta alegria em Zezão, prima nos afagos e nos cafunés por todo o trajeto: sítio dos Quinto – Vila de Inhambupe.

Passa já de meados da tarde. O sol forte incandesce as caatingas, como incendiando os matos, como querendo ferver o quengo dos viventes – não tem chapéu certo. Zezão pôs de lado o chapéu de couro e vale-se de um enorme sombreiro de palha; esmeraldina, de lenço na cabeça, protege-se com uma sombrinha, que por vezes o vento quer arrebatar da sua mão; Tonho Pereba, nada tem para o cobrir a cabeça, porque não gosta de usar chapéu – também, nada tem no quengo para ser fervido pelo sol, o que é mais provável; José

Antônio muito bem protegido por uma roupa leve e confortável, um dos seus cueiros abrigando a cabecinha e um pequeno chapéu de palha, com finura e rusticidade digna de bom chapeleiro campesino, lhe cobrindo os olhos e testa.

Siriba, com língua de fora, arfando pelo cansaço do viajar e pelo calor, segue troteando atrás da carroça. Cansa, entra pela caatinga rala que margeia a estrada, deita-se à sombra de um arbusto, fecha os olhos e põe-se a dormitar: o faro lhe dará o rumo e segue quando o sol for mais fraquinho.

Antes mesmo de prenúncios da boca da noite, estão achegados à casa de Anacleto; recebidos por Benta com festa e com mimos; festejado por Anacleto que tem muito a combinar com Zezão; Toinho, de mão em mão, recebe cortejo e, inicialmente reclama, faz cara de choro..., mas, o furdunço é maior que a birra e logo está se derretendo para as moças, crias de Anacleto, e a madrinha – Benta –, que lhe enche de *paparicos*.

## O novenário e a Santa

E a festa acontece como acontece toda festa de Santo. Muita reza, muita missa, procissão que nunca quer se acabar; fartura de comida e de bebidas também, pois o Padre Isaias não tem como prescrever abstenção de tal sandice..., – Santo e cachaça não se misturam! Diz Padre Isaias que nunca é escutado; muita lambança dos mais abastados, que nessas festas tem ocasião de expor seus pertences: ouro, prata, pedras muitas em anéis, em gargantilhas, em abotoaduras, em botões de sobretudo e paletós..., até os bridões de montarias, e botas, e escravos..., em farta exibição, a empáfia e a fatuidade da ostentação de posses; nas contribuições, por vezes vultosas, em demonstração de um abnegado e dadivoso auxílio, que em verdade é pura e simples mostra de soberba; muita vela a ser queimada e muita rogação de ajuda incorpórea, dos que piamente entregam-se à fé..., e mesmo aqueles que em barganha quer mais posse, mais poder, mais vão para mando, mais escravos, mais bois, mais altivez..., mais tudo pelo que podem pensar: presumível pechincha com a padroeira.

Os irmãos da Irmandade de Nossa Senhora do Rosário são tão contritos quantos seus pares. Participam com fervor, do novenário, pelos dias todos de orações, de missas, de procissão – contritos, colaborativos, compartes –, de quermesses..., da festividade toda, tanto quanto os membros da Irmandade de Nossa Senhora da Conceição participam da festa na confraria de Nossa Senhora do Rosário, assim como as outras Irmandades, que não são tão vultosas – quanto ao número de Irmãos –, participam, também.

As festas desses Santos todos é o que mais movimenta a Vila, que de tal pacatez por vezes, parece que o tempo estancou, tal a parcimônia que tem o galopear da vida nesse *pedacinho de coisa pouca*, perdido nesse finzinho de mundo que, em chiste, a boateira glosa: *fiapinho de mundo que nem Deus sabe donde está!*

*  *  *

A injúria do coronel Idelfonso não havia de deixar de estar na festa.

Cerca-se de jagunços *desvestidos* de vaqueiros, ou vaqueiros *desvestidos* de jagunços..., fica a saber, por não se poder diferenciar, quem é quem.

São muitos homens que guardam o coronel, que *montado* em soberba, trajando seu melhor terno, que deve de ter custado muito; expondo fatuidade e montando um cavalo que veio de não se sabe onde – que ele diz ter sido da Espanha e é um legítimo andaluz –, arreado com bridões e sela vindo da *mesminha* plaga que a montaria.

Uma clara demonstração de abastança, do coronel sebento, tanto quanto seus iguais: os grandes tantos fazendeiros de Inhambupe.

A esposa do *coronelzinho seborrento*, reclusa no mais da sua vida, trazendo enfeites de toda ordem – de ouro e pedras preciosas –, envolta em brocados e tafetás, encarapitada no bojo de um cabriolé puxado por dois cavalos e conduzido por um negro em fatiota de festa. Empáfia tamanha que não dirigiu palavra alguma para quem quer que fosse nos dias que desfilou pela Vila. Nem o Padre Isaias que esteve a ouvir confissões, no dia de homenagem à padroeira, por uma manhã inteirinha, ela dirigiu a palavra: não tem nada a confessar a ninguém, menos ainda esse padreco que se faz de representante *de u'a bosta de Igreja*.

Os capangas do coronel, vestidos com mais armas que roupa, desfilam, pomposos, ostentando facas brilhosas, garruchas de dois canos, espingarda de meio cano..., e outras coisinhas que são típicas de jagunços.

– O peste se aproveitô da festa pra mostrá que tem arma e jagunço!

Comentários que correu pela Vila e foi parar na mesa da bodega de Berenaldo, nas orelhas de Xexéu e Gereré, que um dia só! ..., um único dia, em todos os dias de novena, ousaram não sentar na costumeira mesa, no costumado rescaldo, na frente da bodega: o dia que Berenaldo não abriu, para seguir a procissão.

– Disgramado! Nóis aqui, quereno só páiz e u'a cachacinha, vez por outra, e esse peste há de querê fazê u'a guerra.

Diz Gereré, cheio de asco, cheio de raiva, cheio de nojo, cheio de tudo..., falando sobre a fatuidade do coronel Idelfonso.

– Cachacinha vez por outra, não! Quero mermo é todo dia, toda hora que tivé!

Concorda Xexéu, tão enojado quanto, mas, tomando defesa quanto a constância da bebedeira.

### ..., o cão passou o lustro

Coronel Idelfonso quase tem os olhos deixados das órbitas quando vê Esmeraldina. A belezura da moça tem mais esplendor que o monte de brocados, tafetás, ouro e pedras preciosas que a sua esposa carrega, com tanto zelo e tanta *bruaquice*.

O coronel fala para Baré, que feito carrapato não larga do patrão momento algum:

– Tá bunita pur demais, essa cabrocha: *o cão passou o lustro!*

– Tá embuchada, de novo! – Retruca Baré.

– Tô veno! Assim, ficô mais mió! Gosto de mulé embuchada. – Diz o coronel, lambendo os beiços e se fartando de cupidez.

Zezão, percebe as *butuca de olho* do coronel Idelfonso em Esmeraldina. Dá uma cutucada de leve e mostra o coronel babão e cobiçoso; Esmeraldina vê o *disgramado* –pomposo, mas sem deixar de ser seboso –, em cima de umas botas de muito brilho e de muitos enfeites, escarra e cospe de lado: – *Num quero nem olhar pro peste, pra não perder o gosto da festa.*

A procissão cobreia pelas ruas de Inhambupe, alimentada por velas e cânticos de louvor, sendo anunciada por uma matraca que vai à frente convidando os fiéis que ainda não estão na multidão.

Zezão fez questão de carregar o andor, por todo o trajeto, parando só para descansar, vez por outra; Esmeraldina, acompanhada por Benta, Anacleto, Tonho Pereba e José Antônio, seguem ao lado da imagem da Santa, próximos a Zezão.

Assim, cumpre-se mais uma tributação à padroeira da Vila de Inhambupe. Assim, o congraçamento dos *inquilinos* da Vila, se faz, uma vez mais, em torno da religiosidade que os recheia. Assim, a Vila de Inhambupe toma tenência e prumo no seu existir, balizando seu cresce, seu adolescer, seu desenvolver, nas muitas rezas, e nas muitas velas gastas, e nos martírios muitos dos seus muitos pecantes, tal como se acha Zezão.

Imbuído em tornar a tomar seu existir, no verter das muitas e aflitivas compunções, na labutação de esvaziar-se das iniquidades às quais se culpa, no entrega-se inteiramente à devoção de Nossa

Senhora da Conceição. Nada faz Zezão afastar-se desse seu pacto. Até pareceu promissão, para Esmeraldina, mas não se atreveu inquirir.

Ao findo da festividade, exausto, mas de alma lavada, Zezão aceita se encontrar com um fazendeiro de Ribeira do Pombal, que veio ver a festa de Nossa Senhora da Conceição e, em conversas com amigos, soube da sua fama de pegador de boi brabo. Tem reses quase se dando por perdida, em uns cafundós de caatingas, que nem todo vaqueiro se habilita.

Pede que seja ele e mais três conhecidos seus, com as mesmas habilidades que ele. Zezão trabalha em parceria, desde antes de se ir para Pedrão, antes da guerra, com uns cabras bons de laço e de correr com bois em caatingas, que foram com ele na intentada da última boiada para Água Fria.

## – A PEGA DE BOI NO JEREMOABO –

    Ajustes feitos, pagamento antecipado na metade; outra parte a ser paga ao final da peleja; mata-bicho pelo número de bois *pegados*.

    Lá se vão os vaqueiros para a labuta com bois em caatingas forasteiras: couros repousados na garupa, por não ser carecido de viajar paramentados; cavalos devidamente escolhidos para a função; Zezão – que não leva o baio por querer poupá-lo de labuta pesada, optou por um cavalo de cinza enfumaçado, como se fosse sujo, que é de Anacleto e foi traquejado por um amigo em Jeremoabo –, Decembrino, Altamiro e um outro que prefere ser chamado por apelido: Caburé do finado Dantas. Isso por ter outro Caburé que mora mais afastado de Inhambupe. Para encurtar o apelido, os amigos o chamam de Caburé de Dantas ou Caburé do finado: tanto faz, um ou outro.

    As caatingas, onde foi acertado a pega dos bois, tem um agravante: fica em Ribeira do Pombal, numa região de índios Quiriris, que é perto do Saco dos Morcegos. Não só os índios, mas também os outros moradores são arredios e vez por outra surgem contendas resolvidas na bala e na faca.

A viagem beira trinta léguas, para chegar em Pombal, depois mais seis a sete léguas para a Fazenda Minadouro, do contratante: Firmino Vilas-Boas – filho de um coronel, morrido de pouco – que tem terras a perder de vistas e bois que se viu, nem rastro.

Nome bonito, para botar na cria, caso seja homem: Firmino Quinto dos Santos. Isso se Esmeraldina combinar. Isso Zezão pensou, logo que *bateu na orelha.*

O fato de aceitar tal serviço é por conta de mais uma boca a suster. Não fosse isso, ficava de labutar só no sítio, com os cuidados que tem com as reses da Irmandade do rosário, o abate de bois para o Armazém de Anacleto..., e mesmo as empreitadas com bois, de outros fazendeiros, mas, em Inhambupe mesmo, sem muito ter que se afastar, das coisinhas suas que pajeia.

A vontade não é tão grande de pegar esse tipo de serviço. É uma trabalheira da gota serena e por vezes nem vale a pena, pelo desgaste, pela canseira e pelo ganho, que não é muito. Tem ainda o risco de vida, não só na peleja com os bois nas caatingas – isso é do costumado –, mas, muito pelos perigos que tem essas terras: índios, posseiros insatisfeitos..., bala, faca, jagunços...

E lá se vai a quadra de vaqueiros, em viagem comprida, em lombo de cavalo.

Quanto mais céleres no viajar, menor o tempo fora de casa, pois a labutação com os bois, nas caatingas, há de ser porfiada e pode ser por tempo maior que o mensurado.

Nada de galopear à toa: é passo de caminhada e carecem de descanso regular, os homens e os cavalos, pois vão dar carreiras com boi brabo, nas caatingas e não devem de ser esgotados no estradar.

Se for necessitado, pegam animais da Fazenda Minadouro, mas, vaqueiro confia mais na sua montaria. A labuta nos matos, carece de empatia na simbiose: cavalo, vaqueiro.

O proseado é mais nos pousos, para descanso, que no estradar; a labuta com o *di cumê* é repartida entre os quatro; os animais são tratados a *pão de ló;* os couros, dos vaqueiros, dos cavalos e das cordas de laçar, estão bem resguardados: mais até que os surrões das próprias roupas de vestir.

### Um dia do vaqueiro, outro do boi

Chegam ao destino, são levados para as caatingas onde vão campear, começam a labutação logo que estão inteirados dos animais a serem encalçados. Tem ajuda de outros vaqueiros, entretanto só quando as reses apresadas são levadas para cercados. O contrato é enrabar, apanhar e entregar aos vaqueiros da Fazenda Minadouro.

E tudo transcorre como delineado. Só tem surpresa o contratante, por conta da quantidade maior de animais que foram apreendidos: marruás, vacas paridas de pouco – as mais ariscas –, mamotes, novilhas pejadas..., Firmino Vilas-Boas se admira com o trabalho de Zezão e seus amigos, a ponto de *pesar a mão* na gorjeta, com muito gosto.

Último dia de labuta, depois de um dia inteirinho enfurnados nas caatingas, fazendo varrido para caçar os *bichos* mais arredios, os vaqueiros de reúnem em um descampado, arredado umas braças da porteira de um curral pequeno, onde estava prendido um marruá – o peste que mais deu labuta – e corre de mão em mão uma cabaça com cachaça.

Merecida! ..., depois de um dia inteirinho de peleja nos matos fechados; muito bem recebida pela vaqueirama.

Zezão, montado no cavalo, com a perna esquerda transpassada na sela, apoiando o cotovelo no joelho, tomou dois goles e ficou de prosear com Decembrino, escutado por Caburé. Falam da finalização dos trabalhos e planejam voltar, dia seguinte, logo bem cedinho, para Inhambupe. Assim aproveitam o *fraco do sol* e podem viajar, em galope curto, até mais de meados da manhã: descansar o *carangaço*, descansar os animais, e seguirem viagem no meado da tarde, pois logo depois o sol fica mais manso e podem fazer um bom pedaço de estrada, lá pelo início da noite.

Celestino, mais afastado deles, conversa com os vaqueiros responsáveis pelos animais caçados. *Trocam figurinhas* sobre os acontecidos e marcam outras pelejas juntos, quando ouvem o troar do marruá, atiçado no curral, não se sabe pelo que, forçando os paus da porteira, que na horizontal, encaixados no vão da cerca em um moirão, fecham a entrada do cercado.

Fazem galhofa com o arisco do touro, quando percebem que uma das peças da porteira era *mal presa* e está se soltando do encaixe.

Gritam quando a rês consegue se safar, se enfiando por entre as peças de madeira, e estanca, enfurecida, buscando alvo para ataque. Mira o cavalo montado por Zezão; os vaqueiros gritam, o cavalo se esquiva, Zezão não tem tempo de se aprumar na sela, se *estabaca* no chão, caindo por cima do braço esquerdo, no descambo.

O cavalo, montado por Zezão, pelo afeiçoado, depois de desviar-se, desembesta atrás do boi, que é seguido por três outros vaqueiros que estão montados e, cerca de quarenta braças adiante, o bichão é laçado e trazido de volta para o curral.

Zezão machucou o braço na altura do ombro e escapou de ter o braço varado por um pedaço de pau com ponta afiada: salvo pelo gibão; sorte não ter *se emborcado* de cabeça e *faxiado* o pescoço.

Atendido, *no mais que é possível no tempo;* levado para um casebre que serve de rancho aos vaqueiros, tem o braço esquerdo enfaixado com panos, rasgados de um cobertor velho, com folhas de mastruz maceradas e colocadas sobre o inchaço que se estende do meio das costas à base do pescoço, já de inchamento no peitoral.

Trabalho da peste, arrancar os couros – gibão, jaleco, guarda-peito – e Zezão, só não chora *pru* móde não sê desfeiteado!

Assim, a viagem de volta dos vaqueiros para Inhambupe, tem mais parcimônia e mais parada para descanso, por conta dos machucados de Zezão. Decembrino tem habilidades, nos acurados com coisas do tipo, fica de cuidar de Zezão. Aos outros dois, é cabido cuidar dos animais e munirem o *di cumê*.

\* \* \*

Com o susto da chegada de Zezão acidentado, Esmeraldina entra em trabalho de parto. Por suas contas, acha que ainda não é tempo; Benta afirma ser contagem errada de tempo e gravidez. Sai, em desatada carreira, Tonho Pereba, para buscar Benta.

Quando chegam, Tonho Pereba andando como de costumado, Benta trazida por Anacleto na charrete do Padre Isaias, Esmeraldina já está parindo, com Zezão usando só a mão direita e aparando a criança; José Antônio, quietinho, sentado no chão da sala, assustado com os gritos da mãe, tem de companhia, Siriba, que deitada com a cabeça no colo do menino, parece querer confortá-lo.

Mais um menino; Esmeraldina acata o nome Firmino para não contraditar Zezão. Quer outro nome, mas bem pode esperar pelo outro filho, ou filha. O nome que ela quer, cabe em qualquer sexo, mudando só a letra final, se para macho, ou para fêmea.

– Qué que vosmicê faz em pé, hôme de Deus?!

Esturra Benta quando irrompe o quarto e tem à sua frente dantesca cena: Esmeraldina de pernas escancaradas; a criança quase que já do lado de fora; Zezão inválido do braço esquerdo, valendo-se da direita no intento de aparar o rebento.

– De que jeito, Benta! Quem haverá de pegá? Retruca Zezão.

– Pru móde de que não esperô, criatura?!

Questiona Benta, em rezingue com Esmeraldina, correndo para acudir Zezão com o nascido, que quase cai da mão, todo lambrecado de sangue e sobras de placenta.

– De que jeito, Benta! De que jeito...

Choraminga Esmeraldina, respirando forte e com o lacrimejo dos olhos que semelha vazante de rio.

– Vai, lesado! Pega uns pano..., adepois lambe a cria!

Anacleto, na sala, anda em círculos; Pereba, instruído por Benta de como proceder, vem da cozinha com água meio aquentada, passa para Zezão na porta do quarto e se vai arrastando Toinho pelo braço, para o terreiro, brincarem de cavalos de pau.

Um homão, de quase um metro e noventa, montado em uma vara, tal como Toinho, vaquejando bois imaginários pelo descampado em frete ao casebre, semelhando mais criança que a criança que o acompanha: é o babá de Toinho, *retado de porreta*. E os aboios são muitos, são tantos e tão sonoros que Anacleto raciocina ser de autêntico vaqueiro e vai até a porta da frente para ver quem é. Quando dá de cara com Pereba encarapitado em uma vara, fazendo-se de vaqueiro, não contém a gaitada e o chiste:

– Zezão! Corre cá que vosmicê já tá de suplente.

\* \* \*

Antevéspera de ano novo, Zezão está adoecido. Vai *transpassar* a mudança de ano, convalescente dos machucados que ganhou na queda.

Não querendo ir para Inhambupe, Zezão convence Esmeraldina de ficar no sítio fazendo companhia para ele: missa, tem todo domingo e Padre só tem um; então, que tem de mais faltar?

Tonho Pereba se enfatiota com roupa nova, que ganhou de Anacleto, agradecido pela presteza no abate de bois. Não quer mais a parceria com Bororó, se ajeitou com Eutrópio de Véa Zifinha, no tempo que Zezão estava de peleja em Ribeira do Pombal, que vai persistir até quando Zezão voltar à ativa..., mesmo depois, pois cresce a demanda. *As butina* foi presente de José Antônio – Toinho, seu parceiro de sela em cavalos de pau –, via Esmeraldina.

Zezão fez *combinado* com Anacleto e Benta para proceder o batizado de Firmino no mês primeiro do ano. Padre Isaias será padrinho e a madrinha é Nossa Senhora do Rosário.

Está prometido uma *fatada,* que certamente Padre Isaias vai querer. Dessa feita, é Zezão que está criando o carneiro; Tonho Pereba faz o abate e Zefinha Fateira, com os olhos gavionados de Benta na sentinela, faz o *asseio* e cuida do *cozinhado*.

## Resguardo e mau consiliário

Um tanto agastado, pelos machucados e mais por estar incapacitado de labutar na roça – nem a clarinetinha pode tocar –, Zezão fica a remoer infortúnios. No mais do tempo, é deitado em uma rede ou sentado num *toco de pau*, debaixo da cajazeira. Brinca com Toinho; dá ordens para os contratados que vem fazer o trabalho na roça e na *cuidância* do gado; reclama com Tonho Pereba; rezinga com Benta quando esta vai trocar o emplastro no ombro machucado; faz cafuné em Esmeraldina que ainda está no resguardo de parida; mexe com Firmino que só dorme e *masca peito*..., eita vidinha besta, meu Deus!

Assim, ruminando seu mal pensar, ponderando asneiras, matutando sandices, altercando mal-estares, dissolvendo-se em mágoas..., vendo seu padecer refletido na luz do sol, no nascer de cada manhã, e recrudescer ao morrente do final de cada tarde, e recrescendo com o passar dos dias: Zezão se esvai, resguardado, em convalescença.

Amarga um estagne na função que mais gosta: *vaquêro tangedô de boi*. Está resguardada por conta do machucado. Surgiu alguns trabalhos, mas ele viu-se obrigado a recusar. Está de molho, com o braço esquerdo imobilizado na tipoia, com grande inchaço que só aplaca as dores com chá de uma plantinha que Benta *arrumou*, que tem que aplicar emplastro todos os dias: *sorte não tê faxiado osso!*

A chamegagem de Esmeraldina – que ainda é só carinhos poucos e palavras de conforto, pois está de resguardo de parida – não se basta no aplacar das comiserações de culpa de Zezão, reacendidas com os acontecidos recentes em Inhambupe: o envenenamento de Chico Morato, culminando com a invasão da fazenda, pelos quilombolas guiados por Fogoió; a contratação do *capitão* Lucas das Virgens para massacrar os Quilombos de Irará; o surto do cólera que foi célere mas difícil de refrear; essa trabalheira desmedida, sol a sol, na busca do sustento dele e da família, sem conta com a *moléstia* do coronel Idelfonso que de olho em Esmeraldina, não dá sossego e vez por outra está nos *aprontes*..., e agora, esse maldito machucado, decorrido da queda do cavalo na Ribeira do Pombal: boi maldito; hora excomungada; cavalo sem traquejo; *se sêsse o baio!* ...

Não fosse o apego à vida, há muito teria tomados atitudes mais drásticas para aquietar suas amarguras..., não fosse o apoio de Esmeraldina, teria, há muito, sucumbido aos seus muitos e aflitivos amargores, contrições, pesares, desgostos..., e aos agrumes todos que a guerra nele abrolhou.

Tirar a vida de alguém, sentir a vida se esvaindo e olhar os olhos do *matado!* ...

Isso foi o que o fez vacilar, frente ao garoto-soldado, que lhe acertou um tiro no peito na batalha do Cabula..., e foi salvo pela medalhinha de Nossa Senhora do Rosário. Tal milagre tem propósito; não é à toa que está vivo, ainda.

Mas qual será esse propósito?

O que quer Deus que ele faça?

E essa queda do cavalo, que tem a ver com tudo?

Terá sido mesmo acaso?

Como ser acidentado por um boi, vaqueiro tão experimentado, de maneira tão estúpida?

Na hora que teve findo toda a labuta com tantos bois brabos nas caatingas da Ribeira do Pombal..., no momento que está com dois filhos para criar – um já grandinho, o outro acabado de sair da barriga da mãe –, com a vida sendo ajustada...

Vem o mal pensar *segurado pelo gurguminho*..., reacende os amargores que já eram só cicatrizes e, quase que por completo, esquecido dos corretivos que tanto pediu a Deus..., vem a *disgrama* dessa *incapacitância*, atazanar.

Quando acabrunhado, no mais das vezes, enfiava-se na destoca de terras que nem tocos tinha; agora, invalidado do braço esquerdo não tem como se atirar ao trabalho para buscar conforto espiritual; assim, incapacitado, tem que amargar seus aflitivos ajuizamentos, buscando respostas às suas perguntas, que respondidas havia de aplacar seus cruciantes pensamentos, mesmo parcimonioso..., mas respostas não tem.

Nem Deus há de querer aclarar, ao que tudo leva a crer.

Seu refúgio, no topo da grande pedra, à sombra da aroeira que lhe serve de trono, que lhe serve de andor, que lhe serve de altar, que lhe dá aconchego quando quer ruminar afliges ou apreciar a obra de Deus espelhada no pôr do sol, no tanger do vento nas galhas de pau, no algodoado das nuvens, no bucho azul do céu que quando é noite tem empencados de estrelas em cachos de luz que faz gosto de ver, que é bom para *chamengar* com Esmeraldina, banhados pelo mormaço do luar, que mesmo sem luar os asteriscos banham com luminescência mortiça e dá um fogo da *gota serena*, e dá uma melancólica sensação de pequenez perante o Criador, mas que é alento para as amofinações do viver..., José Antônio, que todos chamam de Toinho, foi para a ventre da mãe em uma dessas noites, debaixo desse cobertor de estrelas, em noite de lua nova; foi um bando de dias, de chamegagem aos pés dessa pedrona, de carinhos muitos e muitas promessas de afeição, em noites de muita quentura, tendo como leito o capim gordura e como travesseiros os braços um do outro, em estonteantes deleites.

Pena não ter, no momento, inspiração: *tá perdendo o apreceio dessas coisas todas*.

## Por que Deus dá tanto sofrer?

Zezão cumpre penas, de penas que nem tem; culpas atribuídas a si mesmo, que não são culpas, em verdade; um acusar-se das mazelas, de uma guerra que não tem o dolo de ter intentado; um condenar-se a castigos que não tem por certo serem os amoldados para seu desesperador grilhão remissório; uma carga de martírios que mal consegue suportar; um padecer que mais parece amalucada expiação de coisa que lhe foi mimoseada pelo quengo demente de um tresloucado e desatinoso querubim desarvorado: parece coisa de *anjo caído*.

Se não é Esmeraldina e sua dedicada afeição pela dor de Zezão – que em não sendo sua, apenas o pode amparar no carrego desse fardo –, já teria ele, desembestado por esse mundão de Deus, tal e qual Fogoió: ajuizamento de Anacleto, segredado a Benta, por ver o irmão tão desgostado.

Esmeraldina é uma muleta no amparo de um meio contrito, meio morto-vivo, meio alquebrado, meio que quase endoidecido, meio que quase por imolar-se..., um homem adoentado por culpas, mas, com anseio muito de viver: arenga do Padre Isaias, para Anacleto, no quente de uma partida de gamão, bicando vinho português e mordiscando tripa de porco frita.

* * *

Aproxima-se a sexta-feira Santa. Zezão, quase recuperado do machucado do braço esquerdo, não consegue ficar, ainda, por muito tempo na labuta da enxada.

O braço direito lhe permite o manejo do facão, então, seu trabalho é mais intenso no cortar dos matos e no arrumado das coivaras. Roçado novo; plantio de milho e feijão no miolo do roçado; batata, mandioca e macaxeira nas cabeceiras.

Não voltou, ainda, a pelejar com bois. De montaria só o baio, sempre para viajar até Inhambupe ou dar ordens aos vaqueiros que agora lhe adjutora nos cuidados com as reses, nos pastos e nas caatingas; a ordenha das vaquinhas, a cargo de Tonho Pereba, com ajudância de Toinho – na *bebericagem* do leite e em algumas coisas leves –, mas Zezão já se aventura, só com a mão direita, algumas vezes.

O repouso de Zezão é vigiado por Esmeraldina, apoiada por Benta e Anacleto: *e que doentizinho reclamão!*

Rezinga por tudo, Zezão, que pelo seu labutar de tantos anos, lhe incita a não seguir recomendações no resguardo.

### Chibata para açoitar o lombo

Zezão, além dos cuidados com a lavoura da rocinha, tem, agora, umas poucas cabeças de gado aos seus cuidados. São da Irmandade. Não tem vaqueiro melhor e de mais confiança que ele para cuidar dessas reses. O combinado é partilha nas crias e, todo leite que é tirado e vendido, é ganho extra, seu.

Às vezes, dá para fazer queijo, às vezes sobra para doce, às vezes apenas é levado para comercializar na Vila. É um bom e rentável negócio para ele e para a Irmandade.

Nos entre meios da labuta, qualquer hora do dia que a vontade chega, Zezão arreda para a sombra do pé de pau que ladeia o riachinho e vai exercitar suas habilidades de clarinetistas. São sempre partituras de funções da Irmandade, raramente umas melodias que aprendeu com Fogoió: que saudade desse disgramado e da sua violinha como acompanhadora de lundus.

\* \* \*

– Qu'é que faz aí hôme de Deus?

Esmeraldina indaga a Zezão, intrigada, quando chega em casa, depois de dia cansativo de trabalho e o encontra fazendo uma chibata com tiras de couro, encastoada em um *taco de madeira* de pouco menos de palmo bem medido.

– Careço de penitênça!

Diz Zezão, semelhado a zumbi: tenso, olhos *butecados* – com parencença de amalucado –, transbordando consternação e conflitância por todas os poros, em todos os pronunciamentos..., parecia aluado, em verdade.

– Não há de dizê qu'é u'a chibata de açoitar no lombo?

– É sim!

– E vai botá ferro nas ponta?

– Vô sim! Pru que não?

– Pruque não hei de deixá! Se qué maluquecê, some das vista da gente. Já não chega essa agonia toda? Tem de padecê mais? ..., e me fazê tolerá, tamém?

– Tem nada com vosmicê! ..., o martírio pertencente a'eu.

– Tem sim! Casei com quem? Com o baio que tá no pasto?

– Me deixa mulé! Me deixa e vá cuidá do teu *di cumê!*

– Que é o *di cumê* seu, tamém.

– Tô fastiento!

– Tamém tô fastienta..., e faz dois acoite que quero tamém me castigá!

– Não tem pru quê! A dor'é minha...

– E o marido é meu! ..., se tá c'um dô, fico, tamém, c'um dô!

Toinho, que nada estende do bate-boca entre o pai e a mãe, brinca com uns bois feitos com fruta de xique-xique espetado em gravetos – no improviso de patas e chifres –, na porta do quarto, sendo assistido por Firmino, que acorda com o barulhão, entretém-se olhando o irmão brincar e nada entende dessa *bobajada* de Toinho, ensinada por Tonho Pereba, e abre o berreiro porque está na hora da mamada.

Tonho Pereba está no curral apartando as vacas dos bezerros, para a ordenha na manhã seguinte, não vê o furdunço. Também, se vê, apenas tem uma atuação: arrastar Toinho para umas outras brincadeiras e deixar o *pau quebrar!*

### Purificação pelo martírio

Sexta-feira santa!

Nesse dia, em Inhambupe, ninguém trabalha; ninguém ordenha animal algum – porque no lugar de leite sai sangue, segundo a crença; jejum do nascer ao findar o dia, que é só *di cumê* acanhado, sem carne vermelha; rezas, missa e velas, para os mais devotos; um dia de folga para os descrentes; um bom dia para tomar umas pingas, no ajuizado de Xexéu e Gereré: pena que Berenaldo *deu de não abrir o buteco...*, mas, deixou uma moringa de cana na lateral da casa.

Avisa, de jeitão indireto, dizendo que é *pra ispantá o mau olhado*.

Ao que Xexéu, indiscretamente, questionou:

– E nóis sêmo mau olhado?

Ao que Gereré rebate com categoria, própria de finório bebum:

– Óia que nóis sêmo dois! – Isso disse, olhando para Berenaldo, que é pra tê capricho no tamanho da muringa.

Zezão não vai até Inhambupe, por ter outros planos, Esmeraldina fica no sítio por saber os planos de Zezão..., Pereba vai à missa, mas volta cedo.

O dia é guardado com fé; é dia de oração, reflexão, penitência e rituais..., que para Zezão, tal como observa Esmeraldina, será penitência em um ritual que ela sabe existir, mas nunca que passou por sua cabeça que o marido agravasse suas aflições a ponto de tal proceder: autoflagelação – martirização do corpo com chibata de tiras de couro cru para açoitar o lombo.

Esmeraldina não contem as lágrimas, quando do marido ouve:

– Vô fazê isso com toda sastifação!

Não pode contestar. Tem em si que é muita fé, muita perseverança, mesmo que de maneira torta. O que ela consegue enxergar em Zezão é a salvação da própria alma; perdão para os pecados e clemência divina pelos seus muitos erros cometidos.

Não contém o choro convulsivo, quando o vê embrenhar-se nos cafundós, logo após as Ave Marias, logo após as muitas orações – estas acompanhadas por Tonho Pereba que é *rezadô de prêmera* –, logo após despedir com a mudez de um monge – apenas um taco de pano cingindo os quadris e amarrado na cintura – e um olhar tresloucado, denotando determinação e fé.

Siriba se escafedeu nos matos, logo cedo, quando viu Zezão com olhos *butecados,* brandindo a tal chibata: receio, talvez, de ser ela a ser açoitada.

Foi uma noite insone. Esmeraldina sentada na soleira do casebre, vez por outra Tonho Pereba que dormitava no chão da sala, despertava de um sono mal dormido *da gota serena* e vinha lhe fazer agrados com palavras confortantes: é um grande amigo!

E foi um suspiroso alívio quando, já quase de manhazinha, Zezão aparece no terreiro.

Cambaleante; com as roupas ensanguentas; marcas de chicote nas costas; braços arranhados; pés com enormes bolsas calosas..., mudo tal como saiu, mas com o olhar já não perdido no vazio, com riso de satisfação que parecia anjo celestial.

Esmeraldina nada diz. Toma Zezão pela mão e o conduz para os fundos da casa, e o banha com carinho e cuidados, limpando ferida por ferida, rindo-se interiormente por tê-lo de volta apenas com machucados de açoite. Sabe bem que interiormente nada sabe dos aflitivos ruminares do marido: – *Será que tá sarado das aflição?* Ajuíza olhando com doçura o rosto aquietado do marido.

O dia vai amanhecendo, as estrelas empencadas no céu vão se apagando, lerdosas tal qual o nascer do dia; o sol vem, com quenturinha fraca, de outono que principia a mornar o verão – que foi o *cabrunco* de quente –, e tal como morna a estação, parece mornar as compunções de Zezão..., ao menos até uma outra *convulsão pecaminosa!*

O dia se esvai, Zezão repousado no catre, mal tem forças para sorver canjas.

Por todo o dia, Esmeraldina se esmera no terapêutico, atendendo Zezão em convalescência; Zezão, entretanto, vê-se em nuvens de remissão, imaginando-se asseado das muitas culpas que o apoquentam, ao menos em parte..., e essa quota-parte foi mundificada com sangue, e suor, e martírio.

Mesmo quando vai dar de mamar para Firmino, Esmeraldina senta-se na cama, recostada na cabeceira, chegadinha em Zezão que, vez por outra, em sono intermitente, abre os olhos e *se ri* para o filho, que ri para o pai, enquanto se esbalda nas tetas da mãe.

Tonho Pereba foi mandado para Inhambupe, levando Toinho na cacunda e se fazendo de pangaré, por onde fica todo o sábado de Aleluia e para a missa no domingo – domingo outro trouxe ramos benzidos pelo Padre Isaias e botou na parta da frente da casa, pela parte de dentro: espanta olho gordo e outras coisinhas mais!

Quem muito gosta é Benta e Anacleto que veem uma boa ocasião para exercitarem mimos, com o afilhado. Toinho, apropria-se desses carinhos todos e se faz mais e mais aberto a achegos.

Zezão, que deixou-se levar pelo fluir natural do rito de purificação pelo martírio, acredita que isso o faz mais fervoroso, no tocante a suas crenças e o torna distante da perdição.

Foi uma exaustiva caminhada pelas caatingas, durante toda uma noite, açoitando o próprio lombo com um chicote de couro cru, em tiras – que faltou os pedaços de ferro, tirados por Esmeraldina – penitenciando-se no intento de aplacar suas comiserações; punindo-se, ao seu modo, das muitas faltas cometidas, em especial a matança de soldados do Império Português na guerra da Independência da Bahia, que os via apenas como reses: animais a serem trucidados.

Carece só da cruz e a crucificação, *pra mais se achegar a Cristo.*

## – MIMOSEIO SERTANEJO –

O Sertão, é tão quieto quando amanhece! ...

Nem sol..., nem lua..., apenas dia.

Apenas o mimoso de uma luz fraquinha que mortiça a manhã; apenas um preguicento entontecer, ao respirar o ar que se esvai em lufadas de um ventinho fresco, que dá uma leseira no quengo e uma vontade doida de nada fazer.

Em pé no terreiro, Zezão não tem tino: o pensar é um enevoado de coisas que tem a fazer e vontade de nada fazer a não ser apreciar o sol que não se demora.

O galo rouco canta, exercendo seu fadário: canta para mostrar quem é que aqui manda; *canta pra perturbá meu sono!* – diz Tonho Pereba; *canta pra dizê que é cantadô!* – retruca Zezão; *canta porque se não cantá vai pra panela!* – contradiz Esmeraldina; *canta porque tem de havê quem acorde o sol* – dito popular.

E fica o dito por não dito e o galo canta, com seu canto de som cavo, sem se abalar com o que quer que pensam, seja lá quem for. O certo é que esse peste canta muito antes do amanhecer e tem a presteza de um medidor de horas: é uma ampulheta de fina exatidão.

O dia amanhece e Zezão no meio do terreiro vendo o passar da vida, feito escora de mourão, e a passarinhada faz um barulhão do *cabrunco*. O sol, se alevanta sem presteza e a quentura principia um esquentado pouco.

Luz de soberbo brilhar tonaliza o céu com muitas cores, com muitos tons e entretons, com todas as nuances que precede o dia e sucede a noite: um alvorecer como outros muitos tantos no percorrer existencial, mas convivido como sendo único; como sendo o preceder de um dia cheio de pelejas, cheio de meandros, cheio de laços, cheio de logros..., prosaico, rasgando-se em suas costuras.

Ergue-se divinal, o sol, com toda sua realeza. Ascende no horizonte, pouco célere, e mostra-se afrontoso, ao tempo que benévolo, às muitas vidas nesse ermo do Sertão de baixo: mais um santo dia de labuta; mais um santo dia na vida de Zezão e Esmeraldina, e suas crias: dois varões que um dia serão tal qual o pai – provavelmente, vaqueiros.

... e Zezão, estatuado no meio do terreiro nem parece respirar; nem parece ter vida de gente, sim, vida de pedra; tem parecença com coisa qualquer que não é desse mundo, tal seu petrificado no meio do terreiro de *apreceio* às coisas de Deus.

O mugido da bezerrinha, rezingando sua mamada matinal, desperta Zezão do seu *desatentamento;* do seu sonhar acordado; do seu bestificado deslumbramento; do seu cataléptico estatual...

– Tráis logo isso, Pereba! Os bezerro tá cum fome.

Grita Zezão, por saber do remanchado de Tonho Pereba, quando se alevanta pela manhã.

– Zezão! Tráis uns pé de aipim pra nóis tomá café!

O grito de Esmeraldina transpassa a porta do casebre, chega ao terreiro e aos *escutados* de Zezão, que não responde: Esmeraldina sabe que foi ouvida. Está saindo do quarto e vai para a cozinha cuidar dos afazeres.

* * *

..., e a vida, nesse bocado de ermo, tem parecença com a correnteza desse fiapinho de rio que transpassa as terrinhas de Zezão: às vezes, fraquinha e com pouco passar de água; às vezes, forte, quando chove na cabeceira, e arrasta *toras de pau*, e arrebenta cerca, e embarga mágoas que são afogos de aflição! ...

Existir é sobreviver as escolhas injustas. Sabe disso Zezão, que muito padece pela birra de se alistar aos Encourados de Pedrão para uma guerra, onde tanta gente matou que, se faz as contas, há de aumentar seus martírios para amainar suas penas, na hora de pagar as suas desditas no purgatório.

Zezão, no costumado velho!

Um nó na goela, que não o deixa ruminar suas culpas, que não desata nem com a gota serena, que carece de coisa mais forte para sustentar defesa nos seus julgamentos, para soltar seus magoados, seus desmerecimentos..., que nas suas contas com Deus deve de ter mais penitência! ...

É quase desatino, esse ponderar. Nem toda penúria na sua labuta, na sua parcimônia, na sua rezação, pode de ter alívio para sua mácula, para suas aflições, para suas altercações com a própria existência.

Não há de ter, agora, contrição pelas muitas iniquidades que seriam evitadas, não fosse sua *teimosia de mula;* não fosse seu dispor de atravancar o mundo sem apreciar o que o mundo tem de mísero, pejado de ambição. Ele, Zezão, não tem trato com o coisa-ruim, mas tem parecença que sim!

É de mais-valia que agora que *assentou o facho,* que com dois filhos e uma esposa primorosa, carece de mais parcimônia, que aceite os encraves da vida com toda *obedecência* que convém a um bom cristão e se acomode no seu canto, aquietado e sem lamúria.

Carece de fazer a *penitenciação* que acha justa. Os castigos que se acha merecido e que vão lhe aplacar os pecados, antes de tudo e qualquer coisa. Chicotear o próprio lombo, com látego de couro cru, durante uma única noite, não é o aceitável para aplacar as muitas culpas que angariou na *barriga da guerra*.

Carece de penitência maior. Assim, Zezão não deixa de pensar como será sua penitência dessa feita.

Quando tange os bois, aboia com melodias que tocou nas missas da novena de Nossa Senhora da Conceição, que são partes cavadas da partitura da missa de Damião Barbosa de Araújo.

Quando cavouca a terra, com a enxada, cavouca o juízo e faz planos de novos martírios.

* * *

Zezão torce a cabeça, olha por cima dos ombros, se rindo do *toco de gente* que de cuia na mão espera sua vez, e diz:

– Toinho! Traz a cuia, pra botá teu leite.

– Óia os pé da vaca, Toinho!

Diz Tonho Pereba, arreganhando o largo e cariado sorriso que quase não lhe sai das faces.

– Tá longe, Pereba! Retruca Zezão.

– Sei não! ... Bicho que dorme no sereno...

Tonho Pereba está na ordenha da vaca crioula, que ele diz ter mais ubre e assim ter mais leite, apenas olha para trás, para falar e para escancarar sorrisos.

Zezão, acocorado, faz a ordenha e chama pelo filho mais velho, que na porteira do curralzinho, espera, com uma pequena cuia na mão, a hora de receber seu leite cru.

Zeloso, Zezão recomenda ao garoto:

– Passe por lá, Toinho! ...

E lá na beirada da caatinga rala, trepados num *pé de pau*, uns urubus espiam a vida, caçando alguma coisa morta com *o aguçado dos óio:* azarentos, no pensar do sertanejo.

No cercado que lhe serve de pasto, o baio resfolega e tem resposta, com resfolegado maior, do alazão cor de cinza que mais parece sujo. Não mais discutem a primazia de ser montaria de Zezão. Cada qual tem seu valor e sua função: um para serviços leves – o baio está em idade de abrando –, outro para encargos mais enfadonhos.

* * *

**No frigir dos ovos, é Sertão!**

Em Inhambupe o passar do tempo parece que é estanque!

A ampulheta vira e desvira, que mal dá tempo de vazar areia, que mal dá tempo de coisa qualquer advir, que não seja pacatez, que não seja tudo sempre com o mesmo gosto de não querer se ir; muito menos os ponteiros do relógio divino, que marca o passar do tempo neste oco de mundo – que nem mesmo Deus parece saber adonde está – que parecem derreados, prostrados, contritos, cúmplices! ...

Todo dia o mesmo dia, os mesmos percalços, as mazelas muitas..., e de novo, o mesmo sol em divina luz alumia o pelejar da vida, que semelha mais ao fogo dos infernos, que muda só para *frescor* quando tem um ventinho vindo do norte; o algodão das nuvens que alceia a cacunda das matas; a lua, mesma de sempre, que só transmuta os quartos, que clareia mais na cheia; a mesma noite que o mesmo breu mostra, sempre no minguante da lua..., os gozos, as penas..., o couro de boi espichado com varas *linheiras* repousado ao sol; carnes no varal, roupas no quarador..., Zezão, Esmeraldina, a cria que quer ensaiar um engatinhar pelo chão duro do chão batido, outra *mais maior fazendo arte* com umas varas de marmelo, na tirada de goiaba verde em conluio com Tonho Pereba; os couros da labuta repousados, tomando fresca no alpendre; o baio, no pasto, à sombra de um pé de umburana..., o Sertão que nem parece Sertão por que o mato é já da mata perto do mar; a aguazinha pouca do rio menor, que nem barulho faz quando corre no leito quase secado; a pachorra de Siriba – cachorrinha de Zezão –, no sombreado da telheira, mostrando a magreza nos ossos dos quartos..., a vida, a pelejada, o toco, o estrepe, o estradão, a poeira, a enorme pedra que é onde Zezão se espraia em devaneios, a semente no chão gordo de chuva; o verdejar da roça é suspiro de alento! Domingo, mês de março, águas novas..., trovejada que as vezes ameaça uma chuva que não vem, que alembra Zezão dos canhões da guerra..., um raio risca o céu e clareia as caatingas que mais parece mata de praia, mas no *frigir dos ovos* é Sertão! ...

Nada muda! Tudo é igual e repete-se, *ad eternum, ad libitum...*, ao som da clarineta de Zezão que ensaia umas partes para tocar na festa da Padroeira. Muge o marruá, abeirando o cercado, atraído pelo cheiro da uma vaca no cio; canta um sabiá, que é respondido por um bem-te-vi, que de mais ao longe é contradito por uma codorna, que são seguidos de cantos muitos, de muitos outros pássaros que emolduram o principiar da tarde com seus muitos trinados...,

Zezão, na sua labuta com as coisas da rocinha e da vida do entorno do seu burgo, cheia das muitas peripécias, e estripulias, e pataquadas dos muitos viventes que partilham das mesmas penas, mas sem tanta mortificação.

Esmeraldina no tanger da vida, no cuidar da casa, no cuidar dos filhos, no cuidar do marido que o ampara, tal como muleta ao *aleijão místico* de um homem combalido por culpas, alquebrado e quase que endoidecido, mas com verve poética no seu viver, no seu enxergar das coisas de Deus! ...

### Uma buchada no sombreado da cajazeira

– Faz tempo, que se deu a guerra e vosmicê tava lá! Comenta Padre Isaias para Zezão.

– Nove ano, desinteirado de mais de mês! Afirma Zezão.

Estão debaixo da cajazeira do sítio dos Quinto, em uma caprichada buchada de carneiro: Zezão, Esmeraldina e as suas duas crianças entretidas com bois de fruta de mandacaru, feitos por Tonho Pereba; Padre Isaias; Anacleto e a *falsa esposa*, Benta; Tonho Pereba; Siriba no pé da mesa apreciando o faustoso banquetear...

A festa da padroeira está para chegar; a prosa permeia os afazeres para a devoção deste ano; Zezão, imbuído de contrição, vai trazer umas coisas do pequeno sítio, vai cedinho com Esmeraldina e os rebentos, pois foi a ele solicitado o abate do boi que foi doação de um potentado das bandas de Aporá, pagando promessa para a Santa...

Neste ano, Zezão tem muito esmero para essa novena. Até preparou um solo de clarineta que é parte cavada da Missa de Nossa Senhora da Conceição, de Damião Barbosa de Araújo – maestro, compositor e violinista já falecido –, obtida pelo Padre Isaias: vai tocar, todos os dias no meado das missas.

O mais da festa é na pracinha do largo, ao lado da Igreja, que só tem pó e pedra. Serve para a feira, nos dias de sábado, e para mais o que houver: *dá pra juntar u'as barraquinha pouca* e o povo todo de Inhambupe.

Zezão, que voltou a tocar clarineta no grupo da Irmandade, *não se basta de contente,* pois vai sonorizar as missas com trilos melodiosos, e guinchos galhofentos, e os floreios muitos que improvisa sobre a parte cavada, da missa do mestre Damião Barbosa. Vai preceder as homilias do Padre Isaias, que se estende – quando de *boa maré* – e filosofa, desbragado, sobre os maus hábitos do povaréu de Inhambupe, no tocante a filharada que mais parece ninhadas de preás e à cachaçada nas festas dos santos, que por vezes arredadas do centro da Vila invadem madrugadas e acaba em disputas de ego, com tapas e facas, mas poucas vezes tem alguém com ferimento sério: a cachaça no quengo parece dar proteção, feito pé de coelho.

..., e Deus, surdo ao Sertão do Inhambupe; cego às infâmias que acometem a população, tal como essa *praga* que pressagiou dizimar esses pobres de Cristo! Inclemente aos inúmeros pedidos dos fiéis e menos ainda dos infiéis, e agnósticos, e incrédulos todos..., que não fazem pedidos, mas, críticos, fazem requisição de atendimento às súplicas.

### ..., e os anos passam sem obediência à pacatez

Assim..., os anos se passaram, com crueza e frialdade.

Inexorável o correr do tempo!

Muita água correu no viver de Zezão e Esmeraldina em correnteza incontida, onde acaso parece que não semelha acaso! ..., mais parece infausta pirraça do fadário; mais semelha um pagar de penas, mesmo por quem penas não tem; um amortizar de culpas por iniquidades que não atentou.

Zezão, compelida a pagar pelos erros, que julga ter cometido, lhe arrasta para um poço de infortúnios que não e dela: ela, Esmeraldina, o mais que fez foi casar-se com um apenado que se martiriza pelos crimes que se acha implicado! ...

Zezão, que quando não está no muito da sua labuta, fica de conforto na grande pedra que lhe serve de mirante – na beira da caatinga pegada com a roça de lavoura –, quando não no terreiro, ao amanhecer, assuntando a vida com lampejos de engenho poético para as coisas todas que o arrodeia. A música é sua verve. As melodias, e mesmos os guinchos – por conta das palhetas avelhantadas –, que na sua *clarinetinha* toca nos momentos de folga e, mesmo quando nos momentos de labuta a inspiração o toma, o deixa mais e mais flexível ao padecer que por vezes o aflige: não esqueceu, ainda, por todo, os amargores da guerra.

Esmeraldina nos afazeres da casa e nos cuidados com os filhos; Tonho Pereba que parece ter sido adotado pelo casal, veio de mala e cuia e se abancou no sítio; Toinho, que está já, grandinho, começa a pegar gosto pelo *vaquejado*, tal qual o pai – exercita com cavalos de pau, no terreiro, e com bois de frutas de mandacaru e gravetos, *istuciado* por Tonho Pereba. Firmino, menorzinho, dá passos e tenta acompanhar o irmão, nas brincadeiras, mas ainda é contido por Esmeraldina: *Tonho Pereba é amalucado e pode de não tê como cuidá de dois!*

Inhambupe em seus mancais, no delongado do existir de muitas vidas, floresce como Vila e prenuncia porvindouro próspero. Os fazendeiros com seus bois; Anacleto com seu armazém e o continuado de seu pelejo como mestre de obras e pedreiro; Padre Isaias nas suas habituais homilias missal..., nos seus cuidados muitos com o espiritual da população da Vila..., vez por outra vai pescar com Anacleto, na represa do Rio Inhambupe, vez em quando vai a um almoço na casa de um fiel – desde o mais humilde ao mais abastado –, vez em quando joga gamão com Anacleto, ou com Bororó – no armazém –, ou parceiro qualquer que a providência divina assente à sua frente. O mais de tudo, em Inhambupe, procede seu viver, do jeito que Deus quer – para alguns, Deus se esqueceu *dessa terrinha pouca, cravada* nesses cafundós –, cevando um existir cheio de peleja, mas pejado de *exultância*.

O coronel Idelfonso, na sua vidinha mambembe, atazanando a vida dos viventes a ele sujeitos, na ânsia de ser mais e mais atopetado de abastança, às custas do suor alheio. Vidinha miserável! Perto dele, chega só quem não tem como dele escapar: a consorte, que mais e mais acresce os que a dizem, *semsorte;* a capangada que precisa do ganho, e é um ganho besta, no pensar deles, porque pouco proseiam com o peste; Baré, que leso tal como é, nada tem a fazer a não ser sucumbir aos achaques do coronel e, obviamente os escravos que não tem optativa.

E o coronel não *s'esqueceu*, ainda, de Esmeraldina. Volta e meia arrasta Baré e um bando de jagunços travestidos de vaqueiros e se vai para as bandas do Sítio dos Quintos, tal como é chamada as terras de Zezão, para cobiçar, à distância, claro, Esmeraldina, com desculpa de caçar *boi fugido*.

Para a vida que se escoa em derredor a essa *tríade,* o tempo segue as mesmas recomendas: *festa, trabalho e pão!*

Ano de 1832. Inhambupe se prepara para as *festivas* da Semana Santa.

O período quaresmal é apetecido pelos mais devotos, dando conta que o agnóstico não tem preparatório algum e, os que, tal como o coronel Idelfonso, que semelha ter parte com o coisa-ruim, pouco ou nada fazem a não ser perolarem seus egos ateístas, descrentes de todo o resto.

Os bebuns, que muito marcam ponto, sempre na bodega de Berenaldo, amparam-se na bebida e vivem em pleno jejum de cristandade. Esse, cobiçam o período quaresmal, no intento de variar a bebida: pingado de cachaça com vinho tinto moscatel, é impagável.

Nesses últimos dez anos, na Vila de Inhambupe, o que mais cresceu foi o cemitério.

– Morre gente *pra cacete!*

Pronuncia-se Gereré, que é emendado por Xexéu:

– E nasce bem pouca! ..., desse jeito vai tê só cemitério, em Inhambupe.

– Tá nas conta de morrê, temém? – Rebate Gereré.

– Cachacêro num morre! Desvira em pé-de-cana.

Filosofa Xexéu, na sua banal caçoada, em sua comum bebericagem matutinal, aparceirado pelo dileto amigo de mesa, e de copo, e de quedas, e de muitas filosofadas.

O molecote de dona Santa, aponta no topo da meia-ladeira, em desatada carreira, vindo da casa de Anacleto. Não traz os pacotes de bolos e doces que tem por hábito entregar.

– Vai pra donde, Filó?

Pergunta Gereré, *inxerido que só*, quando o moleque Filó está empareado à bodega.

O Moleque não para. Resposta sem nem ao menos reduzir a carreira:

– Vô levá recado pra Zezão!

## Filó

Zezão está debaixo da cajazeira azeitando e arejando os couros. O baio – que muito lhe pesa os anos de labuta – um pouco adiante, está inquietado pelo cheiro que lhe chega as narinas. Sabe que tem trabalho de vaquejar. Vez em quando relincha para os dois garotos que brincam adiante, enquanto sapateia, ensaiando passos para o galope que sabe vir. Não está por inteiro descartado, por Zezão, por conta da idade. Apenas é poupado de longas jornadas de trabalho e viagens longas, tal como conduzir grandes boiadas por tempo maior que dois dias.

Esmeraldina se aproxima, faz um afago na clina, o cavalo resfolega, abaixa a cabeça e retribui o carinho, esfregando o focinho na barriga da dona.

– Esse peste farta só falá!

Diz Esmeraldina, para Zezão, que reponde sem nem olhar:

– Fica de chamêgo cu'esse cabrunco! ...

– Tá de ciúme!?

– Por que havéra de tá?

– Porque ele gosta de'u, e eu dele!

– Nessa chamegagem, o peste nem há de querê trabaiá!

O proseado, entre Zezão e Esmeraldina, é estancado pela chegada de Filó, soltando os *bofes pela boca*. O molecote correu por mais de légua.

– Vixe, mãe de Deus! Hôve o quê, Filó?

Esmeraldina, fala por falar, pois percebe que o molecote não tem fôlego para responder coisa alguma. Deixa ele assentar *num toco de pau*, que serve de banco debaixo da cajazeira, e corre para buscar água.

– S'é morte de gente, sacode a cabeça pra baixo!

Diz Zezão, arrodeando o garoto para retirar os couros que estão no chão. Está de preparativo para ir até a Fazenda Boa Sorte pegar umas reses para abate semanal do armazém de Anacleto.

Filó, que mal consegue se aguentar sentado, balança a cabeça, para os lados, em sinal de negativa e quase se *estabaca* no chão: é segurado por Zezão.

Esmeraldina traz a água e acode Filó, e Filó se recupera, passa o recado e quer voltar *por cima do rastro*, no hábito de dona Santa cuspir no chão: ai que chegue depois que o cuspe seca.

O recado é de Anacleto, pedindo que Zezão vá falar com ele quando estiver a caminho da Fazenda Boa Sorte, para umas *recomendativas*.

— Se avexe não! ..., Zezão leva vosmicê, Filó. Vá brincá c'os minino!

Filó titubeia, mas a vontade de brincar é maior e, *mais maior* é o pomposo da chegada em Inhambupe, encarapitado na sela, na garupa de um vaqueiro paramentado com couros.

\* \* \*

O sorriso de Filó, montado na garupa de Zezão, escancara-se de orelha a orelha. Entram em Inhambupe e, como plateia, Gereré e Xexéu, que não arredam da bodega de Berenaldo nem com raios e trovões.

A vila, no costumado marasmo. O tempo que parece estancado, mostra pacatez em distantes nuances. O silêncio sepulcral é apenas quebrado pelo canto de pássaros, pelo tanger do vento – vez em quando – e, agora o trotar da montaria que traz Filó e Zezão.

— O muleque tem gosto pelos couro!

Diz Gereré, que vem ajeitando a braguilha. Foi *tirar água do joelho* nos fundos da bodega.

— Acabá seno vaquêro e é o mió que fáis!

Replica Xexéu, se alevantando para ter destino igual, nos fundos da bodega: *Gereré foi, ele, que até já tava isquecido, também, deu vontade.*

* * *

Anacleto, na porta do armazém, aguarda Zezão.

Filó – emprestado por dona Santa, a fazedora de bolos e doces –, o portador do recado, vem de garupa no baio, inchado de soberba que não se contém e isso estampa no *escancaro dos dentes,* em sorriso largo, de orelha a orelha.

Dona Santa, quando deu de emprestar Filó, disse para Anacleto:

– Cospe no chão, porque esse muleque é tinhoso. Se secâ, inhantes da chegada, me passa, que vai tê corretivo.

Anacleto que abomina o tratamento que dona Santa dá ao *negrinho* Filó, cospe no chão, tal como recomendado, mas como troça.

Até já fez preço para Filó: seria um bom ajudante no armazém. Aqui não carece de cuspir no chão e o passadio de Filó será outro, muito do melhor. Dona Santa recusa por não ter mais ninguém para entregar as encomendas: mas sente-se tentada. O preço é bom e Filó é *preguicento,* no seu ajuizar.

– Anacleto! Bem que Filó podia sê meu adjunto nas carne.

Diz Zezão, chegado do sítio, paramentado para tangenção de bois, montando o baio – a peleja é muito pouca: poucas reses –, com Filó na *garupeira, contentado de feliz.*

– Quero Filó no armazém. Fárta só Dona Santa querê! – Retruca Anacleto.

– Hôve o quê? Filó chegô lá esbaforido...

Zezão pergunta enquanto ajuda Filó a despongar da garupa, o baio resfolega sacudindo o bridão, no intento de reforçar a pergunta de Zezão, fazendo jus à fala de Esmeraldina: – *Esse peste só farta falá!* ..., que dirá entender das conversas entre Zezão e Anacleto.

– Nada de muito! Entra pra dentro que nóis cunvésa.

Retruca Anacleto, se rindo do chiste da cusparada no chão. O cuspe tinha secado e mesmo que tivesse cuspido umas dez vezes. O tempo entre a ida de Filó ao sítio e sua volta, daria para secar um bando de vezes, um bando de cuspe.

– Vá Filó! Pega seus alfenim, vai se tê com dona Santa. Adepois nóis cunvésa!

Filó, contente pelo passeio no sítio, pela carona na garupa do cavalo de Zezão, pelos doces ganhos como paga, saltitante e feliz mais que *assanhaço em goiabeira*, flauta no caminhado *pra ir se tê* com a patroa. Não é sempre que tem tanta e merecida farra.

– Vô falá cum Padre Isaias.

– Pru móde de quê, Zezão?

– Pra pegá Filó pra eu!

– E Filó é de Padre Isaias?

– É não, mas póde falá c'um dona Santa.

– Pra dizê o quê?

– Ele tamém não gosta dos castigo que ela dá pra Filó.

– E Santa, vai ficar com quem, pra entregar os doces?

– Sei lá! Dá Bororó pra ela.

– Só se fô pra véia morrê de zanga.

– Ela arruma outro *negrinho*.

– E Padre Isaias há de querê se metê nisso?

– Dô pra ele u'a fatada no sítio.

– Ai sim! Padre Isaias não há de recusá u'a fatada.

Os dois irmãos, rindo da conversa, chegam aos fundos do armazém e sentam em torno de uma mesa de jacarandá, muito bem trabalhada, que foi feita por Matias Seneiro, que logo depois da epidemia de cólera se instalou em Inhambupe.

A prosa toma outros rumos.

Zezão está indo buscar umas reses poucas, na Fazenda Boa Sorte e Anacleto quer que ele passe em Zé de Iracema para trazer uma partilha que ele negociou – quinze vacas e doze garrotes, de mais de ano –, para ser criado no sítio aos zelos de Zezão.

Deve ir junto com mais quatro vaqueiros, que o espera na cabeceira da vereda que sai de Inhambupe para a fazenda do coronel Idelfonso.

Recomenda que leve arma pois as terras de Zé de Iracema é beirando as balizas da fazenda do malquisto coronel Idelfonso.

## Menções ao coronel Idelfonso

Idelfonso Generoso do Amor Divino, coronel de araque, aleijão moral – da raiz à ponta –, arremedo do *coisa-ruim* nas suas artimanhas para ser um *respeitado senhor* e mal consegue se ter nas pernas, de frouxo; e mal consegue dar ordens para a vassalagem da fazenda que nem nome tem – que ele insiste em chamá-la de *Fazenda do Coronel;* que nem mesmo a sua senhora – a *semsorte* na fala dos boateiros – atura seus achaques, que é um dos motivos dele para viver *encarcerado* na fazenda; que se gruda em Jandirona para se esquecer de Esmeraldina..., que ela muito se arrepende de não tê-lo castrado, quando na tentativa de estupro, que lhe acertou tamanho chute que o fez se *estabacar* no chão: *haverá de tê sido nos quiba!*

Essas são as poucas, e bem lembradas – mas pouco vale amentar –, menções ao coronel Idelfonso.

Há pouco mais de ano, Idelfonso voltou a acochar Zé de Iracema, para negociar suas terras. Engoliu a negativa pela segunda vez – a primeira foi pouco antes dos conflitos da Independência da Bahia. Afronto que sairia na bala e na possível eliminação do afrontoso.

Veio a guerra, coronel Idelfonso perdeu a majestade, pela perda do apadrinhamento político, viu-se *com o rabo entre as pernas* e não tem escapatória: tem sim, de fazer oferta *mais gorda* e, mais uma vez, ter de ouvir uma recusa.

Esse é um dos motivos da venda das reses para Anacleto. Zé de Iracema se desfaz de algumas reses para não conflitar com o coronel Idelfonso, que está implicando com as reses nas caatingas que diz serem suas.

Sabedor de tais futricas, Zezão está de *orelha em pé*.

Sabe bem que o desinfeliz não se esqueceu de Esmeraldina: o xibiu que ele mais cobiçou, que comprou, que pagou e que se viu obrigado a abrir mão, por ela não querer e, ainda por cima, foi desfeiteado perante os seus capangas. O combinado foi com a família; coronel Idelfonso engabelou, com uns trocados, valendo-se da fatuidade e da abastança, mas deslembrou de fazer acertado com a parte desinteressada: Esmeraldina.

Coronel Idelfonso apregoa que quer desforço. Quer o fim de Zezão, porque Zezão é o maior atravanque; porque sem Zezão, Esmeraldina fica em desamparo: disso ciente, Zezão mais se cuida.

### Zezão em arroubos de remissão

Logo na saída da Vila, Zezão encontra os vaqueiros, que lhe serão de ajudância, sentados à sombra de uma enorme braúna; perto, as montarias mascam uns matinhos.

Decembrino e uns cabras que Zezão não tem muita *chegança*.

Vão até a fazendola de Zé de Iracema; as reses estão separadas; não se demoram muito, estão de volta à Vila.

A *tangeção* da acanhada boiada e de mansidão tal que dá nos nervos; os bois são de tal sorte amansados que um só vaqueiro seria capaz de trazê-los, mesmo que fossem um bando de vezes mais que fosse.

É um *trisco* de bois e tudo manso!

Nada muito a fazer, os vaqueiros vêm de prosa debulhado um rosário de culhudas, de feitos que não foram feitos; de proezas que não são proezas; de façanhas que não são façanhas..., só *prosa besta* para matar o tempo e o tédio.

Na chegada a Inhambupe, se vão para o cercado do matadouro – improvisado por Zezão e Tonho Pereba –, deixam os garrotes, de maior porte, que serão abatidos daí a quatro dias, e conduzem as outras reses para o sítio de Zezão.

Nem carecia de vaqueiro! Sozinhos esses bois podiam se irem para o sítio, abrirem as porteiras e se acomodarem na manga.

A chegada dos vaqueiros no sítio é festa para Toinho, que brinca com Tonho Pereba com cavalos de pau no terreiro, que quer, também, tanger os bois junto com a vaqueirama.

Esmeraldina vem à porta, traz uma moringa de cachaça e uns pedaços de carne frita com farinha, para lambiscarem com as goladas de pinga. Passa do meio dia, os vaqueiros têm outros serviços a fazer, assim, é de bom tom uma *boquinha pouca:* vão ver comida no bucho só na janta, Deus sabe a hora.

Zezão se sente fortunoso. Aumenta o rebanho aos seus cuidados. Não são reses suas, ao todo, mas tem meação com Anacleto e com os bois da Confraria do Rosário.

Tonho Pereba, que não se aparta do grupo, tem como escudeiro, seu fiel e dileto amigo: Toinho, que já toma o chapéu do pai, assim que ela apeia, e toma parte da prosa dos homens, ouvindo atentamente os assuntos, os achaques do ofício e os chistes entre os parceiros, no intento de aprender os meandros do ganha-pão de vaqueiro.

* * *

O resto do dia passa como passam os dias todos: calorento e mandrião.

Nada muito a fazer, por toda a tarde, visto que, na roça, uns homens a mando de Anacleto já fizeram a capina; Tonho Pereba já aparteou as vacas dos bezerros – adjutorado por Toinho –, para a ordenha dia seguinte; Esmeraldina está nos afazeres da janta..., assim, para matar o tempo, Zezão dá de zanzar pelo sítio e vai se ter no rio de pouco água, e se alembra do seu lugarzinho de prosear consigo mesmo: seu trono, seu altar...

..., encarapitado na sua pedra-mirante, bulindo em umas coisas, detém-se em dois pequenos gravetos com os quais tenciona fazer uns bois, valendo-se de frutas de mandacaru, que seus filhos tanto gostam – inventiva de Tonho Pereba. No seu maneio dos gravetos, finda por dar-lhes um feitio que lhe abrasa o quengo: uma cruz.

Intrigado, volta a fazer entretenhas com os gravetos, sem, no entanto, esquecer-se do esboço que desponta no seu torpor criativo: a cruz!

Arroubos de remissão lhe acometem o ajuizamento!

Cruz! ...

Crucificação! ...

Sacrifício! ...

Absolvição! ...

É possível a absolvição por tal martírio?

## – AS AFLIGÊNCIAS DE ZEZÃO –

– Vosmicê tem o quê? Amuado..., que só boi na corda! – Pergunta Tonho Pereba, incomodado com o silêncio de Zezão.

Pereba na ordenha da vaca crioula; Zezão, mal-humorado por ter varado a noite sem dormir, finalizando a ordenha de Mimosa.

– Nada não! – Retruca Zezão, enfarruscado, que nem marruá na castração.

– Toinho nem acordô! ... – Continua Pereba, no puxar assunto, para entender, ou não entender, mas, ao menos saber do motivo da malquerença do amigo.

Zezão resmunga um incompreensível rezingue que Tonho Pereba nada entende: nem o resmungo, nem o porquê da *resmungação*. Nunca que viu o amigo nesse *amuado*.

– Enfezado do *jeito que tá, vai dá coice, não demora.* – Ajuíza Pereba.

A ordenha se dá no costumado de todos os dias. Só os resmungos de Zezão que nesse dia passam da conta. Não pelos quantos, mas pelo avinagrado: até pensa Tonho Pereba que vai azedar o leite todo com o azedume de Zezão.

De volta para casa, vasilhas com leite nas mãos, quase que em completo silêncio: ouve-se só o carcarejo das galinhas, ciscando no terreiro, e o chiado das alpercatas de couro no duro do chão, alcatifado com areia fina.

Esmeraldina percebe o amargurado de Zezão, mas não quer se meter com a briga que o marido tem com ele mesmo, por conta de não querer ouvir malcriação.

O café da manhã é quase que em inteiro silêncio. As crianças ainda dormem; Zezão ainda mais enfezado; Pereba, ainda com receios de *coices* do amigo, arreda para um canto com a coité de cuscuz; Esmeraldina, respeitosa aos *malcriados* do marido, serve-se do cuscuz de milho e se assenta, sem querer conversa.

Dia inteirinho, Zezão enzambuado, mal-humorado, enfarruscado, amuado, melindrado, azoretado, malcriado..., a injuriar tudo e todos e a lançar impropérios com os tocos e as coisas todas da roça, no capinar da lavoura.

Pereba nunca que ouviu tanta xingação em toda sua existência. Palavrões de arrepiar cabelos de um cristão convicto que nem ele: Tonho Pereba.

E Zezão, no mais do dia, fica na roça cavoucando o chão – às vezes tirando matos, às vezes arrastando terra para os pés das plantas, às vezes só raspando o chão sem proveito algum –, vez por outra, dana-se caatinga adentro. Diz a Pereba que vai *verter água, e se demora por demais da conta...*, vez por outra para, bebe água e fica de desfrute no cocuruto da pedra que lhe serve de mirante, emudecido de tal jeito que Pereba pensa até que o *peste bateu as botas...*, mas Zezão, *pras cusculhas* ainda não se foi: é só uns pensamento ruim.

Nem mais a clarineta Zezão pega para tocar. As palhetas estão gastas, Padre Isaias afiançou a compra de novas, mas a apetência de Zezão pelo clarinete, arrefeceu.

De volta para casa, nesse exato dia, Zezão faz de Esmeraldina sua confessora.

Arrasta a mulher para a beirada da caatinga, onde tem *uns toco de pau,* que fica longe de Pereba e dos meninos que brincam no terreiro, já boquinha da noite. Se assenta e deixa a esposa se assentar, e ela, mais e mais encafifada com o proceder do marido, se assenta sem nada contestar.

– Só deix'eu falá! – Diz Zezão, em tom de ordem, em tom de rogativa, em tom de súplica, de jeito enervado, quase vertendo lágrimas de consternação.

É difícil dizer o que tem para dizer, mas tem que dizer para alguém, porque se não disser vai papocar feito milho na chapa; surtar de vez e sumir pelo mundo, ou coisa pior; estourar feito espingarda mal carregada – com mais pólvora que chumbo.

E Zezão desabre sua ladainha, que nem espera Esmeraldina tomar tento! ...

..., e explica, com todas as letras, que chega tem vez que dá um nó no juízo e vontade doida de se escafeder nas caatingas e sumir no oco do mundo; que por vezes chora muito, escondido de todos – no mais das vezes no fundo das caatingas –, e esmurra *as toras de pau* em inteiro desalento, seja árvore, seja moirão de cerca..., seja lá o que for; por vezes *dá de mão no facão* e sai, a esmo, cortando tudo que tem pela frente como querendo derrubar caatingas inteiras; que por vezes senta, em lugar qualquer longe dos olhos de todos, e chora que nem criança e por vezes..., por vezes..., até tem vontade de fazer *asneira* com a própria vida.

Esmeraldina ouve, chora, acarinha o quengo amalucado do marido, beija-lhe as faces, no intento de aquietar suas angústias e, quando ele mais desafogado dos magoados e ela mais abrandada da dor que não é dela – mas ela sente o mesmo dolorido..., ampara Zezão e o leva para casa.

Ninguém fica de nada saber: para o enxerido do Tonho Pereba, eles estavam de *chamegação;* às crianças, ela disse que foram caçar o *hôme do surrão, pegadô de minino,* que anda fazendo medo *pra eles na hora de drumír.*

Siriba, essa, ninguém *dá pur fé!* Se escafedeu no mundo. Pereba diz que *tá no viço.*

Assim, o manto de amargura e mortificação que Zezão veste..., Esmeraldina *deu de vestir,* do mesmo jeito que ele!

### Os paus da cruz

Zezão, *no mato sem cachorro,* porque Siriba só atrapalha, está na espreita de um veado que come uns ramos de aroeira. Quer atirar, mas o vento está contrário, assim, logo que se pôr de pé para fazer mira, o *disgramado* vai se escafeder.

Sorte que Siriba sumiu no *oco do mundo* e não veio com ele. Do contrário, já teria esparramado a caçada.

Enquanto tocaia o veado, Zezão espreita os matos mais pertos, catando posição melhor para aprumar o tiro..., seus olhos vão direto para umas árvores caídas, que tem galhos secos e são muito bons para estacas e mesmo moirão.

Com o vento, ainda desfavorável, Zezão, do ponto de tocaia ao veado, principia um inventário do madeirame das árvores caídas, quando o ajuizar escorrega para uma coisa: a cruz!

O veado se movimenta, o vento faz seu papel e sopra para o oposto, a mira é possível, o tiro é certeiro..., carne de veado para um bando de dias. Esse é dos grandes. A pele há de servir para os adornos do *encourado novo* que fez encomenda ao Mestre Chinboca.

Entornando contentamento, vai para casa com um fardo nos ombros – o veado abatido – que nem muito pesa, por conta da serventia.

Volta, dia seguinte, com machado e facão, e Tonho Pereba para proceder o desmonte das galhas das árvores caídas. Umas delas parecem ter sido derrubadas por raios, pois estão ligeiramente chamuscadas. Deve de ter sido há muito tempo, pois raios, nesses tempos estão escassos; chuva, *nem se fala!*

\* \* \*

Manhã inteirinha cortando pau. Os machados cantam em tons distintos, em distintas forças, em distintos ritmos, em distintas mãos: Zezão e Tonho Pereba.

Quando no descanso para o *di cumê*, Zezão volta a examinar e se alembra da cruz, e resolve atentar mais para os paus linheiros. Separa duas toras de angico, de bom calibre, e avisa para Tonho Pereba:

– Não mexe nesses pau de cá, não!

– Vosmicê qué, pra quê?

– Coisa minha. Só não mexe!

Zezão dá resposta vazia à pergunta enxerida de Tonho Pereba, que intrigado não se contém e vai examinar a madeira: toras de angico, que seria de bom uso em estacas. Linheiras e já secadas por completo.

Madorna depois do *di cumê*, Zezão, que do *di cumê só beliscou*, porque está *fastiado,* retoma ao trabalho e, Pereba que volta a *cortar pau,* também, até já se esqueceu das toras de angico.

Finda a tarde – depois de uma trabalheira da peste –, Zezão e Tonho Pereba calculam os calos das mãos e o fruto do trabalho de um dia inteirinho *cortando pau*. Madeira muita, para reparo do curral, para ajeito em umas cercas e lenha para o fogão: *os ferros, cegados de tanta peleja.*

Tonho Pereba, ajeita um feixe de lenha, grande e *bem marrado* com cipó, e pede ajuda de Zezão *pra assentar* na cabeça que está protegida com uma *rodilha de pano velho* – o que foi um dia, uma toalha de banho.

Zezão, depois de ademão a Pereba, vai abancar suas toras, mas só consegue carregar uma de cada vez, por conta do peso.

Vão-se os dois: Pereba, com um enorme feixe de lenha na cabeça, mordiscando umas frutas catingueira que colheu e guardou no bolso das calças; Zezão, com uma tora de angico assentada no ombro direito – ainda resguarda o esquerdo por causa da queda em Ribeira do Pombal.

Resolvem voltar – ainda é boca da noite –, para pegar mais madeira. Tonho Pereba, outro grande faixe; Zezão, a outra *tora de pau* que apartou, com gosto.

### O enfastiado de Zezão e o principiado da cruz

– Vosmicê tá, que nem chamego qué! – Reclama Esmeraldina, na hora de dormir.

Ela, deitada no peito de Zezão, como de costume; ele, mudo que nem porteira: *nem range os dente*.

Os dois estão repousados para dormir. Os meninos dormem e Tonho Pereba nem esperou pelos meninos: dormiu muito antes.

Zezão não responde, Esmeraldina continua sua fala:

– Tá fastiado disso, tamém?

– Tô matutano u'as coisa. – Responde Zezão, um tanto ríspido.

– Mas nem um chameguinho? ..., adepois matuta.

Esmeraldina mais se insinua e Zezão mais se arreda. Não responde, nem com palavras, nem com carícias, nem mesmo com o apreciar: Esmeraldina está desnudada, quase por inteiro, e Zezão nem rabeia os olhos.

Esmeraldina volta a insinuar-se e insistir, depois do emudecido do marido, na sua proposta:

– Vosmicê, que nunca negô fogo! ..., nem quando tava *disconjuntado* da queda!

– Mas hoje tô de pá virada! – Retruca Zezão, ainda mais ríspido.

– Tô veno! E vô drumir! ...

Fazendo beicinhos, Esmeraldina *desenfronha* dos braços do marido e se vira para o outro lado, emburrada e morrendo *de vontade de se aliviar.* Peladinha que é *pra dá mais gosto pro peste: agora, ela é que não quer!*

\* \* \*

Dia seguinte, bem cedinho, Zezão está de pé, ajeitando um jirau para assentar as toras de angico e já ensaia um ajeites com a enxó.

A manhã está que é uma formosura. Uma fresquinha boa, antes do sol despontar; uns passarinhos gorjeando e um esplendor de céu colorido em rosa e amarelo mortiço.

Zezão *nem dá pur fé,* tal seu entretimento com as *toras de pau* e os ajustes da enxó, e os ajeites do jirau que, talvez, apeteceu ser uns cavaletes, mas pelo apressado dos aprontes! ...

Esmeraldina vem à porta da casa, pois está preocupada com o esposo: não quer comer; não quer *chamegar;* está *muzumbudo* e calado que só responde o que é perguntado..., por vezes nem responde! ..., as crianças, que ganhavam agrados muitos, agora é só uns carinhos poucos..., e outras coisas muitas percebidas por ela, e mesmo por Tonho Pereba que é aluado do quengo.

– Zezão! ... Qué um gole de café? – Grita Esmeraldina.

– Agora não! – Responde Zezão, também com grito.

Esmeraldina volta para dentro de casa. Pereba está de pé, pronto para a ordenha, na porta da cozinha com os apetrechos na mão esquerda e, com a direita seguro em um naco de carne seca, esturricada no braseiro, mordiscando e sorrindo.

– Ô peste! Nem espera a hora do café!? – Reclama Esmeraldina.

– Tô de fome muita! – Responde Tonho Pereba, de boca cheia, escancarando um sorriso cheio de dentes cariados.

– Xô! ... Xô! ... Vá tirá teu leite e deix'eu terminá o *di cumê!*

Esmeraldina *enxota* Pereba da cozinha e corre para acudir Toinho que acordou com o vozeirão de Tonho Pereba e quer uma cuia para tomar leite cru, no curral.

– Vambora, Zezão, tirá o leite!

Tonho Pereba fala, quando passa perto de Zezão que *alisa as toras de pau* com a enxó, debaixo da cajazeira; que absorto nem consegue aprumo no tempo e perdeu a hora; que nem ouviu o galo rouco cantar quando se alevantou; que nem consegue poetizar em uma manhã de tanta formosura! ...

A soberbia do sol, que tonaliza o dia com as muitas cores, alteia no céu com muitos tons e entretons, com muitas nuances e com muita luz, tal como o alvorecer dos outros dias todos, tal como é, despertador da verve poética de Zezão..., mas não hoje: o *disgramado tá azuretado* em demasia!

### ..., e Esmeraldina perde as estribeiras

– Pereba! ... Vosmicê viu Siriba? – Grita Esmeraldina, saindo porta afora.

Tonho Pereba está, arredado para os matos, brincando com Toinho de cavalo de pau e *bois de mentirinha*.

Pereba grita de volta, depois de completar o fraseado de um aboiado que ele *istuciou,* contrapondo um outro que Toinho aprendeu com o pai:

– Vi não!

Zezão, aplainado as toras de pau, medindo e cortando em dois tamanhos distintos, debaixo da cajazeira, *mudo mais que burro morto.*

– Vosmicê fáis o que, aí? Pode mi'dizê? – Pergunta Esmeraldina, intrigada e injuriada com a mudez do marido: – *Parece inté que casei c'ua porta!* – Ajuíza enquanto se aproxima da cajazeira.

– Nada de sério não! – Resmunga Zezão.

– Pode nem dizê? – Insiste Esmeraldina, já perdendo as estribeiras.

– U'a cruz! – Retruca Zezão.

– Pra que diabo vosmicê qué u'a cruz?!

Esmeraldina, *já nas tamancas* – injuriada por que não se aliviou quando quis –, se jugulando para não perder a compostura, pergunta com todo atrevimento que lhe é próprio e que tem por direito exercer, por ser casada com o traste que nem chamego quis quando ela caçou, de noite, e ficou na mão, literalmente: *tá c'uma raiva da gota..., e a vontade não passô!*

– Num é pru diabo! Isso eu agaranto.

Zezão fala grosso, por se achar com o direito de falar grosso, por que ele é o macho da casa, porque *mulé não se guverna,* porque não tem como explicar por que quer fazer uma cruz.

– Vai enfiar isso..., onde mermo? – Quase grita, Esmeraldina...

..., mais desaforada, por se achar com o direito de ser desaforada, por se achar com o direito de não ser desfeiteada por *hôme nihum,* por se achar com o direito de saber o que se passa na cachola atontada de um marido amalucado..., Esmeraldina retruca, dá meia volta e se vai para casa, soltando fogo pelas ventas e cuspindo bala.

### Consternação

O proceder de Zezão, mais e mais, preocupa Esmeraldina.

Depois de tanta conversa, esperava ela que ele fosse melhorar. Mas, *inté parece que tá pió!*

Por vezes pega a espingarda, o aió de caroá, se embrenha nas caatingas e passa um dia inteirinho, sem nem anunciar. Volta sem caça alguma, com cara de leso, *fastiado* e *emzambuado,* que nada quer comer.

De noite, sem vontade até de *chamegá,* vem com *esfarrapos* de desculpas, que está muito quente no quarto, vai se ter debaixo da cajazeira para dormir. Ela, *que não é besta nem nada,* pega o travesseiro, a coberta e se vai para debaixo do pé de cajá, tal qual ele e dorme agarradinha com o marido: *reclama, seu peste, que vai ficá sem mulé!* É o que pensa, quando sai, destrambelhada, porta afora, no meio da noite, azoretada, tal qual ele!

Tonho Pereba confidenciou a Esmeraldina que acha que Zezão está muito esquisito: está reclamando muito pouco com ele. Nas horas de abates dos bois, no matadouro, em Inhambupe, que ele reza feito condenado à forca, Zezão nem mais se importa. Não é do costumado. Zezão, às vezes, até jurava tirar-lhe o couro tal qual fazem com os bois..., agora, nem fala nada.

Toinho, que é o mais taludo dos filhos, também, se apercebeu da tristeza do pai. Pergunta, quando estão juntos:

– Vosmicê tem o que, pai?

– Num é nada não, Toinho! Vá brincá cum Pereba. – Responde Zezão, buscando não ser ríspido.

Siriba ninguém sabe onde se meteu: o viço foi muito grande ou foi engolida por onça. É o que alterca Tonho Pereba quando indagado sobre a cachorra.

Os dias se passam..., Zezão nos seus *altos e baixos,* na sua alternância de humor e nos zelosos aprontes da cruz.

Não disse para ninguém por que está de querer e inventando, uma cruz.

### Findo o desânimo! ..., *já não era sem tempo*

Sem que Esmeraldina espere, na cama, Zezão principia provocativa para lhe estimular a libido e ela, morrendo de vontade, não dá muita *trela* porque *tá injuriada* com o peste.

Ele atenta; ela faz *docinho*:

– Vosmicê tá de vontade?

– Vontade de quê?

– De chamegá!

– Agora? ..., essa hora da manhã? ...

– De noite! ... Tô dizeno de noite.

– Pru quê? ... Vosmicê hoje tá de vontade? Pruque ontem fiquei na mão! Pruque antontem fiquei na mão! ...

– Tava meio azoretado.

– Tava não! Tava azoretado e meio.

– Tem u'as coisa na cabeça.

– E eu? ... Adonde fico? ... Nos pé?

– Num é isso não!

– Sei! ..., e nem vô querê muita prosa. Vosmicê hoje *num tá de ovo virado!* ..., assim, vô relevá.

A penumbra do *fifó* delineia os corpos nus que exalam lubricidade em *chamegoso* entrelace, suarento e lânguido. Deleitação que se segue de esmorecimento..., que se ajustam ao vigor dos beijos e dos abraços..., que se finda em inteira entrega..., e a luz mortiça do *bibiano*, a tudo assiste, esvaindo-se em leve tremeluzir, molinha e de luz pouca, morrente tanto quanto Zezão e Esmeraldina, que se varrem em gozos.

O alumiar do *fifó* semelha avivar-se pela luxúria, pelo extremoso viço dos corpos que nus se enroscam e digladiam carícias. Concúbito que para a luzinha do *fifó* serve de alento e que se ateia tanto quanto a lubricidade dos achegos: não há como essa chama se apagar, face o eterno fervor, face ao semelhado do enxerido candeeiro.

* * *

– Vô fazê u'a coisa e vosmicê não me apoquente!

Zezão, cercando Esmeraldina na beira do fogão, onde ela coa café, ao tempo que cozinha batatas, ao tempo que assa carne..., *di cumê* da janta.

– Pru móde de que vô apoquentar vosmicê? – Retruca Esmeraldina, esfalfada pelo atarefado.

– Adepois nóis cunvésa. – Diz Zezão, saindo da cozinha, depois de beliscar uma batata, no prato repousado à mesa.

Jantar servido, conversa pouca na hora da comilança. Pereba ajeita o prato de Toinho que quase desaba de sono; Esmeraldina tenta fazer Firmino engolir os bocados que tem na boca para dar-lhe mais uma colherada de batata doce e ovo estrelado; Zezão, esfomeado, devora seu jantar como *um bicho* – comentário de Pereba.

Noite quente que antecede a quinta-feira santa. Ameaço de chuva, que ficou apenas no ameaço mesmo. Armaram-se nuvens, houve um trovejar ao longe, uma relampeada mais longe ainda..., que ficou por isso mesmo: calorão da gota.

Anacleto fez convite para que fossem almoçar em Inhambupe. Assim, dia seguinte, cedinho, Zezão e Pereba fazem a ordenha das vacas enquanto Esmeraldina ajeita os meninos e as tralhas para irem almoçar com Anacleto.

Esse, é o combinado na hora da janta.

Hora de dormir, as crianças estão *meio barro, meio tijolo*, Pereba os leva para a cama e deita com eles e dorme que nem se apercebe.

Zezão ajuda Esmeraldina a levar as coisas para a cozinha e adjutora no asseio da louça e panelas.

Vão sair cedinho, melhor deixar as coisas todas aprontadas para o dia seguinte.

Na cama, Zezão principia um esfregado em Esmeraldina, seguido de cafuné, seguido de outras carícias, que um tanto ressabiada pela falta de chamego do marido nesses últimos dias, até encafifa quando ele se achega.

Ele atenta; ela faz *docinho, com certo azedume*:

– Qué não?! – Pergunta Zezão, meloso e melodramático.

– Querê, quero..., mas vosmicê anda fastiado! ... – Contesta Eemeraldina.

– Agora, não tô! – Zezão retruca, mas não descontinua as carícias e o colóquio se vai, com Esmeraldina provocando e Zezão *derretido*, mais e mais lascivo! ...

– E é só quando vosmicê qué? ... Pru quê?

– Adesculpa! Tô meio que encafifado c'umas coisa...

– Que não pode dizé, nem pra cachorra aqui!?

– Que cachorra nada!

– Vosmicê me chama assim, quando tá de chamego.

– Só quando tâmo de chamego.

– E nóis tá agora, de quê? ...

– Vosmicê qué? ...

– Vâmu logo inhantes qu'eu deixe de querê!

O proseado se transmuta em carícias, em afagos, em gemidos, em deleites, em delírios que provoca gemidos, que provoca gritos..., e a luz do *fifó*, tal como na noite anterior, abelhuda o chamego dos dois, delineia os corpos que se enroscam lerdosamente, e viçosamente, e despudorada, ela grita; ele rezinga:

– Grita baixo que Pereba pode escutá!

Zezão é calado com beijos na boca que é para não objetar, que é para falar pouco, porque há muito que fazer!

Esmeraldina, tomando fôlego, repreende o marido:

– De que jeito é..., que vô pôde gritá baixo?

# – ALMOÇO NA CASA DE ANACLETO –

Na casa de Anacleto o almoço é supimpa!

Uma galinhada regada a cachaça de Santo Amaro e vinho, para o Padre Isaias, que não solve outra bebida, senão vinho.

Um pirão no capricho, e no capricho, também, um molho de pimenta malagueta machucada no caldo da galinhada..., dá uma suadeira!

Conversa pouca, hábito da casa de Anacleto, mas, também, por conta da gostosura do repasto que nem dá vontade de respirar, quanto mais ficar de conversa fiada.

Terminado o *di cumê*, que está soberbo, na fala do Padre Isaias que comia tudo outra vez, se tivesse, no dito de Tonho Pereba que deslavado que só ele, lambe os beiços enquanto fala; que deve se repetir outras vezes, glosa de Anacleto, o anfitrião; *que na vez vem,* mais vai caprichar, discursiva de Benta que se gaba do tempero sem nem mesmo bazofiar..., a esposa de Anacleto – reclusa no quarto –, entrevada das pernas, recebe seu *di cume,* levado pelas crias da casa..., a meninada, na lambança que não tem fim, arredada na cozinha – comem longe dos adultos –, também se pronunciam sobre a gostosura da galinhada!

Zezão e Anacleto se vão para um canto, quando todos terminam de almoçar.

São os primeiros a levantarem da mesa, se instalam em uma saleta no aconchego de cadeiras de vinhático com estofado de cetim.

Zezão, na primazia da fala, comenta:

– Fiz promessa e vô pagá amenhã, o prometido!

– De que jeito vosmicê fez esse prometido? – Inquire Anacleto.

– Coisa minha e do Santo! – Zezão responde, fazendo maneio na cabeça, dando a entender que não quer palpite: apenas está fazendo o avisado, para Anacleto não ser espantado.

E a prosa entre os dois irmãos continua:

– Vosmicê tá fazeno u'a cruz..., é pra pagá desse tal prometido?

– Esmeraldina num segurô a língua!

– Vê se não me arruma buchicho com Padre Isaias!

– Com o Padre, me'ntendo!

– Deixa lá vosmicê cu'esse prometido. De que jeito tá as coisa no sítio?

– As cabeça de gado da Irmandade, vai tudo bem.

– E as suas? Tem boi no ponto de corte?

– Uns garrote meu! ... Já tá no ponto de abate.

– Vâmu abatê e comprá uns bezerro novo. O que vosmicê acha?

– Acho bom! Nóis pode comprá uns garrote barato de Matias, que fez oferecimento!

– Acerte o preço e nóis combina.

A chegada do Padre Isaias interrompe a prosa..., toma outros motes..., chega *café de beiço* trazido pelas crias de Anacleto..., Padre Isaias se apropria do momento e encaixa choramingo quanto ao lastimoso estado do altar da Igreja de Nossa Senhora da Conceição: se não faz reparo, desaba.

A prosa se estende para as coisas de Inhambupe, Benta se insere na conversa, faz reclamações quanto as ruas da Vila que estão carecendo de capinagem, mais ainda, no roteiro das procissões – no cortejo da última novena de Nossa Senhora da Conceição mataram duas cobras; Zezão, rindo da situação, promete ajuda; o Padre Isaias insiste nos reparos da Igreja; Anacleto interrompe o *conversê*, enésimas vezes, puxando assunto para a sexta-feira da Paixão..., à tarde se esvai, as demandas ficam por resolver; as crianças enfastiam das lambanças de Tonho Pereba..., hora de cada qual tomar seu rumo..., tudo fica a ser resolvido e que sejam muitas e muitas vezes discutidas, altercadas, aventadas, explanadas, planejadas, irresolvíveis..., mas, tendo sempre o préstito de uma boa cachacinha, de um bom vinho, de um delicioso *café de beiço,* de um faustoso repasto que pode ser uma *fatada* de carneiro ou de bode, uma galinhada, um assado de porco..., coisa qualquer que venha condimentar essas amizades, e esses compadrios, e essas lambanças todas.

## O definhar do coronel de araque

Sem força política de apoio, coronel Idelfonso vê sua empáfia perder o viço.

Enfarruscado, mais que boi na castração, apresado nos afazeres da fazenda que não é mais que dar ordens aos capangas – seguidos sempre de estalos do látego que tem por hábito segurar com a mão direita e surrar o cano da bota direita –, ruminando maldades, mas impedido de pôr em andamento suas artimanhas..., encarapitado em uma cadeira de balanço – que tá pra furar o chão –, apenas exercitando sua ruindade na subserviência de Baré – que jeito não tem de se livrar de tal sina –, na *obedecência* dos capangas – que são *obedecentes amoedados* –, na *mão de obra negra,* por não ter os escravizados, maneira de se escafederem da sujeição.

A *semsorte* – nos ditos do povaréu – que ele teima em manter no casarão da Vila, não o suporta, certamente, pois prefere o *cárcere dourado* que tem em Inhambupe a uma vivência com o *traste seboso*. Casou por imposição do pai, que em verdade foi uma aquisição, não um casamento.

Idelfonso, ainda não coronel de patente comprada – o seu próprio peso em ouro e prata –, fez proposta na fazenda do velho Libório – pomposo fazendeiro em processo de falimento –, levou a filha e as terras do velho que veio a morrer, de tifo, daí dois anos.

O casamento sempre foi fachada: ela prefere distância do consorte e vive reclusa no casarão da Vila de Inhambupe; ele quer só se *aliviar*, vez por outra, depois correr para os *debruns* de Jandirona – a quenga da beira da estrada que é, também, sadomasoquista tal qual ele.

Assim fica Idelfonso, coronel de araque, em falimento político evidenciado, órfão de compostura, desmedido arrogante na postura, no pretexto, no pretenso poder de mando, na falácia, na soberba, na fatuidade..., desapartado do convívio com os moradores todos desses cafundós; decrépito moral que, legitimamente, é um execrado pulha.

Fez planos de livrar-se de Zezão, de primazia ser ele o *matadô* – cercado de jagunços, por não ter audácia de fazer sozinho –, mas *deu com os burros n'água* nos tentames. Obriga-se a saber, por vezes ver, que o *xibiu* que ele tanto cobiçou, que até mesmo pagou bom preço, está nos braços de Zezão e nada poder fazer por desforço: bons tempos aqueles que tinha seiva política e poder de mando!

– Coronel! Tem u'as coisa pro sinhô vê e dizê o que deve de se fazê.

Baré, se achegando de mansinho na beirada do avarandado onde coronel Idelfonso dormita após o dejejum, diz, quase em sussurro, de olho na chibata de tanger burro que ele tem à mão.

– Agora não, seu leso. Não vê que tô de ocupação?!

O coronel responde sem nem abrir os olhos. Conhece bem esse choramingo do capataz.

Baré está a dar ordens para os vaqueiros, mas, não tem autonomia, nem autoridade, nem audácia, nem coisa nenhuma..., para decidir quanto aos quefazeres dos vaqueiros com as reses: carecem trocar de pastagem e só o coronel pode definir, para quais e quando.

O capataz titubeia, pois sabe do carecido, mas a frouxidão é maior: dá meia volta, mais silencioso que cobra, e retorna para os currais e vai atazanar os vaqueiros:

– Deixa essas peste aí! Carece do coronel dizê pra donde vai.

Baré, tomado de súbita *desfrouxidade,* ordena para os vaqueiros que estão montados, encourados e aguardando ordens.

– E nóis fáis o que, essa manhã?

Pergunta o mais afoitado dos vaqueiros, que é, também, matador de aluguel nas horas de precisão.

– Vai tudo pru rancho que tá na hora do *di cumê*. – Retruca Baré.

– De novo? Isso nóis já fêis! – Alterca o afoitado.

– Fáis de novo..., fica de sê o *di cume* de meio-dia. – Baré, irritadiço, sem saber bem o que dizer..., diz.

– A essa hora da manhã, Baré? ... Vosmicê maluqueceu? – Os vaqueiros respondem, em coro.

Baré, apequenado, sem o quê para ordenar, sem o quê para contraditar, sem o quê ter a fazer, a não ser esperar as ordens do coronel, explode em inomináveis impropérios e decide por deixar que eles decidam o que fazer:

– Intão..., vão tudo ajeitá os couro e cuidá das montaria! ... Fazê coisa do costumado!

Na cadeira de balanço abocada no grande avarandado, dormitando e sonhando com o fátuo dos tempos que tinha poder. Hoje, sem se dar conta, entretanto, é o coronel Idelfonso: a esfinge mórbida do vivente-frouxo.

Em verdade, um frouxo que embute em seus traços típicos, a fama de ferrabrás, quando está cercado de capangas e jagunços.

É só estar desacompanhado dos capangas, com sua ínfima existência, que o coronel não passa de um fidedigno borra-botas. Seus muitos argumentos é a sanha patife de elaborar maldades que lastreiam as muitas infâmias que semeia no seu existir.

### A cruz de angico

A cruz de angico está aprontada.

Enfim, sexta-feira da Paixão!

Zezão acorda..., antes mesmo do galo rouco cantar e não tira leite das vaquinhas: nem mesmo houve *aparte* na noite anterior. As muitas crendices, dão conta de quem, em sexta-feira santa fez ordenha e viu sair sangue ao contrário de leite; outros apregoam histórias de animais inutilizados por conta da teima do dono de fazer uma ordenha: nas tetas apareceram feridas que nunca foram curadas; boato afirmam que, pelo mesmo motivo, as tetas de uma vaca secaram, por teima do dono em tirar leite numa sexta-feira da Paixão, e a vaca nunca mais pegou barriga.

Para Zezão pouca importância tem essas crendices: nunca fez e não há de nunca fazer porque guarda esse dia como devoto e respeitador da religião. Não come nesse dia, porque o jejum é hábito, desde quando imberbe; não trabalha porque é dia santificado.

Zezão nem espera pelos rezingues de Esmeraldina, muito menos pela *rezação* de Tonho Pereba, se embrenha nas caatingas e some por toda manhã.

Lá pelo meado do dia, o sol alto e encoberto por grossas e cinzentas nuvens, volta Zezão, enfarruscado que nem *o céu que lhe serve de tampa* e, sem palavra alguma, se assenta debaixo do pé de cajá e fica apreciando "o nada"!

– Adonde vosmicê tava, hôme de Deus! – Esmeraldina, aflita com o sumiço de Zezão, cospe a pergunta.

– Tava de zanzar pur'aí. – Resmunga Zezão.

– E euzinha aqui, aflita que nem a gota, pensano que vosmicê tinha maluquecido!

– Inda não tô, mas..., quem sabe?!

O rezingue de Zezão tem *ruminância* nas palavras de chiste, mas, para Esmeraldina não tem graça nenhuma: Zezão está mesmo é sendo ferino.

– Vô botá o *di cumê* dos minino e vórto pra nóis cunvesá!

O volteio de Esmeraldina, com o gingado do corpo, dá um ventinho fresco a esse calorão da gota; o cheiro de fêmea adocica o ar, mas Zezão, além de azoretado, está *guardando o dia* e Esmeraldina de *balaio fechado*.

Não se contendo de aflição, Zezão se alevanta do toco que lhe serve de tamborete, vai até a beirada da caatinga e tenta tirar água de joelho, mas a vontade é só inquietação porque não sai uma gota sequer; volteia pelo pé da cerca, vai se ter no comecinho do caminho que vai para Inhambupe, mira com atilamento, como fazendo medição, volta para a cajazeira, se ajoelha e faz orações, mais até que a *rezação* de Tonho Pereba quando está chacinando os bois no matadouro..., Esmeraldina que nunca que o viu tão contrito, estranha e vem puxar assunto: *os minino tão de bucho forrado* e Tonho Pereba faz boi de fruta de mandacaru, para distrair.

– Vosmicê tem o qué mermo? – Esmeraldina, volta para conversar.

Já mais aquietada, menos apreensiva, pois *tá de sabê que não tem jeito pra dá,* muda o tom da conversa.

O manear da cabeça deixa provado o desconsolo de Zezão e Esmeraldina faz um cafuné no intento de seraná-lo.

Quando mais sossegado, Zezão descarrega um palavrório desafogado, *que nem pé tem que dirá cabeça*, tentando convencer a esposa de levar a cruz, nos ombros, até Inhambupe e postá-la em frente à Igreja, no final da tarde dessa sexta-feira, esperando convencê-la de ser promessa: passa conversa em Esmeraldina, achando que ela *comeu sua gaiva*, mas, em verdade, *quando ele veio com o barro, ela já tava com o Santo, pronto e acabado que faltava só arremate.*

– E vosmicê vai na missa? Padre Isaias tá isperano nóis! – Diz Esmeraldina, muito carinhosamente.

Ao tempo que faz a pergunta, antevendo a resposta no pensamento, faz carinho muito, nas faces e nos ombros do marido, que fala, mais acalmado:

– Vô, mas não agorinha. Pode se ir, adiantada, cu'os minino e Pereba.

– Vô não! Nóis sai daqui tudo junto! – Retruca Esmeraldina.

– Padre Isaias vai é reclamá de nóis! – Rebate Zezão.

– Digo pra ele, o que sucedeu!

Esmeraldina, fala, ao tempo que se levanta para ir aos seus afazeres: não varre a casa, porque é dia de *guardar labuta,* mas tem coisas que não tem como não fazer alguns quefazeres do diário. No caminhar, para a porta da casa, vai ajuizando: não pode perder a paciência. Não tem ciência do que Zezão está *istuciando,* mas sabe que não é boa coisa: *tá misterioso de muito!*

Não quer perder o marido, porque desse peste ela muito gosta; não pode dar muita importância para as maluquices dele, porque esse *disgramado* não tem o juízo no lugar, e ela bem sabia quando abriu a pernas para ele *tirar sua honra,* quando se casou, com Padre e tudo, quando pariu dois filhos e sofreu que só a Mãe de Cristo..., agora, não vai perder esse peste, nem com a gota serena..., *mas dá um dó desse desinfeliz, que até dá vontade de botá no colo e fazê cafuné, do jeitinho que faz com Toinho ou com Firmino, seus fios!*

Ao tempo que alterca, Esmeraldina imagina que pode ajudar Zezão a superar o que o compunge. Já foi bem pior e ela especou com firmeza. Também, quando ela foi vendida para o coronelzinho de bosta, com xibiu amoedado pelos pais, Zezão foi quem aturou as aporrinhações dela. Agora tem que apoiar seja lá qual for a doideira de Zezão.

Só não pode é deixar ele tomar as rédeas, porque assim ela perde a compostura de esposa e fêmea.

### A cruz, a caminho de Inhambupe

A obsessiva compulsão de suplício na cruz de angico toma o ajuizamento de Zezão de maneira ímpar.

Não está contentado com o martírio de lapadas de látego no próprio lombo.

Dessa feita, quer a cruz: afligir-se em frente à Igreja de Nossa Senhora da Conceição, em Inhambupe, na noite desta sexta-feira Santa.

Vai, sozinho, carregar até a Vila e se prosternar a ela, com ajuda de amigos. Julga ser martírio maior que qualquer outros e afiança carecer de mais castigo, ao menos nesse dia santificado!

Quer ele, ser prendido na cruz, não com pregos, mas com correias de couro, vestindo toda couraça de vaqueiro.

Só ele tem ciência das suas aflições; só ele sabe o quanto pesa essa cruz em forma de culpa que por tantos anos carrega, que por certo tem peso maior que a cruz de angico que se obriga carregar; só ele tem a extensão do seu sofrimento íntimo; só ele pode aplacar, com penitência, seus pecados; só ele! ... Só ele! ... mais ninguém.

Esmeraldina não se contém de aflição: chora sempre que pode. Antes eram lágrimas furtiva, agora, escancaradas, por não mais ter como segurar a torneirinha dos olhos: *por que havia de sê mulé d'um cabra tão turrão!?*

A hora chegou. A cruz está aprontada.

Bonita! Muito bonita a *disgramada*. O peste é tinhoso. Teimoso que só o cabrunco, mas bem caprichoso. A cruz é uma belezura. Não fosse para crucificar Zezão, bem que servia para enfeitar o terreiro. Pensa, enquanto aprecia o trabalho do marido. Esmeraldina admira sua tenacidade, mas suas aflitivas são fortes: ver Zezão prendido na cruz, é que ela não quer, de modo algum.

Bem que tentou engabelar o marido, aconselhando um ritual em frente do casebre, por tempo bem curto, só para ele sentir o gostinho da crucificação. Depois, a cruz era deixada cravada no terreiro e, sempre que ele quisesse rezar, estava lá ela, prontinha para as orações, todos *santo dia* e mesmo os que não fosse santo..., que fosse dia qualquer!

Mas o peste quer mesmo é ser crucificado na porta da igreja de Inhambupe.

O sobressalto de Esmeraldina é quando ouve a fala de Zezão e desperta das suas ponderações:

– Tô aprontado! Já me vô e vosmicê, se quisé ir...

Diz Zezão, em pé na soleira da porta, paramentado como para entrar na caatinga atrás de boi; como quem vai para luta com os Encourados de Pedrão; como quem está para ir, mas ela não quer que vá..., mas não pode nada dizer! ...

A força desse homem torrão é *mais maior*.

Resoluta, Esmeraldina diz, enquanto se alevanta do banquinho de madeira – no qual está sentada desde que Zezão principiou os aprontes –, enquanto faz *das tripas coração*..., enquanto casada com esse *traste*, não há de desacompanhar, nem que seja para o quinto dos infernos:

– Tô aprontada, tamém!

*  \* \* \**

Insólita procissão de apenas poucos devotos: Zezão carregando a cruz; Esmeraldina abeirando, sempre que pode, para enxugar a suadeira de Zezão; Tonho Pereba, mais adiantado deles, leva Firmino escanchado no cangote, enquanto Toinho – mais grandinho –, vai montado no baio.

A cruz esfola o ombro esquerdo, em cima do machucado velho, independendo do couro do gibão. Não é coisa muito grande não! Apenas a raladura da cruz: marca que Zezão prima em ter.

Sua penitência é mais penetrada que as poucas marcas que a cruz há de deixar.

Vez por outra para, se apoia na cruz, Esmeraldina limpa seu suor do rosto e pronuncia-se em palavras de conforto, Zezão troca de ombro e assim se vão: rumo a Inhambupe, rumo à crucificação.

**Préstito dos desvalidos no "dia da amargura"**

A Vila de Inhambupe em preparativos para a procissão do Senhor Morto!

Calcula-se que Cristo morreu na cruz, às três horas da tarde, de uma sexta-feira, que passou a ser santificada, que foi por Santo Ambrósio – no século VI – chamada de "dia da amargura".

É por muitos, conhecida como sexta-feira Maior.

Não houve celebração de missa. No presumível horário da morte de Jesus Cristo, faz-se uma celebração, com narrativa da Paixão e Morte do Senhor, em leitura feita pelo Padre Isaias e por alguns letrados das Irmandades de Nossa Senhora do Rosário e de Nossa Senhora da Conceição.

Nesse exato momento em que preparam o andor e as tochas, para o préstito do corpo de Cristo, que Gereré apelidou de "procissão dos desvalidos", adentra à Vila, Zezão carregando a cruz de angico.

Padre Isaias, tomado de espanto, azoinado pelo caricato, ou que lhe pareceu, pronuncia-se, um tanto ainda descrente do que vê: Zezão, enfatiotado em couros de vaqueiro – aprontado tal como vai às caatingas, pegar boi na unha –, trazendo uma cruz nas costas, arrastando o carangaço pelo chão de terra batida da praça da igreja de Nossa Senhora da Conceição.

– Sacrilégio! – Vocifera o Padre.

– Prestativo de promessa! – Contrapõe Anacleto, no mesmo tom.

– Vosmicê está conluiado com tal sandice? – Volta-se contra Anacleto, o Padre Isaias.

– Tá, não tô não..., mas, s'ele assim qué! ..., assim vai sê! – Resposta Anacleto, dando de ombros.

Zezão se aquieta em um canto, para fazer um merecido descanso, Padre Isaias toca adiante os afazeres da procissão: zanga estampada nas faces; olhos quase a saltar das órbitas; raiva contida por não poder interromper os afazeres e dar um *belo de um sabão* no aparvalhado que veio do Sítio dos Quinto arrastando uma cruz!

Assim, procedendo a Procissão do Enterro, também dita como Procissão do Senhor Morto – taciturna e alumiada por luz de tochas e velas –, com atraso muito, por conta da chegada de Zezão, por conta da cruz que Zezão fez e é trazida para a frente da Igreja, por conta de que Zezão quer ser prendido na cruz e, quando ouve tal heresia, o Padre Isaias tem faniquito.

– Heresia! Pensar que pode ser martirizado, tal qual Jesus Cristo! ... É coisa de profanador. É Sacrilégio! – Esbraveja Padre Isaias.

– E foi só Cristo?! E os ladrão tudo que tava lá..., juntinho dele? – Retruca Zezão, consternado e abatido pelo carregar de tal fadário por mais de légua: foi tanto o esmorecimento, que desde quando pousou a cruz no chão da praça, foi a única vez que teve fôlego para articular defensiva.

Lamento estampado nas faces de Esmeraldina, de Anacleto, dos dois filhos de Benta – que aqui estão para carregar o andor..., e de todos os fiéis que, no aguardo do principiado da procissão, estão no *apreceio* do drama de Zezão.

Por certo esta sexta-feira Santa, ou sexta-feira Maior, ou sexta-feira da Paixão, ou sexta-feira – dita por Santo Ambrósio – "dia da amargura", não mais sai da retentiva de Inhambupe e, teme o Padre Isaias, que o acontecido se alastre e outros enlouquecidos – nomeando-se de "fiel fervoroso" –, queiram ter o mesmo anseio de Zezão: ser crucificado no dia da morte de Cristo, tal como ele.

E o préstito tem sabor mais acidulado. Padre Isaias, entre o orar silente e a marcação da matraca, ajuíza – atalhando obscenidades, mesmo julgando-as merecidas –, de que jeito vai persuadir o amalucado do Zezão a largar de intento tão afrontoso e pouco se concentra nas orações, e por pouco não resvala e exterioriza sua compulsiva raiva silenciada, com o palavrório que tem pronto para ser proferido: não pode exprimir sua zanga, mas ninguém o impede de ter isso no ruminar.

# – APRONTES PARA O MARTÍRIO –

Cruz caída ao chão!

Padre Isaias enfurecido; Zezão consternado; Esmeraldina angustiada; Anacleto se fazendo de finório.

Uma pequena multidão cerca as figuras do drama. Ato insano, no falar do Padre Isaias.

Zezão obstinado: quer ser crucificado – na cruz que ele mesmo fez e que sozinho arrastou até Inhambupe –, em frente à Igreja de Nossa Senhora da Conceição.

– Não vou permitir tal destino! – Exasperado, quase a gritar, Padre Isaias gesticula com a zanga de que está sendo desobedecido.

Perdeu-se no exacerbo do decoro; perdeu as estribeiras e lascou umas palavras ofensivas a Zezão, à Vila de Inhambupe, ao desregro do mundo..., ofensivas à essência dos homens todos, seguidos de rogos de indulto e clemência, aos santos todos – sem nem se importar com a *patente* ou *desimpedimento!*

Esbravejante, Padre Isaias pragueja – mas pede absolvição pela descompostura – e impetra que o céu desabe, com toda sanha divina, sobre as cabeças desses pecantes que se fingem de fiéis!, e dão vazão a desatinos de insensatos tal qual Zezão.

Impassível, contrito, acurado, remoendo consternação e entorpecido pela resolutiva que diz não ter como desobrigar-se, Zezão, que tomou gosto pela cruz e pela mortificação, arvorado mais que a *gota serena,* de ser posto na cruz e ficar, por não pouco tempo: suficiente para pagar suas penas.

Que não todas, mas as tantas quantas, sejam possíveis. Tem pecados por demais!

Impávida, aquietada, emudecida, encarnada em padecer, mas firme no intento de tolerar, Esmeraldina, com olhos vermelhos de quem muita água verteu – em lágrimas de apiedado amargor –, espera o desenlace da maluqueira do marido.

Anacleto, posando de sonso-leso, não diz que sim, não diz que não! É *torrão,* tanto quanto seu irmão, e não vê nada demais no querer de alguém de pagar penas no *dependurado* da cruz. O Padre é que está fazendo exacerbo: dilúvio em copo d'água por coisa pouca.

Uns amigos estão a esperar, de prontidão, para a tarefa de prender Zezão à cruz: carece só, de chegar a hora.

O Padre vai enfastiar dos rezingues..., a cruz está no meio da praça..., a praça é terra de ninguém – a igreja tem só o pedacinho *donde tá em riba* –..., não vai se demorar a suceder o que todos anseiam, tanto quanto, ou mais que Zezão!

## A morbidade do coronel Idelfonso

Inteirado do que está para suceder na Vila de Inhambupe, no meio da praça da Matriz, coronel Idelfonso – que por nada na vida mais anseia que a derruída de Zezão; que nem que fosse *defuntado* não havia de deixar de ver – apronta-se para apreciar a mortificação do seu desafeto.

Quase boquinha da noite, já se aquietam os vaqueiros, já se aquieta a senzala, já aprontado o *di cume* da janta..., um capanga, que pela tarde bicava uma cachacinha da bodega de Berenaldo..., esbaforido, atropelando a compostura, pula do cavalo e irrompe a pacatez do avarandado, e passa ao coronel Idelfonso o noticiado: furdunço na Vila.

O coronel de araque – que estava de amolecimento no quengo, a quase toscanejar –, tomado de súbita pretensão de desafronta, Grita Baré, com disposição estrondeante:

– Baré! ... Baré! ... Baré! ... Adonde será que and'esse peste! ... Baré! ... Baré! ... Baré! ...

– Inhô! – Responde Baré.

Foi chamado com meia dúzia de gritos nervosos do coronel Idelfonso, e vem, atoleimado e aturdido, ajeitando a fivela do cinto. Estava *de verter água*, quando foi convocado, e se demorou no atendimento, porque se deu por conta que não podia interromper sem mijar as calças..., levou pito por causa disso, também.

– Junt'uns hôme bom de tiro e vâmu pra Inhambupe! – Brada o coronel.

– Nóis vai fazê o quê, na Vila? – Atordoado, ainda, Baré, debilmente profere.

– Num é da conta de vosmicê! Fáis o que tô de mandá, seu traste leso. – Mais gritado, ainda, a fala do coronel.

– É que hoje..., é dia santificado e o sinhô não gosta. – Baré, com mais debilidade, volta a proferir.

– Agora tô de gostá! Vosmicê tem o quê..., cum isso?

A resposta do coronel, é de quem está azoretado *mais que a gota*, de que está de usar toda arrogância que lhe é própria, o que deixa o pobre do Baré mais encalistrado, e mais cabisbaixo, e mais ágil, para não levar mais carão.

Oito cabras, armados dos pés à cabeça, montando os cavalos mais céleres que tem na fazenda – ajeitados em um piscar de olhos –, seguem o coronel, que galopeia com sua melhor e mais ligeira montaria, vestido com a empáfia e a fatuidade que está sendo agricultada, de muito.

Nada na vida o faz perder tal contemplação!

### Aprontes para pregação de Zezão à cruz

Padre Isaias, quando não mais tem contextos para persuadir Zezão do seu intento – nem com rezas, nem com xingas, nem com santos, nem mesmo prometendo excomunhão..., resolve ir-se embora.

Por nada nesse mundo Zezão será dissuadido dessa sandice e ele – Padre Isaias – não tem que condescender com tal heresia. Melhor *picar a mula,* se recolher à sua ineficácia e salvaguardar seus reumatismos e suas coronárias.

– O burro empacou! Não tem santo forte, nem reza braba. – Resmunga o Padre Isaias antes de se ir.

O murmurar e o nhenhenhém de quem solta fogo pelas ventas, em contido resfolegar, mais parta não confrontar a Irmandade do Rosário. Em parte, sabe que Zezão tem suas razões, mas é muita audácia querer ser crucificado, exatamente nesse dia santo, mais ainda, na porta da sua igreja..., o que haverá de dizer o Bispo! E o Papa, se chegar aos seus escutados, tal sandice. Haverão de querer crucificar ele, o padre Isaias, no altar da basílica e açoita-lo com espargido de água benta e chibata de couro cru, ouvindo as muitas injurias, entre outros ultrajes e outras muitas afrontações.

*\*\*\**

Zezão, empacotado em couros de vaqueiro: perneira, gibão, guarda peito, luvas, botinas, esporas, chapéu..., os companheiros no aguardo de ordens: munidos de disposição, e correias de couro, e uma tábua para ficar no amparo das costas de Zezão, quando for *pregado* na cruz.

O combinado é que a cruz fique caída, como está, apoiada em pedras e que, a qualquer sinal de maltrato, sejam cortadas as cordas e seja Zezão desatado.

* * *

De *butuca* na peleja dos companheiros de Zezão, com os aprontes *da prega na cruz*, coronel Idelfonso e seus cabras, ao lado da Igreja – escondidos pelas paredes – expectam o episódio.

Os cavalos foram deixados à certa distância; não houve visita ao casarão para não perderem tempo nem ter que dar explicações; garruchas, espingardas, facas, facões, punhais..., Baré, até assustado ficou, com o bendito arsenal.

– Nóis vai pra guerra? – Pergunta tímida que saiu de chofre, dos beiços de Baré.

– Quem haverá de sabê? Por via de dúvida! ... – Desaforada resposta do coronel, que mesmo sendo vezeira, é ofensiva e denota presunção.

O peste, está agoniado por demais. Vê, no desatino do seu desafronto, oportunidade única de desforra; de despique; de vingança; de reparação..., mais ainda, a cabrita que lhe foi vendido o xibiu e ele ainda não desfrutou..., se enviuvar, mais tenro há de ficar esse pitéu; terá mais sabor no desfrute; será seu, enfim! ..., quem haverá de saber?!

* * *

Padre Isaias, encarcerado em sua recâmara, reza na intenção de serenar sua zanga.

Foi muito longe na sua exasperação, mas, Zezão passou das medidas com tal atitude: mortificação na cruz, em frente à Igreja, às barbas do Santo Cristo? Não há de ter, absurdo maior!

* * *

Os homens, no revolvo da cruz, aprontam o martírio.

Quatro tocheiros alumiam o escarcéu e o deixa com feições macabreadas.

Assistindo a tudo, Esmeraldina e Anacleto, e uns outros poucos moradores. A grande maioria dos fiéis, em especial as mulheres, se escafederam por conta da birra e da zanga do Padre Isaias: receio de sobejar excomunhão para os que estão da crucificação de Zezão. Mesmo os que só expectam.

Ajeitam a tábua para acostamento de Zezão na cruz; fazem um estribo com corda de couro para apoio dos pés, calçados de botinas e esporas – nó de porco para prender na cruz de laços para enfiar os pés; posicionam a cruz, de jeito que a cabeça do *encruzado* fique apontada para a Igreja – exigência do Padre Isaias.

Nos aprontes, Zezão parece entorpecido. Os olhos meio cerrados, de quem está a querer dormitar. Trejeitos todos, de paciência assombrosa, o faz parecer uma criatura de contos-da-carochinha.

Esmeraldina, amparada por Anacleto, só chora; nada diz. Remói amargura, emudecida por demais. Até faz dó em olhar, talvez por isso Zezão nem espia!

\* \* \*

Benta, no casarão de Anacleto, rumina aflição.

Ficou com as crianças. Tonho Pereba, não é de fiança; já dormiu faz tempo.

– Se Zezão qué..., deixa Zezão fazê! – Foi o comentário de Pereba, antes de *garrar* no sono.

E dorme feito um *tronco de pau* e ronca mais que serrote, cortando *pau duro*.

\* \* \*

Incontido no seu destempero, sem aquietar sua zanga emudecida, com a rezação na clausura da recâmara; a todo instante aspirando proferir sentenças condenatórias e palavradas de agravo, mais que orações, Padre Isaias, sem ter como encetar o seu rezar, arreda para o presbitério da Igreja e se acomoda aos pés do altar.

* * *

O desenlace da crucificação principia; o agoniado de Esmeraldina aumenta na exata proporção da amarração de Zezão à cruz; Anacleto, amofinado e emudecido tanto quanto as pedras que lastram o chão, ampara a cunhada no intento de confortá-la; os homens procedem a amarração dos braços, das pernas, do ventre! ...

Zezão, impávido, tem olhar perdido nas estrelas do céu. Parece fenecido, aos olhos de Esmeraldina.

* * *

Tocaiado no lado da Igreja, coronel Idelfonso torce para que tudo dê errado: que o peste caia de cabeça no chão, e quebre o pescoço, no mínimo!

Os cacundeiros, cansados de portarem tantas armas para uma guerra que não vai ter, atentos ao que não é ameaça alguma para eles ou para o patrão, se escoram na parede do templo e principiam um cochilar pouco.

Baré, no querer ser prestativo ao coronel, espreita, tanto quanto, sem, no entanto, saber *nadinha* do que está a suceder: que diabo faz ele aqui, quando havia de estar no melhor do sono. Que diabo de cegueira é essa, do patrão, por uma coisa boba dessa: é só uns homens, assentando um homem na cruz! O que é que tem de mais, nisso?!

* * *

Ao ver completada a amarração e o marido crucificado, Esmeraldina empalidece, e desfalece, e se vai ter, quase no chão, se não é o amparo de Anacleto; Zezão, amarrado e catatônico, parece desfalecido; Esmeraldina esmorecida do corpo, os homens todos correm para acudir; Zezão fica sozinho, prendido na cruz à mercê dos seus amargores.

Nada melhor que o emudecido do entorno, que nem grilo tem, que nem o ar se atreve a ventar, que as chamas das tochas tremulantes, assistem, emudecidas, ao martírio de Zezão..., que o tudo é um todo silente!

Além desse emudecido entorno, desta suave noite fatídica, desse magistral tormento na cruz, desse insólito blasfematório..., nada mais, além do coronel Idelfonso e seus acólitos, expectam Zezão.

\* \* \*

Coronel Idelfonso não arreda o olho dos advindos da praça da Igreja.

A todo momento faz cômputos do sofrimento de Zezão, tripudiando da sua agonia, como sendo seu referencial de vingativa por todo ódio que tem pelo adverso.

Uma chance de desafrontar seu rival: apressar o passamento dessa *disgrama* será *porteira aberta* para o xibiu de Esmeraldina.

Zezão está sozinho! Foi abandonado por todos, não sabe por que, mas pouca valia tem.

Acorda os jagunços, do cochilar preguicento e, tomado de uma desfruída valentia – que nem estimava ter –, pega um punhal e, sorrateiramente se achega à cruz, na qual Zezão está, amarrado, abocado, entorpecido, desajudado, catatônico! ...

Coronel Idelfonso, munido de arma branca; de afetação enlouquecida do intento de assassinar Zezão; de audácia que nunca se arvorou ter; obsedado pelo vigar-se do que se julga com direito! ...

\* \* \*

Acudida por Benta, na casa de Anacleto, Esmeraldina se esvai em sangue como sendo regra de menstruação e é colocada em uma cama.

É um Deus nos acuda!

O silêncio da noite é quebrado por gritos de ordens.

Benta chama as crias da casa de Anacleto, aos berros, e acorda quem mais pode acudir.

*  *  *

No aconchego do préstito, prostrado aos pés do altar, Padre Isaias acomoda sua zanga nos escritos sagrados do livro santo: lê e relê passagens bíblicas relativas à crucificação de Cristo.

*  *  *

Coronel Idelfonso, imbuído de intento maléfico, mal contêm sua aflição adoentada.

Vê-se sem embargo para cumprir sua proposição maleitosa.

Uma única estocada, bem armada, será mais que suficiente: o peste já semelha meio morto! ...

### ..., e tudo se consuma

Zezão prendido na cruz exala compulsão!

Está consumado pois, o nada santo sacrifício da Cruz, a entrega do corpo à mortificação; computando-se como um pecante, ele, em verdade, resgata as crueldades que intentou em uma guerra, a mando de não sabe quem, mas que carrega com sendo só e unicamente seu esse enorme fadário.

Esmeraldina se esvaindo em sangue e em tristura, prostrada em um catre!

Coronel Idelfonso, imbuído de sanha mórbida, intentando trucidar Zezão!

Sorrateiro o coronelzinho mequetrefe, frouxo que *só a gota*, patifório de *prima ordem*, se achega à cruz.

Minucioso e mortiço – pé ante pé –, examina as coisas todas que cerceia a cruz: uma noite calma, cinge calma no aflígido e uma luzinha pouca alumia o martírio. Nem lua tem. As estrelas que coalham o céu, não dá alumiação. Luz, vem só das tochas que tremeluzem ao vento pouco: brisa suave e lerdosa.

Uma única estocada, bem medida, com o punhal, no coração, é a conta certa: não tem medalhinha de Nossa senhora do Rosário que salve essa *disgrama*.

É uma morte que ninguém vai avaliar que seja ele o matador.

Em momento algum ele se compareceu na Vila, durante esses dias *de sei lá o quê*, e que pouco estima tem, por ser um agnóstico convicto e ajuramentado!

Os capangas estão pagos pelo silenciarem-se, em todas as suas ações nefastas; Baré, se *abrir o bico*, será homem morto, com crueza e com esmeros de desumanidade, e ele bem sabe disso, e até fenece por conta de saber.

Então! ..., é só se achegar e encravar o punhal.

\* \* \*

Zezão, aquietado na sua contrição, imóvel tal como a própria cruz que o cinge, não se apercebe de coisa alguma: do chilique de Esmeraldina; da *ameaçosa* presença do coronel Idelfonso; do frescor da noite que tem um ventinho vindo do nascente; do céu sem nuvens, pontilhado de estrelas, que principia o meado de uma lua que quase não tem, porque parece sem brilhosidade..., martiriza-se pelas muitas mortes, que direta ou indiretamente deixou em solos de batalhas, que por certo estão adubando a terra das matas onde lutou e apimentando seu ajuizar penitente.

\* \* \*

Os amigos, que o prenderam à cruz, estão juntados em frente à casa de Anacleto, esperando ciência sobre o faniquito de Esmeraldina: fumam, enquanto esperam notícias; tomam goles de cachaça, acobertados pela noite e pela ausência do Padre Isaias.

Dentre eles, os dois filhos de Benta – Viriato e Eutrópio – que trabalham com Anacleto nas atividades de construção. Viriato tem *chamegamento* com uma das crias de Anacleto, que não era aceito por Benta, mas foi convencida do contrário e já faz gosto pelo namorico.

O outro, batizado como Eutrópio, mas apelidado de Tripa, quis ser vaqueiro, porém tomou carreira de um marruá e esmoreceu no querer: o serviço de ajudante de pedreiro tem menos risco.

* * *

O coronel percebe-se com toda e inteira posse do seu intento.

Até a frouxidão tem lapsos de audácia.

Aproxima-se, empunhado de punhal de lâmina fina, brilhoso à luz das tochas, espreita todo o redor – os amigos do afligido estão afastados; Zezão à mercê da sanha daquele que se acha como sendo seu algoz.

Coronel Idelfonso tem rápido vacilo, indeciso quanto ao tamanho do punhal.

O peito de Zezão está coberto pelos couros e não há tempo de arrancar gibão e guarda-peito.

Melhor, mais rápido e de mais fiança é sangrar o peste, do jeito que se faz com bode: mas uma punhalada, ou duas punhaladas?!

Por afiançamento, melhor será três certeiras punhaladas, no pé do pescoço, na veia mais grossa, que assim, não há de ser tapados, nem pelo Cristo desse *corno*, desse padreco desavergonhado!

### Raio e trovão

Um alumiado forte que mais parecia que *os inferno* abriu as portas; um trovejar que o céu até pareceu estar caindo; um raio de luz atravessa o descampado da frente da Igreja, vindo célere, da torre – onde arrepanhou o sino –, coriscou pelo chão esturricado como quem tá de brincar de picula, e a luz lambeu a praça, o trovão ensurdeceu e amedrontou os cabras de coronel Idelfonso, arremeteu Baré a pouco mais de braça e meia, e banhou os dois homens ajuntados à cruz: Zezão, contentado com seu prendimento à cruz, em martírio almejado; o coronelzinho, frouxo, imbuído de seiva que parece ser coisa afiançada pelo capeta, querendo furar a guela de Zezão com punhal.

Dantesca, a cena que se faz pelo burilar da luz: a Vila inteirinha lambuzada pelo alumiado do corisco, que fez uma rabisca no céu, que burilou pelo chão de terra e deixou no ar cheiro acre de queimação e um calor *da gota* que mais semelha ao caimento do sol no meio da noite, nas caatingas de Inhambupe.

O ligeiro do raio e o estalo do trovão foi assustoso para todos: Padre Isaias, em orações perpetuadas, ao pé do altar, viu quase sair pela boca o coração, quando o clareio e o estrondo invadiu o Templo; Anacleto, que estava na sala de rezação, deixou cair o terço e desabou-se a chorar; Tonho Pereba acordou mais assustado que as crianças de Zezão e Esmeraldina e se enfiou debaixo da cama tremendo mais que vara verde, *de chamego com o urinol;* o único a ficar impávido foi Zezão: nem se mexeu, na cruz.

E foi um Deus nos acuda!

– Acode que a mulé morreu!

O grito desesperador de Luzia – uma das crias de Anacleto, que estava na cabeceira do leito de Esmeraldina no momento da queda do raio, reavendo-se do alumiado do e do papoco do trovão – esperta Benta que entontecida ainda pelo acontecido, que a ela pareceu o fogo dos infernos e o atroar do emburramento do *coisa-ruim!*

Esmeraldina, desfalecida e empalidecida, com uma enorme mancha de sangue no lençol com o qual está coberta; Benta, no acudimento, percebe que Esmeraldina expulsou um feto, que pelos cálculos tem mais de quarenta dias: aborto, de uma prenhez que nem mesmo ela sabia-se prenha.

Um fuzuê na Vila de Inhambupe em uma noite trágica!

O estrondar do trovão acordou o povo todo: saíram alguns, porta afora estonteados em desespero tanto, que até se esqueceram da compostura, e se esqueceram que estavam em roupas de dormir; o estrondar do trovão e o brilhar da luz do relampeado, assusta a turba que foi juntada na frente da casa de Anacleto, depois do acudimento a Esmeraldina e, só assim, *se alembram do desinfeliz* atado à cruz!

Correm para o descampado e dão de cara com os estragos deixados pelo raio.

Um rastro de lambada que pareceu o chicoteio da luz de Deus, para alguns; a raiva de belzebu que deu uma cuspida de fogo, para os menos afeitos às coisas da Igreja. A cruz, lambida por uma centelha, na altura do topo, ficou chamuscada; Zezão, impassível e desacordado, com uma marca estranha: sinal de queimadura um pouco acima dos olhos, acertada no meio exato da testa; no chão, raspado pela rabiada de luz – que riscou por mais uma dezena de braças – o coronel Idelfonso caído, a pouco menos de uma braça, enleado em si mesmo e *torcido que nem feto*.

Assustado, o Padre Isaias irrompe da casa de Deus e encontra Baré, que tem esturricado no cocuruto, que até lhe fez um caminho de rato que vai da testa até o meio da cabeça, aturdido, capengando da perna esquerda, olhando para os lados com cara de leso – que é sua feição normal –, bem mais lesada, mais aluada, mais amalucada, articulando orações sem pé nem cabeça, nem dando rumo para santo algum.

Os jagunços, caídos ao lado da Igreja, seguram as armas com alguns canos entortados pela força do raio, entontecidos e enxurdados em queixumes, sem prumo, sem rumo, sem norte..., e desorientados, e amolentados, tonteiam quando andam, *um de muleta para outro*.

O sino da torre da Igreja, arrancado pela força do coriscado, atirado a mais de cinco braças: dele, o Padre só ouviu um badalar na hora do grande troar do trovão. Depois, o baque surdo no chão foi abafado pelo entontecido e pela insurdescência do trovejar.

O pasmo maior é pelo não esperado: o céu está e estava clareado e cheio de estrelas. Uma luazinha fraca, vindo da lua que alumia pouco, tanto quanto alumiava antes do acontecido relampejo. Sinal nenhum de tempestade ou de coisa qualquer que possa explicar um raio de tal intensidade.

## – O QUE SE SEGUE AO PÓS-APOCALÍPTICO-CORISCO –

No não perpetrado do seu intento, coronel Idelfonso perdeu o punhal, que nunca foi encontrado, que Baré pensa que foi o diabo que levou, mas, as arengas dos fiéis dão conta do contrário: o raio foi mando de Deus!

Os jagunços ficaram surdos por mais de mês e, quando recuperados do espavento, largaram das armas e se escafederam, cada qual para seu canto.

Baré, ensurdecido e manco por dias a fio, voltou aos afazeres da fazenda, dando ordens que por vezes, não sabe como proceder, porque não tem como saber das coisas que nunca tomou ciência: apenas repassava as ordens do coronel Idelfonso.

O mais *ofendido*, pelo raio que caiu na praça da Igreja, foi coronel Idelfonso que ficou cinco dias acamado, em estado letárgico, com os olhos *butecados*, que não disse palavra, nesse tempo, que quando saiu da cama se escafedeu nos matos por mais de mês e, reaparecido, trazia sinais de estar amalucado: não mais reconhece as pessoas, não mais sabe o próprio nome, não mais sabe que é ele próprio..., e as poucas palavras que articula não faz sentido algum. São alocuções vagas, sem pé nem cabeça.

Zezão, depois do raio no cocuruto, foi arrancado da cruz e foi levado para a casa do irmão, ficou por três dias acamado, nos dois primeiros parecia *defunto fresco*.

Esmeraldina não arredou da cabeceira do marido, nem para as necessidades do corpo. Comia por força da vontade de Benta. Carecia de repouso, por conta do aborto, mas isso fazia sentada em uma cadeira de balanço ou deitada em um catre improvisado por Anacleto, junto à cama que Zezão dormitava o que bem parecia *sono eterno*.

Ao fim do terceiro dia, na boquinha da noite, quando Esmeraldina fazia um cafuné nos cacheados dos cabelos de Zezão, o disgramado acorda e dá um assombro na esposa, que se estivesse com outra gravidez tinha parido com o espanto.

Acordou como acorda um *corpo seco*. Um zumbi, no falar do Padre Isaias que, às pressas, foi chamado, em meio a uma missa, e largou tudo no quase fim da *comungação*, pensando ser extrema-unção.

*  *  *

A consorte, agora de modo verdadeiro, *com sorte*, que de nada sabe sobre fazenda, também nada quer da fazenda a não ser o lucro, líquido e certo, passa todas as tarefas para Baré, que tem carta branca para fazer o que melhor entender, que tem o mando do coronel que perdeu posto de mando e, tomado de grande empenho, torna-se um excelente substituto: até as botas e o látego para bater nas botas é cópia do antigo patrão.

Passou Baré, em verdade, a meio sócio dessa imensidão de terras, e bois, e escravos, e jagunços, e tudo mais que era imperioso ao coronel, agora responde sendo, os domínios de capitão Baré: título por ele próprio abichado.

*  *  *

Para desesperação do Padre Isaias, a cruz que ficou caída, tal como foi de serventia no martírio de Zezão – com os couros que convieram de amarrilho e o tostado do cocuruto –, principia a estribar romarias, onde fiéis se desmancham em rezas, queimam velas e a ela adjudicam milagres.

A Vila de Inhambupe, por mais que queira ter a pacatez que sempre teve, é agora reduto de fiéis que conspurcam a praça da Matriz com os mais adjetos e fervorosos louvores aos milagres da cruz de Zezão.

**Remissão, ou compunção, ou comutação de penas?**

Fica a saber: Zezão tomou juízo ou, depois de atingido pelo raio também ficou de miolo mole ou, quando o coronel Idelfonso perdeu o juízo sobrou uma lasquinha para ele!? Isso se pergunta a inteira Vila de Inhambupe: todos, ou quase todos, excetuando o próprio coronel, que de juízo perdido não tem o que altercar. Mal fala o desinfeliz.

Até o Padre, vez por outra, quando de humores bons, faz gracejo:

– Deus há de me absolver pela blasfêmia. Mas ele fez um trabalho divino: transferiu o juízo do coronel Idelfonso para Zezão. Para onde será que mandou a ruindade do *desinfeliz?!*

Isso foi o que disse, certa feita, Padre Isaias para Anacleto Quinto, irmão de Zezão, diácono da paróquia e presidente da Irmandade do Rosário, enquanto deliciavam-se de uma *fatada* entre leves goles de vinho de boa casta – para o padre – e uma boa cachacinha de Santo Amaro da Purificação – para Anacleto.

Teve como resposta, de Anacleto, quase que em confidência, tal o nível de sussurro chegadinho ao pé de ouvido:

– Se Deus guardô o que era de ruim dessa *disgrama*, que apague!, pra não sê herança d'outro vivente!

Noutra ocasião, entre as mulheres – pilando milho de mugunzá e cosendo meias velhas –, houve dichotes e Esmeraldina afiançou:

– Graças a Deus, não passô a ruindade, nem a sem-vergonhice do peste do coronelzinho sebento, pra Zezão.

O certo, é que Zezão até teve melhoria de vida depois que foi mortificado na cruz.

Depois que foi acertado pelo raio – que lhe deixou uma marca na testa, que sai, só se for cortada –, depois que passou por perrengues tantos e padeceu no martírio, Zezão retornou a ser o Zezão de antes, agora com mais terras, com mais bois e com mais afazeres.

### Zezão de Inhambupe nos afazeres

E assim, está lá, Zezão: *trabaiadô bom da peste! Nunca mais deu de tá rabiado com nada de ruim, que fosse.*

Encourado nas horas de necessidade, correndo com bois, ou na enxada, ou na foice ou na estrovenga, quando no precisado da roça.

Zezão transmutou-se de água pra óleo. Não tem melhor pai; melhor marido, visto não ter reclamação de Esmeraldina quanto a chamegagem; melhor amigo e de uma resignação que o próprio irmão, Anacleto, conhecido como "Jó", no tocante à paciência e calma, *perdia feio.*

– Parece mais Zezão de inhantes da guerra. – Comenta Tonho Pereba.

– Agora o que era do meu irmão, vortô! – Emenda Anacleto.

– Vô sê vaquêro igualzinho ao pai! – Diz seu filho mais velho.

Toinho, já taludo, montado no cavalo que ganhou de Anacleto, seu padrinho, com Tonho Pereba e seus aprontes: o aluado do Pereba, na porta do armazém, fazendo gracejos e se empanturrando com alfenim, lambuzado feito criança pequena.

Toinho principia o aprendizado de vaqueiro com o pai. Já faz a *lacação* de bezerros pequeno, na pega para cura de bicheiras e mesmo por brincadeira com Tonho Pereba, que agora orgulha-se de ser morador do sítio de Zezão e, vez ou outra vai buscar, sozinho, o gado para abate no matadouro improvisado, em Inhambupe: a pé! Por certo não haverá de montar nunca na sua vida.

Por vezes, Pereba tem ajudância de Filó, que agora é vaqueiro de Zezão, que agora faz pega de bois nas caatingas, que agora veste o encourado que lhe foi presenteado por Anacleto e o Padre Isaias...

*Trasantonte* foram, Filó e Tonho Pereba, buscar umas reses na Fazenda Boa Esperança. A *mesminha* que era do coronel Idelfonso, que agora está dirigida por Baré, que agora tem nome, que tem o mando da consorte do coronel...

..., e o povo desata a pilheriar com a nova posição: – *Agora sim!, a mulé do sebento amalucado é com sorte!*

Filó, brioso por estar montando o baio, que mesmo avelhantado serve de montaria; Tonho Pereba no seu costumeiro caminhar, acompanhado de Manjuba – cachorro filho de Siriba, que quando apareceu, depois de inexplicável sumiço – mais inexplicável a prenhez –, teve um bando de filhotes *havido do parto*: quatro machos e duas fêmeas. Manjuba ficou com Pereba para ser treinado no adjutoro com bois: único que ficou no sítio. Os outros foram doados na Vila de Inhambupe.

– Quiô! ... Manjubinha! ... Atai'o boi, peste!

Grito de Tonho Pereba, no tanger das reses para abate, saindo da Fazendo Boa Esperança: ele *de apé*; Filó escanchado no baio; Manjuba latindo feito um desvalido, no tentame de atalhar um boi preto de cara enfezada.

### Inhambupe em seus mancais

Xexéu, o ancião *aprofetado*, assíduo bebum da bodega de Berenaldo, de muita lambança e de *tiradas* sarcásticas – depois de umas muitas talagadas de pinga –, encheu o quengo e tascou na filosofia:

– Deus dívia de tacá um raio no cocuruto de cada vivente: uns havia de ficá santo, que nem Zezão; os de muita ruindade, lesado feito a *disgrama* do coronel Idelfonso.

Motivo de chiste, por parte dos parceiros de copo, que mais pinga enfia na goela do velho Xexéu, no intente de mais ouvir dichotes e lambanças da língua ferina do velhote.

– Quase oiço os canhão! – Diz o experimentado Xexéu, pesaroso, mostrando-se absorto e comovido.

– De onde? Vosmicê num foi pra guerra! ... – Replica o bodegueiro, chistoso como sempre, arrebanhando gracejo na voz de consternação.

– Precisa de se ir na guerra, pra sabê do estrondá dos canhão? – Contesta Xexéu.

– Só Zezão pode de tê falado pra vosmicê! Ou terá sido o sujeitinho dos cabelo de fogo, o contadô? – Inquire Berenaldo, mordaz, escancarando o que de mais tem: a língua, aguçada e ferina.

– Importa? ... Pru quê? – Contesta o velho pau d'água, experimentado na vida, filósofo de beira de mesa e de beiço de copo.

– Pruque vosmicê, já é ruim do quengo..., mais *duas pinga* já tá de ficá abilolado..., cum essas história, não tem vivente pra se aguentá! – Choraminga o bodegueiro, quase não contendo a gaitada.

– E nóis é que tem de aguentá!? – Reafirma Gereré, fiel conluiado de copo e parceiro de Xexéu em todas os momentos: desde o abrir da moringa de cachaça ao derribar da gota final, nos copos.

– Faz isso! ..., num dê cachaça..., e fico mudecido. Num falo, coisa quarqué, mais. –Contrapõe Xexéu, já meio tomado de pinga, com falação soluçada que não é choro, que não é riso nervoso, que não é nada mais que o teor da aguardente agonizando os miolos e a condição do ajuizar.

— Pru quê num dá pinga pra vosmicê? É o *atraimento* da bodega! ... Vosmicê e Gereré! — Fala, com falso orgulho embutido no falar, e com escárnio, o bodegueiro que nas contendas com Xexéu é Beré-Beré!

* * *

Com todos os motes, com todos os dichotes, com toda lamúria das desgraças muitas que a este Sertão acomete, sem pena nem dó; com todas as intempéries que a vida prepara, segundo as homilias do vigário e as profetizes de Xexéu, e as falas muitas de outros muitos que se dizem "santo", que se fazem de "louva-a-Deus" e de mãos postas nas armas querem decidir os destinos das muitas vidas destas brenhas; com todas as mazelas que não são poucas nem tampouco são *alferes* de rapadura ou alfenim, ou doce outro qualquer; com lama quando chuva tem, ou pedras e pó quando só tem estiagem..., vão, esses pobres de Cristo, arrastando os *carangaços* da vida por esses borocotós que essa gente tem como burgo.

Os gozos muitos, dos muitos viventes desse enorme chão perdido nos cafundós onde *Judas perdeu as botas*, são distintos dos que no bem bom se refastelam: uma elite que vive do penar e da labuta dos *mais fracos*; que levam os pobres a pelejarem nas durezas da vida para dar-lhes comodidade imerecida; que fazem das querelas meio de vida para dar júbilo ao seu existir ínfimo; que tal qual sanguessuga ou morcego chupador de sangue, exploram essas pobres almas.

### O Sertão que quase não mais é Sertão

O sol, dependurado no céu, semelha pêndulo; a lua, fraquinha de luz, de extremosa minguaria expecta, momento seu, para mais brilhar; a poeira do chão, tangida pelo vento, burila o ar; o algodoeiro das nuvens, no céu, laureando o cocuruto dos matos não muito altos das caatingas, que as vezes nem caatinga é, vez que tem uns matos diferentes e que é melhor *di cumê* para os bois; o calejado das mãos, o lombo das selas, o couro no vestir da vaqueirama! ...

É um dia como outros, tantos, muitos, no fruir no existencial da Vila de Inhambupe.

..., o pelejar desses viventes que a divina luz alumia – de sol a sol, dia após dia –, que desmerecedores do fausto, que desapegados da abastança, tem como fortuna a comiseração de Deus, que vez por outra dá alívio a secura da terra e das intempéries que parece não ter acabamento.

Tísica, escorbuto, difteria, tifo, varíola, peste do rato, barriga d'agua, moléstias muitas – que parecem ser castigo dos céus – e *ziquizira* de todo *jeito e qualidade,* assola esse Sertão, que por vezes não semelha ser Sertão!

Assim é a vida nesse pedaço de chão que Deus nem parece saber *adonde* está.

Afligência muitas!

Estiagens que quando irrompem parecem querer secar toda a terra, e amofinam, e afligem, e acabrunham, e faz a agonia dos infernos ser de parecença.

Mais proveito tiram esses abastados que do povaréu fazem seus quinhões, suas sobrevivências, seus abastamentos, suas farturas..., que se apropriam das labutas e das vidas desses pobres homens e os arrastam para conflitos, tal qual os que Zezão viveu, que Zezão absorveu, que mudou por completo sua vida e seu ajuizamento quanto a tudo do seu viver.

Cachaça de boa cepa para esquentar as rodas de proseado das mesas de bodegas que afloram pelo vilarejo..., que desata as línguas e dessas falas o filosofar de cunho popularesco domina os *beiços dos copos* e os gargalos das moringas de aguardente: água-que-passarinho-não-bebe, que a muitos servem para não aloucarem com essa vidinha que semelha ter só padecer.

No ponderar, no perguntar e no profetize do velho Xexéu, depois de alguns muitos goles de pinga, assentado e se amparando no parceiro Gereré – que tanto quanto ele carece de muleta –, em perpasse aloucado pelo mais do viver daqueles que muitos carecem de rezas, de velas, de reflexões, de meditações e se acodem com Deus para alento da pobreza espiritual.

Em suma, quase que em todos os altercares das arengas de Xexéu e Gereré tonalizam a indigência do Sertão:

– Num tem meditaria! Uns são muito rico, outros muito pobre..., uns véve no bem bom, outros padece miséria.

\* \* \*

O sertão é assim: uns morrem à míngua, outros sobrevivem à custa dos mais precisados.

– Fazê o quê?! – Indaga-se Zezão.

Entretido com os couros, na remendagem e azeitada, meditando as arengas que ouviu de Xexéu, quando *beiçava u'a cachacinha*, na mesa do boteco de Berenaldo..., não é de muito se achegar em boteco, mas..., *pra não fazê desfeita!*

– Zezão!... Vê o que esse *minino* seu tá aprontano! – Grita Esmeraldina, da cozinha, preocupada com as traquinagens do filho mais novo: – Larga mão desse cachorro, *minino!* – Grita mais uma vez Esmeraldina, quando olha pela porta e vê Firmino brincando com Manjuba.

– Morde não! – Reclama Pereba.

– Num sei quem é mais leso! Vosmicê ou o cachorro. – Esmeraldina, enervada com os afazeres, fala e retorna para a cozinha: vai vigiar as panelas.

Percebe-se sem lenha para o fogão, grita, mais uma vez, para Tonho Pereba:

– Pereba!... Vai ali, pegá uns pau de lenha. Mas num inventa de levá Firmino!

Esmeraldina está nos aprontes de uma galinhada.

É domingo!

Anacleto, Padre Isaias e Felisberto – fazendeiro da região mais perto da mata do mar –, estão vindo para o almoço. Espera-se que não surjam mais outros porque a comida é pouca: uma única galinha, embora grande, cozinhada com verduras e folhas de couve – receita *istuciada* por Benta.

Anacleto e Felisberto, intercedidos pelo padre, estão para fechar acordo de meação: umas reses para serem criadas em terras do sítio da família de Zezão e Anacleto. Parte das crias será do fazendeiro, outra parte de Zezão, que será o cuidador e uma parte pouca para ser repartida entre a Igreja de Inhambupe e a Irmandade dos Pardos.

É uma primeira contratação de outras que, já conduzidas, poderão suceder.

Cresce o número de reses aos cuidados de Zezão, que principia aumentar seus ganhos.

Cresce o abastado de Zezão, embora sem a sanha de grandes posses, sem ganância, sem destempero, muito menos, sem querer tirar proveito de quer que seja: só os ganhos seus que são de direito.

### O chocarreiro de Inhambupe

Ao som da lira do delírio, ufana aquele que era, mas deixou de ser!

O coronel, que nem mais patente tem – patente da qual nunca foi credor – e até perdeu as calças em desatinadas carreiras pelas ruas da Vila de Inhambupe, tangido pela molecada que lhe laureou com coroa de garranchos ornada com flores do campo de distintos tamanhos e distintas colorações.

O coronel que agora é entretenimento da molecada!

O coronel que um dia foi o *coisa-ruim* de Inhambupe, agora não mais é coisa qualquer que não um amalucado, sujo e maltrapilho, vagueando pela Vila de Inhambupe e falando asneiras em monossílabos; come quando uma alma caridosa lhe cede um *di cumê;* bebe água das poças, quando chove, ou quando um vivente apiedado lhe dá uma cuia com água.

O coronel que tudo perdeu, incluindo-se aí, também o juízo!

O coronel seborrento, pesadelo de Esmeraldina, que agora não mais é que um sebento, e pelitrapo, e desvalido, e esmolambado, e espandongado, e *desgracento*, e mendicante, tangendo-se para um chocarreiro desmilinguido..., depois de vitimado pelo raio que *Deus mandô, pra justiçar!* – tal como dizem os *fiéis da cruz* que mais e mais afloram, que só Deus sabe de onde, em romarias, e tem a cruz, na qual Zezão foi martirizado, como milagreira.

### ..., e a vida volta ao seu continuado

Inhambupe fincado em seus mancais no continuado da sua *vidinha besta.*

Filó foi desapartado de dona Santa, que arrumou um atoleimado para fazer as entregas *dos doces de ganho,* mas não adianta cuspir no chão porque o cuspe seca e o desinfeliz não volta a tempo, nunca, em entrega qualquer.

– Que falta fáis o minino Filó!

Resmunga dona Santa, fazendo ela mesma a entrega dos bolos, vez em quando. Aproveita para fazer futrica, falar mal da vida alheia e abelhudar a vida das clientes: fofoqueira *mais melhor* que doceira.

Filó traqueja com bois conduzido por Zezão: será um vaqueiro e tanto! Orgulha-se o *ensinador* que até empresta o baio, por vezes, para filó pegar mais gosto da profissão de *pegadô de boi.*

Foi uma trabalheira do cabrunco – que Deus perdoe a má palavra –, para fazer o convencimento de dona Santa, no ajusto para Zezão tomar a posse de Filó. O Padre Isaias muito cuspe gastou!

Zezão careceu de pouca conversa para convencer o Padre Isaias a dar adjutório, mas a contrapartida lhe custou uma meia dúzia de regabofes: *fatadas*, galinhadas, assados de porco..., debaixo da cajazeira regado a vinho..., pagou não só pela transação do menino Filó, mas, também pela própria absolvição. Por pouco, pouco mesmo, o Padre Isaias não lhe excomungou.

– Nunca mais invente de ser crucificado na porta da Igreja. – Disse Padre Isaias, para Zezão, e completa com fala mais contundente: – Onde já se viu, querer copiar Cristo na crucificação!? É inadmissível!

– E os ladrão que tava junto de Jesus? Era Querubim?! – Retruque de Zezão, abespinhado com essa falação do povo.

Ele fez, ele tinha seus motivos, e se quiser fazer de novo, faz, não importa se gostem ou não.

\* \* \*

Passado o perrengue, Padre Isaias insiste com Zezão quanto a doação da cruz para a Igreja: trabalho de tal primor não deve virar lenha de coivara.

Será colocada frente ao templo, no mesmo lugar que foi atingida pelo raio e teve o topo chamuscado.

E assim acontece: Zezão faz da cruz um presente para a Vila de Inhambupe. Já não lhe tem mais serventia...

O acomodamento da cruz é festivo: missa, rezas muitas, queimação de vela, água benta para benzer a cruz..., e, para desespero do Padre Isaias a teimosa romaria de fiéis. Muitos vindos de plagas distantes, buscando o milagre da cruz, em Zezão, que foi ungida pelo raio que Deus mandou. Buscam, também, pela medalhinha de Nossa Senhora do Rosário que salvou Zezão de uma bala..., que passou a santificado sem nem mesmo ter morrido.

– Heresia! – Exacerba o Padre Isaias.

– Num sô santo e não vô mostrá a medáia! – Aflige-se Zezão, quando pretendido.

* * *

A vida transcursa, tal como arrazoa o fadário!

Inhambupe, na sua pouca pressa, semelha estancar o tempo, tal a pacatez e a lerdice do seu existir: uma vidinha besta por demais!

– Que falta que fáis Filó, nas carreira das intrega dos bolo de dona Santa! – Queixa-se Xexéu, no costumado da bodega de Berenaldo, *mais pra lá do que pra cá,* no marcado do seu afogueado pileque.

O mais acontece na praça da igreja que agora tem cruz, que é santificada na fala dos penitentes, que coincidente marca com presteza as horas do dia.

Não foi muito trabalhoso fazer um relógio de sol. Padre Isaias observando o sombreado da cruz, em diferentes momentos do dia, fez marcações que é o contar das horas, rigoroso tanto quanto relógio de carrilhão.

Vendo com os olhos da fé, os arvorados devotos apregoam como sendo milagre, tal como apregoam ser milagre a escapada de Zezão ao raio, tal como apregoam milagre na salvação de Zezão de uma bala a ele endereçada.

* * *

Padre Isaias, nos rezingues antecedente às partidas de gamão com Anacleto, à sombra de pés de mangaba, municiado de eloquência, acomodado para uma boa e alongada jornada de ócio, onde mal tem forças para chocalhar o copinho com os dados..., pronuncia-se enfático:

– Quem assim vê, esse Sertaozão que nem Deus parece saber onde está! ..., não sabe da missa do seu padecer, nem metade!

# OBSERVAÇÕES

Cabe evidenciar que, no contexto linguístico, foram feitas algumas alterações textuais, no sentido de enfatizar o linguajar do sertanejo da região. Pode ser observado como ênfase no sotaque ou uma diferenciação na caracterização das falas, a exemplo de:

– Vô isperá o Frei **chegá**... (a substituição do "r", por acento agudo na última vogal, em palavras como chegar, esperar, olhar...)

– **Vô** isperá o Frei chegá... (exclusão do "u", sendo substituído pelo circunflexo no "o").

– **Vô isperá** o Frei chegá... (a substituição do "e" pelo "i", comum na fala da população rural da região, em palavras como espantar, esfriando, menino...).

– Vosmicê tá **falano**, de quem? (subtração do "d" no final da palavra).

### Reducionismo

| | |
|---:|---|
| **Tava** | por estava. |
| **Marrada** | por amarrada. |
| **Marrá** | por amarrar. |
| **Costumado** | por acostumado. |
| **Meno** | por menos. |

# GLOSSÁRIO

| | |
|---|---|
| Abana moscas | sossego. Aquele que pouco faz. |
| Adepois | depois. |
| Adesculpe | desculpe. |
| Adjutóro | adjutório. |
| Amenhã | amanhã. |
| Amiorô | melhorou. |
| Amuafos | objetos pessoais; pertences; tralhas de todo tipo; itens de vestuário; aviamento de costura. |
| Arguma | alguma. |
| Ciscar nos pés | se interessar; cortejar; estar a fim de alguém. |
| Arrenegá | arrepender. |
| Arrespeita | respeita. |
| Arrinada | louco; endoidecido; |
| Atai'o boi | atalhe o boi. |
| Atrapaiano | atrapalhando. |
| Azoretado | varação de azoratado; apoquentado; perturbado; atordoado, aturdido, azoeirado. |
| Bagos | testículos. |
| Bebeção | ato de beber. |
| Beiçando | bebericando. |
| Beiçava u'a cachacinha | bebia uma cachacinha. |
| Bibiano | o mesmo que fifó; candeeiro. |
| Bingulin | pênis. |
| Bitelo | grande. |
| Bitocas | beijos pequenos; selinho; |
| Boatano | criando boato. |
| Boatavam | criavam boatos. |
| Bobajada | besteira; bobagem. |
| Bocapio | capanga feita de palha. |
| Boquinha | refeição rápida. |

| | |
|---:|:---|
| Bunita | bonita. |
| Buteco | o mesmo que boteco. |
| Butucas | à espreita de; observando atentamente. |
| Cabeça de tropa | mula que vai à frente, na tropa de carrego. |
| Cabô | acabou. |
| Cabrita | mulher nova. |
| Cabrunquento | xingamento. |
| Caixa dos peito | tronco; busto. |
| Chamegamento | chamego. |
| Contação | ato de contar histórias; cada vez que é contada. |
| Convidano | convidando. |
| Cortado de tempo | tempo curto. |
| De a pé (de apé) | andando. |
| De minh'alma | expressão que dá sinal de... |
| Defuntado | morto; falecido |
| Deitão de bixas | aquele que além de realizar sangria, também drenam processos infecciosos purulentos com ajuda de sanguessugas, ou seja: fazem sarjas. |
| Desfrouxidade | coragem. |
| Desmorra | recupere; ressuscite; descanse; |
| Di cumê | comida, alimento, refeição. |
| Decretados às lutas | mandados para a guerra. |
| Dirijino | dirigindo. |
| Disgramado | desgraçado. |
| Displante | desplante. |
| Dispô | disposição. |
| Drumir | dormir. |
| Emburrada | zangada; aborrecida. |
| Encafifamento | relativo a encafifado; preocupação. |
| Enfia o rabo entre as pernas | sai humilhado, acovardado, apavorado (animais em fuga ou amedrontados ficam com a cauda abaixada, entre as pernas). |
| Enganjento | criador de caso. |
| Enxerição | ato de enxerir. |

| | |
|---|---|
| Esbaforado | apressado; esbaforido; |
| Esfarrapos | do verbo esfarrapar. |
| Estabaca | cai com forte impacto, sem tempo para reação. |
| Fartô | faltou. |
| Fastiado | com fastio. |
| Fatiotado | travestido. |
| Faxiado | fraturado; quebrado. |
| Ferve nos cascos | fica irritado. |
| Fifó | candeeiro. |
| Fôia | folha. |
| Frôxo | sem coragem; covarde. |
| Gateza | relativo a gata (beleza feminina). |
| Gota serena | xingamento. |
| Homenageações | relativo a homenagens. |
| Empistiada | empestada. |
| Incelença | ode; homenagem; |
| Incúida | inquietada; agoniada. |
| Indesde | desde. |
| Intão | então. |
| Inté | até. |
| Iscut'eu | me escuta. |
| Istuciou | inventou; criou; construiu. |
| Linheira | reta. |
| Madrinheiro | Aquele que vai montado na madrinha da tropa, a fim de regular o passo dos animais, nas tropas de carrego. |
| Maluquecê | endoidecer. |
| Maluquecido | doido; louco. |
| Mandingado | enfeitiçado. |
| Manêra | maneira. |
| Me arrespeite | me respeite. |
| Meladinha de parida | A meladinha é um preparado misto de cachaça pura, mel – trocado por açúcar em alguns lugares –, alho, cebola, folhas de alecrim, losna, água da levante, arruda, pejo, palma, hortelã miúdo, alfazema, noz-moscada. É servida, a visitantes, para celebrar nascimento de uma criança. |

| | |
|---|---|
| Miô | melhor. |
| Miorei | melhorei. |
| Nos'uvido | nos ouvidos. |
| Óios | olhos. |
| Os'uvido | os ouvidos. |
| Pé de pau | árvore. |
| Pega de boi | caçar e pegar boi, as vezes laçando, as vezes segurando pelo rabo, em carreira com cavalo. |
| Pió | pior. |
| Pitição de miséria | muito estragado. |
| Posturado | postado. |
| Pr'acontecê | para acontecer. |
| Pr'adond'eu | para onde eu. |
| Prejuízá | prejudicar. |
| Premêro | primeiro. |
| Pru móde de quê | por quê |
| Pru móde não sê | para não ser. |
| Pruquê | porque. |
| Pru que | por que. |
| Qu'é | o que é. |
| Qué | quer. |
| Quibas | culhões. |
| Recomendativas | recomendações. |
| Rezadô de prêmera | bom rezador (o rezador, no Nordeste, vale-se de folhas, em especial, para fazer benzeduras contra quebranto e outros males, até mesmo em animais). |
| Ruminância | ato ou efeito de ruminar, de submeter a segunda mastigação. |
| Saliente | assanhada; metida; atirada; desavergonhada. |
| Sêmos | somos. |
| Sensorte | oposto de consorte (esposa) – quer dizer: falta de sorte ser casada com um estrupício. |
| Sossega a piriquita | se acalme; se aquiete. |
| Subaquêra | relativo a sovaco; mal cheiro das axilas. |

| | |
|---|---|
| **Sumana** | semana. |
| **Tirô ess'idéa** | tirou essa ideia. |
| **Trabaiá** | trabalhar. |
| **Trisquinho** | muito pouco. |
| **Tropa de carrego** | tropa de burros para transporte de mercadorias em longa distância. |
| **Vâmu** | vamos. |
| **Véi** | velho. |
| **Vira das tripas** | virar tripas ao contrário para proceder limpeza. Para tanto se usa madeira fina. |
| **Víuxi** | exclamação. |
| **Vô de a pé** | vou andando. |
| **Vórte** | volte. |
| **Ziquizira** | enfermidade. |